Heidrun Eknigk

Kaninchenvererbung

Heidrun Eknigk

Kaninchenvererbung

Der Ratgeber für die Praxis

2., überarbeitete Auflage

Oertel + Spörer

Haftungsausschluss

Die Hinweise in diesem Buch stammen von der Autorin.
Es können jedoch keinerlei Garantien übernommen werden.
Eine Haftung der Autorin bzw. des Verlages und seiner Beauftragten für Personen-, Sach- und Vermögensschäden ist ausgeschlossen.

Bibliografische Information der Deutschen Bibliothek

Die Deutsche Bibliothek verzeichnet diese Publikation in der Deutschen Nationalbibliografie; detaillierte bibliografische Daten sind im Internet über http://dnb.ddb.de abrufbar.

Postfach 16 42, 72706 Reutlingen
2., überarbeitete Auflage

Schrift: 9,5/11 p Stone
DTP und Repro: Raff digital GmbH, Riederich
Druck: Oertel+Spörer Druck und Medien-GmbH + Co., Riederich
Bindung: realwerk G. Lachenmaier, Reutlingen
Printed in Germany
ISBN 3-88627-715-1

Vorwort zur 1. Auflage

Möge dieses Buch allen Freunden der Rassekaninchenzucht ein Ratgeber sein. Ich hoffe, es ist allgemein verständlich geschrieben. Dazu gehört auch, dass viele Wirkungsweisen der Gene sehr vereinfacht dargestellt sind, um sie nachvollziehbar zu halten.

Es ist mein Anliegen Zuchtanfängern, in der Ausbildung stehenden, zukünftigen Preisrichtern sowie Zuchtfreunden, die einmal etwas über genetische Zusammenhänge wissen möchten, eine Lernhilfe anzubieten.

Erfahrungen aus meinem Züchterleben, Erlerntes aus der Ausbildung zum Preisrichter und viele Momente, da Fragen an mich gerichtet wurden, sowie eigenes Weiterlernen formten diese „Kleine Genetikschule".

Dank gebührt dem ehemaligen Redakteur des Deutschen-Kleintier-Züchters im Verlagshaus Oertel + Spörer GmbH, Herrn Walter Schwarz, als dem Vater des Gedankens und in besonderer Weise dem Team des Buchverlags Oertel + Spörer für die Bereitschaft zur Veröffentlichung und für die kooperative Zusammenarbeit.

Was wäre eine Frau ohne ihren Partner, wenn dieser nicht hinter der Sache stünde? So danke ich meinem Mann Werner für viele Stunden, ja Tage, die auch er meiner Arbeit widmete.

Finsterwalde, im Mai 2002 — Heidrun Eknigk

Vorwort zur 2. Auflage

In der ersten Ausgabe war es noch mein Anliegen, das Buch möge allen Freunden der Rassekaninchenzucht ein Ratgeber sein. Umso mehr bin ich überrascht, wie viele Kaninchenhalter sich ebenfalls mit Fragen der Rassekaninchenzucht, mit der Rassenbildung und mit Fragen zur Fellfarbenentwicklung befasssen.

Herr Prof. Dr. habil. Wolfgang Rudolph engagierte sich dankenswerterweise als kompetenter Lehrer, wodurch die zweite Auflage auch fachlich verbessert wurde.

Weiterhin gehen Erfahrungen aus meinem Züchterleben, aus Gesprächen mit erfahrenen Zuchtfreunden sowie aus Kontakten zu Zuchtfreunden in Holland, Tschechien und in der Schweiz in diese Ausgabe ein.

Finsterwalde, im Dezember 2003 — Heidrun Eknigk

Inhalt

Züchteranregungen

Nachdem Anfang der Neunzigerjahre des letzten Jahrhunderts im damaligen Deutschen Kleintier-Züchter, Verlag Oertel + Spörer in Reutlingen, eine Kolumne zum Thema „Kleine Genetikschule“ erschienen war, erhielt ich Fragen und Hinweise von vielen Züchtern. Ich beantwortete die meisten Briefe individuell. Mit diesem Buch versuche ich, solchen und ähnlich wiederkehrenden Fragen und Anliegen unserer Zuchtfreunde Rechnung zu tragen.

Es waren damals Zuchtfreunde, die mich ermutigten, über das Thema Vererbungslehre zu publizieren. Natürlich bleibt auch in dieser Ausgabe vieles ungesagt, da es uns als Züchter und Beobachter nicht möglich ist, mit wissenschaftlichen Mitteln zu arbeiten, um den absolut sicheren Beweis der dargelegten Vererbungsvorgänge erbringen zu können. Viele Darlegungen mögen sicherlich auch als umstrittene Kapitel im Raum stehen bleiben. Unbestritten bleibt aber die Theorie der gesetzmäßigen Vererbung.

Einführung

Genetik (Vererbungslehre) ist das Teilgebiet der Biologie, welches die Wirkungsweise und Weitergabe sowie die Strukturen der Erbanlagen behandelt. Erbanlagen beruhen auf dem gesamten Genverband eines Individuums. In einem Genbestand wiederum sind alle Informationen enthalten, die einer Vererbung zu Grunde liegen, um die charakteristischen Merkmale jedes einzelnen Lebewesens entstehen zu lassen.

Die Vererbungslehre beschreibt natürliche Vorgänge, die durch kleinste, im Zellkern enthaltene Teilchen, die Gene, bestimmt werden und wonach erbliche Änderungen nur durch Mutation, unabhängig von Umwelteinflüssen, entstehen können. Dennoch scheint diese Aussage wie ein Widerspruch zu klingen, wenn in einem späteren Kapitel kurz das Mitwirken der Umwelteinflüsse bei der Bildung von Merkmalen beschrieben wird oder wir uns der Gesetzmäßigkeit von Vererbungsrhythmen zuwenden.

Es gibt heutzutage viele Teilgebiete der Genetik. Für die Belange der Farbvererbung kommt die Mendelgenetik (auch Faktorengenetik, Rekombinationsgenetik) in Betracht. Leistungsmerkmale werden, was ihre Erblichkeit angeht, nach den Grundsätzen der Populationsgenetik analysiert, was in Fachkreisen auch statistische Genetik genannt wird. Die klassische Genetik betrifft die Mendelgenetik und die Mutationsforschung, um die wichtigsten Teilgebiete zu nennen. Ein für Kaninchen bedeutendes Teilgebiet ist die Pathogenetik (Gesamtheit der an der Entstehung und Entwicklung einer Krankheit beteiligten Faktoren)[1] als die Genetik der genetisch bedingten Defekte, Erbkrankheiten, doch basiert sie hauptsächlich auf der Mendelgenetik und Populationsgenetik.[2]

Vererbungslehre ist ein Thema, das nicht gern angenommen wird. In der züchterischen Praxis wird dieses „trockene“ Thema wie eine Nebensächlichkeit verdrängt. Zu viel Fremdwörter, Symbole und Symbolrechnungen tragen wohl dazu bei, die Theorie abzulehnen und sich viel lieber der unbestritten interessanteren Praxis zuzuwenden.

Es gibt in der Vererbungslehre zahlreiche Möglichkeiten, die auf den ersten Blick nicht verständlich erscheinen. In diesem Zusammenhang sehe ich diese Abhandlung, mit der ich helfen möchte, dass Theorien überdacht und vielleicht logischer werden. Mit diesem vorliegenden Schriftstück möchte ich dazu beitragen, dass die Züchter von Rassekaninchen ein Instrument erhalten, um selbst Zusammenhängen, die Farbgenetik betreffend, sowie allgemein interessierenden Fragen zur Vererbung bei Rassekaninchen nachgehen zu können.

Die Natur, also auch das Gebiet der rassereinen Kaninchenzucht, bietet viele Möglichkeiten, die so manchen die Vererbungslehre ablehnenden Züchter zum Staunen, Überlegen und schließlich doch zum Nachlesen anregen. Nicht selten sind es die Überraschungen im eigenen Stall, die das Verstehen biologischer Zusammenhänge geradezu erzwingen. Und glauben Sie bitte, verehrter Leser, trotz anfänglichen Widerwillens interessiert das Thema, man lernt weiter, weil mit dem Verstehen neue Fragen erwachen, die unbedingt eine Antwort fordern.

Hier soll weniger die trockene Fachsprache angewendet werden, sondern es sollen dafür umgangssprachliche Erklärungen genutzt oder (wo es passen mag) Erbvorgänge und deren Zusammenhänge mit Beispielen, die dem Alltag und nicht der Wissenschaft entnommen sind, verglichen werden.

Auch sollen aufgelockerte Erklärungen das gesamte Thema nicht so streng gestalten. Das entspricht wohl dem Titel „Kleine Genetikschule". Aus dem Arbeitstitel ergibt sich allerdings auch, dass auf Fachwörter nicht ganz verzichtet werden kann. Dies bedeutet, es war nicht die Absicht der Autorin, ein rein wissenschaftliches Werk zu schaffen, sondern „nur" erbbiologische Zusammenhänge einmal ganz einfach zu erklären. Dabei ist nicht vermeidbar, kompliziertere Ursachen und Wirkungen in Beispielen zu wiederholen, damit das Lesen und das Verstehen fließend gestaltet werden. Und nicht zuletzt soll es kein Buch mit Rassebeschreibungen sein.

Die Fortpflanzung

Die Fortpflanzung dient der Erzeugung von Nachkommen. Dies geschieht durch tierische Eltern oder durch eine Mutterpflanze, um die Zahl der eigenen Art zu erhöhen (Vermehrung) und die Art über den Tod hinaus zu erhalten (Arterhaltung).

Es gibt drei Arten der Vermehrung. Hinsichtlich der Rassekaninchenzucht ist allein die geschlechtliche (sexuelle) Fortpflanzung nennenswert. Aus zwei unterschiedlichen Keimzellen (Ei- und Samenzelle) entsteht durch die Befruchtung und nach anschließender Zellteilung ein neues Individuum. Jede geschlechtliche Fortpflanzung bedeutet eine Neukombination von Erbanlagen. Das heißt, es werden jeweils 50 Prozent der mütterlichen und der väterlichen Chromosomen (in jedem Zellkern vorhanden, das Erbgut tragend) an die Nachkommen weitergegeben. Unsere Kaninchen verfügen über 44 Chromosomen = 22 mütterliche und 22 väterliche Chromosomen. Somit kann niemals, auch bei höchst erreichter Rassereinheit eines Bestandes, respektive bei einer Population, davon ausgegangen werden, alle Individuen seien auch erbbiologisch absolut gleich.

Im Zellkern einer jeden Zelle, auch der befruchteten Eizelle, aus der jeder Organismus nach einer Zellteilung entsteht, befinden sich diese Chromosomen. Die Chromosomen bestehen aus Proteinen (vorwiegend auf Aminosäuren aufgebauten Eiweißkörpern), Enzymen (hochmolekularen Proteinverbindungen, die biochemische Vorgänge [als Biokatalysatoren] beschleunigen oder erst ermöglichen und im Allgemeinen nur von lebenden Zellen gebildet werden; sämtliche in Lebewesen ablaufenden Stoffwechselvorgänge sind allein durch das Wirken von Enzymen möglich)[3] und den Nukleinsäuren. Die wichtigsten Nukleinsäuren heißen Desoxyribonukleinsäure (DNS = Bestandteil des Zellkerns) und Ribonukleinsäure (RNS = wichtiger Bestandteil des Kerneiweißes der Zelle). Auf den DNS-Molekülen sind die Gene angeordnet.

Während der erwähnten Zellteilungen durchlaufen die Chromosomen bestimmte Zyklen und werden dabei jeweils nach bestimmten Regeln auf die beiden Teilungsergebnisse (Tochterzellen) verteilt. Die Anzahl und Formen der Chromosomen sind in jeder Zelle einer Pflanzen- oder Tierart immer gleich und in Zellen nahe verwandter Arten ähnlich. Gene, die unabhängig voneinander vererbt werden, liegen auf verschiedenen Chromosomen, solche, die aneinander gekoppelt vererbt werden, liegen hintereinander auf demselben Chromosom. Erwähnung soll noch die Möglichkeit der geschlechtsgebundenen Vererbung finden. Hierbei handelt es sich um Merkmale, deren Erbgut (Gene) in den Geschlechtschromosomen (X- und Y-Chromosom) lokalisiert sind und sich daher geschlechtsgebunden weitervererben.

Eine genetische Gleichheit der Nachkommen bei einer geschlechtlichen Fortpflanzung wäre also trotz jeder modernen Wissenschaft nur durch das Klonen erzielbar. Die Wissenschaft ist so weit, gleiche Individuen in Retorten und Reagenzgläsern zu erzeugen. Das Klonen von Kaninchen ist glücklicherweise noch nicht bekannt geworden. Hätten wir da noch den Spaß am Züchten?

Wildtier und Haustier

Über die Haustierwerdung (Domestikation), über die Zähmung und Veränderung des Wildkaninchens zum heutigen Haus- und Rassetier wurde bereits viel berichtet. Eine besonders gute Beschreibung fand ich bei Heinrich Niehaus[4], deshalb will ich das Thema nicht zu sehr ausdehnen, sondern nur insoweit ansprechen, als es den Weg und die Wirkung züchterischen Handelns und Veränderns betrifft.

Ursprünglich wurden Wildtiere an den Menschen gewöhnt, um als gezähmtes Haustier die menschlichen Grundbedürfnisse – Ernährung, Bekleidung, Dienstleistung – abzudecken. Daraus entwickelte sich nicht allein der Wunsch des Menschen, mit Tieren zu leben, sondern es prägten sich im Tierhalter der Blick und der Sinn für bestimmte Tierschönheiten.

Diesem „Umwandlungsprozess“ unterlag auch das Wildkaninchen. Zum Nutzen des Menschen gefangen und gezähmt, entwickelte es sich nach dem Willen des Menschen zu dem Haustier, das den Sonntagsbraten (besonders in der armen Bevölkerungsschicht) sicherte. Kaninchen wurden oftmals so ganz nebenbei in Großviehställen oder in Gehegen gehalten, konnten sich unkontrolliert vermehren. Hier wurden unterschiedliche Wirkungsweisen der natürlichen Vererbungsmechanismen eigentlich erst sichtbar. Weiße, gescheckte oder andere als wildfarbige Kaninchen, die in der freien Wildbahn auf Grund ihres auffälligen Haarkleides leicht Raubtieren zur Beute wurden, überlebten. In ihrer Besonderheit gefielen sie dem Halter, der dann diese Eigenschaften besonderer Formen oder Farben zu erhalten versuchte. Diese wegen ihrer Auffälligkeit zur weiteren Vermehrung gehaltenen Kaninchen waren der Grundstein für alle heute so eindrucksvollen Kaninchenrassen, die viele tausend Züchter- und Liebhaberherzen höher schlagen lassen. Besonderen Anteil an einer zielgerichteten Weiterzucht auffälliger Nachkommen des Urtyps Wildkaninchen hatten neben den Kaninchenhaltern Mönche in Klöstern, die sich ebenfalls dieser Kleintierzucht widmeten.

Abstammung unserer Rassekaninchen

Alle unsere Kaninchenrassen stammen vom Wildkaninchen ab. So sehr der Vergleich aus heutiger Sicht auch hinken mag, an der Tatsache ist nicht zu rütteln, sie ist bewiesen und vielfach beschrieben. Die einfachste Erklärung, dass das Hauskaninchen nicht der Nachfahre der Hasen ist, belegte die Forschung mit der Erklärung der Leporiden-Thematik. Als Leporiden wurden jene Nachkommen bezeichnet, die an-

Wildkaninchen	*Hase*
Ohrlänge: etwa 6–8 cm	*Ohrlänge: etwa 12–14 cm*
Gedrungener Körperbau, Gewicht zwischen 1,5 und 2,5 kg	*Schlanker Körperbau, Gewicht bis zu 7 kg*
Gesellig in Kolonien und in Systemen von Erdröhren/Erdbauen lebend	*Einzelgänger, liegt in flachen Erdmulden*
Trächtigkeitsdauer: etwa 29–31 Tage, die Jungen sind Nesthocker und werden fast nackt und blind geboren	*Trächtigkeitsdauer: ca. 40–42 Tage, die Jungen sind Nestflüchter, sie werden voll behaart und sehend geboren*

geblich aus einer Paarung der Hasen mit Kaninchen entstammen würden. Hase und Kaninchen haben unterschiedliche genetische Strukturen sowie Lebensformen und sind nur artverwandte Geschöpfe.

Ein Ammenmärchen also, aber lange Zeit wurde an diese Möglichkeit ebenso ernsthaft geglaubt wie an das unsinnige Märchen, Kaninchen und Ratten könnten gemeinsame Nachzucht zeugen.

Die Entwicklung des Kaninchens vom ausschließlichen Nutztier zum Liebhabermodell in Sachen Züchtung basiert auf den verschiedensten Wirkungsweisen der im Wildkaninchen ruhenden Erbbiologie.

Wie gesagt, auf Grund der Haltung in Umgebungen, die eine natürliche Auslese verhinderten, wurde die Vielfalt der Erbmöglichkeiten des kleinen grauen Wildtieres erst erkennbar. Diese vorhandenen Erbmerkmale, wie beispielsweise die Tendenz zur Größe oder extremen Kleinheit, die Farben, die Farblosigkeit, die körperlichen Besonderheiten sowie die konstitutionellen Zusammenhänge (Konstitution = die vererbbare Beschaffenheit des Körpers), Ohrformen und Ohrlängen, die Haarbildungsprozesse, die Fellstrukturen erkannte, nutzte und festigte der Mensch mit der Herauszüchtung immer neuer Rassen.

Neben den biologischen Grundlagen für bestimmte Erscheinungsformen wirken so genannte sprunghafte Genveränderungen, die plötzlich und völlig unabhängig von natürlichen Umwelteinflüssen auftreten. Man nennt eine solche Erscheinung Mutation. Sie bewirkt einerseits eine plötzlich sichtbar werdende Erbänderung, die sich dann auch als erbfest erweist.

Mutationen können auch durch Ionenstrahlung oder Gifteinwirkungen, etwa im Stadium der ersten Zellteilung (Meiose) nach der Befruchtung, ausgelöst werden.

Was ist ein Gen? *Gen* bedeutet Erbeinheit, Erbanlage und ist die letzte, unteilbare, zur Selbstverdoppelung befähigte Einheit der Erbinformation. Gene bestimmen alle spezifischen Merkmale eines jeden Lebewesens und sind in den Chromosomen angeordnet. Die alternativen Formen eines Gens, die an einem bestimmten Genort/Genlocus sitzen, werden Allele genannt.

Als Folgen sprunghafter Veränderungen von Erbanlagen gelten die Scheckungen, die Silberungen oder die so genannten Blau- und Gelbverstärkerfaktoren. Unklar wird im Bereich der Zuchtanfänge aber immer bleiben, wie stark und bei welchen der ersten anerkannten Rassen tatsächlich Mutationen eine Ausgangsbasis bildeten und inwiefern erbbiologische Anlagen sich wirklich kombinationsfähig zu diesen Mutationsformen verhielten. Gegensätzlich sei anzumerken, inwieweit war die Bereitschaft für derartige Veranlagungen bereits im Wildtyp vorhanden? Wie stark war schon die natürliche Auslese eine Bremse für die Entfaltung solcher Rassen bildenden Merkmale?

Wie dem heute auch sei, dem Menschen eröffnete Mutter Natur ein breites Aufgabenfeld, und der Mensch schuf immer neue Rassen durch

Nutzung der natürlichen Genveränderung und mithilfe der Kombinationsmethodik. Das beweisen die vielen anerkannten Kaninchenrassen unserer Zeit. Die Neuzüchtungen und Probleme in Zuchten beweisen einen ungebrochenen Schöpferwillen einer sehr breiten Züchterschar. Sowohl die Neuzüchtungen als auch die Rassenverbesserungen benötigen ein gutes Maß an erbbiologischem Wissen und eine gehörige Portion Fleiß und Ausdauer.

Vielleicht könnte man auch sagen: Genetik ist der Schlüssel zur Rassenentwicklung. Vererbungslehre sollte aber in erster Linie für die Verbesserung aller bestehenden Rassen genutzt werden. Vielfach kommt es dem Züchter ja auf die eigene Rasse an, bei der er verschiedene Merkmale verbessern, sehr gute Merkmale festigen und erhalten möchte.

Das Züchten und die Züchtung

Das Zuchtziel eines Züchters soll maßgeblich darin bestehen, die Schönheit und die Erbfestigkeit einer breiten *Population* (die Gesamtheit vorhandener Einzelwesen einer Tierart in einem begrenzten Gebiet) in den Vordergrund zu stellen. Dieses Ziel sollte stets schrittweise angegangen werden, das heißt, immer nur auf ein Merkmal bezogen.

Ein wildes Vermehren von Tieren, die von Züchtern auf Grund einer Bewertungskarte und nach dem optischen Gefallen in Ausstellungen erworben werden, ist kein Züchten. Nur Tiere wahllos miteinander verpaaren, Jungtiere aufziehen und ausstellen, sie dann dem Verkauf zuführen – das ist keine Zucht.

Züchten ist nicht das Vermehren von Tieren, sondern sollte gleichgesetzt werden mit dem bewussten Paaren und Merzen, um eine gesunde Nachkommenschaft mit möglichst hoher Erbreinheit zu erhalten und gewünschte wie vorhandene sehr gute Eigenschaften zu festigen.

Züchtung ist daher eine gelenkte Paarung eines Elternpaares mit einem ganz bestimmten Ziel und zu einem bestimmten Zweck.

Erst wenn Schwierigkeiten in der Zucht auftreten, stellt sich im Züchteralltag die Frage nach dem Warum. In solchen Augenblicken wird meist der erste Schritt getan, das Thema Erblehre anzunehmen.

Vorteile einer Zuchtbuchführung

Es gibt Züchter, die sich vor einer konsequenten Zuchtbuchführung scheuen. Sie lehnen sie aus zeitlichen Gründen oder mit der Gegenfrage nach dem Zweck ab.

Mit einem bis ins Detail geführten Zuchtbuch schafft sich der Züchter nicht allein die Grundlage zum Nachweis der Rassenreinheit der Tiere, vielmehr können die Niederschriften über Beobachtungen und Begebenheiten im Zuchtbetrieb eine Vorbedingung für das Gedeihen einer Zucht und für die Handlungs- wie Aussagefähigkeit sein. Zu den wichtigsten Eintragungen zählen: Verzeichnisse der Elterntiere unter Angabe der Tätozeichen, Tag des Deckaktes mit dem Vermerk des Vatertieres, Wurftag, Geburtsgewicht, die nachfolgenden Messungen zur Entwicklung der Jungen, eventuelle Zahl der Totgeburten, Nest- und Säugeverhalten der Häsin. Ferner sollten bei allen Verpaarungen die mit der Vererbung im Zusammenhang stehenden Besonderheiten, beispielsweise auf den Erbwert einer Familie bezogene Hinweise, erfasst werden.

Alle Aufzeichnungen sind Nachweise für den vom Züchter beschrittenen und Hinweise für den zu beschreitenden Zuchtweg. Sie bilden die Grundlage zur Ausfertigung eines aussagefähigen Abstammungsnachweises, dem „Lebenslauf und Personalausweis" für das Einzeltier, wenn es den Besitzer wechselt.

Alle Zuchtvorgänge können erfasst werden: Erfolge und Misserfolge, mögliche Zufälle, Vor- und Nachteile bezüglich der Rasse- und Leistungsmerkmale, des Wachstums oder über die Prägung der Rassenmerkmale während der gesamten Jungtierentwicklung, das Leistungsvermögen der Häsinnen, der Wollwert der Angorakaninchen und Bemerkungen zu den Haarstrukturen allgemein. Die Liste könnte je nach Zweck mit Notizen zu Sterblichkeitsraten, Resistenz gegenüber Krankheiten, Wirkung von Umwelteinflüssen, Wesens- und Körpermerkmalen ergänzt oder weitergeführt werden. Die Motive für Notizen sind vielfältig und richten sich teilweise auch nach den Zuchtvorhaben/Zuchtzielen eines Züchters, sodass eine Aufzeichnung besonderer Vorkommnisse erst recht sehr hilfreich wird, wenn

- aus der bestehenden Zucht eine Linienzucht aufgebaut werden soll,
- Fremdverpaarungen vorgenommen werden,
- hartnäckige negative Merkmale in verschiedenen Würfen zur Regel oder
- Eigenschaftskreuzungen/-kombinationen unverzichtbar werden,
- sich degenerative Erscheinungen ankündigen,
- plötzlich rasseunspezifische Spalterbigkeiten auftreten,
- Neuzüchtungen geplant sind und realisiert werden.

Die nicht im Zuchtbuch geforderte, also zusätzliche Aufzählung der Inhalte und Gründe ließe sich fortsetzen. Sie liegt im Ermessen des Züchters, doch spätestens ab dem Augenblick, da die erste Nachzucht abgesetzt und ins „gute wie schlechte Töpfchen" sortiert, eine weitere Nachzucht das Nest verlässt und die Neuverpaarung erwogen wird, kann auch der begabteste Denker leicht die Übersicht verlieren.

Wann das alles aufgeschrieben werden soll?

Nun, es mag nicht immer ganz einfach sein, neben Beruf und anderen täglichen Verpflichtungen noch Schreibdienste zu leisten. Doch während der Arbeit im Stall bleibt meist etwas Spielraum für eine schnelle Notiz. Das fein säuberlich geführte Zuchtbuch gehört nicht in den Stall, denn hierfür kann ein gesondertes Stallbuch, das keinesfalls zur Schönschrift zwingt, eingerichtet werden. Das Anlegen von Karteikarten hat sich ebenfalls bewährt.

Je nach Zuchtvorhaben wird das Stallbuch im Vergleich zum Zuchtbuch um jene Rubriken erweitert, die das Zuchtbuch nicht vorsieht. Das kann sein, wenn Neuverpaarungen Fragen offen lassen, neue Zuchtziele gesetzt werden oder beispielsweise, wenn nach Passerpaarungen die Jungtiere der ersten Generation für eine Rückverpaarung mit dem jeweiligen Elternteil vorgesehen sind.

Im Sinne des Beobachtens der Jungtierentwicklung können hier Werte eingetragen werden, die dem Züchter für eine spätere Auslese und Verwendung wichtig sind.

- Noch einen Vorteil bringt das Schreiben im Stall mit sich: Man kennt die Tiere sehr genau.
- Anhand der Stall-Memorys über alle wichtigen Vorkommnisse werden zu einem späteren Zeitpunkt Zuchtwahl und Auslese erleichtert.
- Ständiges Beobachten der Tiere mindert die Gefahr der „Betriebsblindheit“, das Übersehen von Fehlern und erzieht zur Objektivität,
- Mittels eines Zuchtbuches lassen sich leicht Zuchtziele abstecken, ja sogar mehrere Zuchtziele auf verschiedene Paarungen (so es der Zuchtumfang zulässt) verteilen.

Die meisten Zuchtfreunde praktizieren die so genannte blutsfremde Zucht (Fremdzucht), das heißt, es werden Tiere verpaart, die nicht miteinander in einem bestimmten Verwandtschaftsverhältnis stehen. Hierbei gilt es, zuerst den Erbwert der Tiere zu prüfen, wobei nicht das einzelne Wurfergebnis eine klare Aussage über den Erbwert des hinzugekauften Rammlers und über das „genetische Zusammenpassen“ mit der Häsin oder den Häsinnen im Bestand zulassen. Nein, hier beginnt der Vergleich

- zwischen dem ersten und den nachfolgenden Würfen aller Nachkommen des neuen Rammlers,
- der Nachkommenähnlichkeiten mit einzelnen gemeinsamen Merkmalen der Eltern,
- neu auftretender Merkmale mit den Aufzeichnungen aus den Abstammungsunterlagen des neuen Tieres im Bestand und den eigenen Aufzeichnungen zu den betreffenden Häsinnen.

Alles ist möglich, sowohl der positive als auch der negative Verlauf des Paarungsversuches, und beides ist aufschreibenswert.

Ganz besonders würde ich dem Neuzüchter das Notizbuch als Arbeitsmaterial empfehlen, denn gerade die eigenen Aufzeichnungen sind die Basis zum Verstehen der Vorgänge und für das wirkliche intensive Züchten. Die im Züchteralltag getroffenen Entscheidungen sowie der Stammbaum des Zuchtstammes bleiben so noch nach Jahren nachvollziehbar.

Bleiben wir beim negativen Verlauf, nicht weil wir nicht des positiven Denkens fähig wären, sondern deshalb, weil über Erfolge schneller und lauter gesprochen wird als über Misserfolg und Enttäuschung. Spielen wir eine Möglichkeit durch:

So, nun treten in einigen Nachzuchten, dessen Vater eben ein neuer Rammler ist, unerwünschte Merkmale auf. Erste Frage, woher kommen diese? Tja, und dann stehen in dem „Personalausweis" des gekauften Neuen nicht mehr als die Tätozeichen, Geburtsdaten, Angaben zu den Rassegroßeltern (selten sind auch noch die Urgroßeltern aufgeführt) und deren Züchter. Wer Glück hat, findet auf dem Abstammungsnachweis noch glänzende Bewertungsergebnisse der Ahnenreihe, aber nur ganz selten wird ein Wort über Schwächen in der Erbfolge in solchen Begleitpapieren eines Tieres zu lesen sein. Das erschwert dem Züchter die Arbeit und kann ihn in seinem Bemühen, die gewählte Rasse zu fördern, gewaltig zurückwerfen oder, wenn es ganz dick kommt, dem Bestand erheblichen Schaden zufügen. Bestenfalls kann er den Schaden noch auf Umwegen merzen. Ist das notwendig?

Wer vergibt sich etwas, wenn er Misserfolge beim Namen nennt? Ein richtiger Züchter auf keinen Fall, denn neben dem Erfolg steht immer wenigstens einmal die Enttäuschung. Werden beim Verkauf auch offen Hinweise über den Zuchtverlauf des betreffenden Tieres, dessen Eltern und Geschwister weitergegeben, kann sich der Käufer auf die Situationen einstellen und dies für die Zuchtwahl berücksichtigen, wenn ihm das zu erwerbende Tier trotzdem im Sinne seines Zuchtzieles passend erscheint. Auf jeden Fall sind die ersten Nachzuchtergebnisse einen besonderen Vergleich wert und sollten genauer beobachtet und aufgeschrieben werden. Das gilt erst recht, wenn allein das Aussehen des Tieres und die Bewertung für den Kauf ausschlaggebend waren. Meistens fehlen dann Abstammungsunterlagen gänzlich. Hier wäre anzuraten, nur mit wenigen sehr guten Häsinnen Passerpaarungen und mit der gewonnenen F_1 Rückverpaarungen mit den Eltern durchzuführen, um schneller Erkenntnisse über den Erbwert des neuen Rammlers zu erlangen.

Ein Stall- und Zuchtbuch müssen keine langen Beiträge enthalten. Schnell können eigens gefundene Symbole viele Worte einsparen und für den Züchter doch verständlich bleiben.

Angemerkt sei, auch die Bewertungskarten gehören ins Zuchtbuch, die bei Weitergabe eines Tieres mit dem Abstammungsnachweis ausgehändigt werden. Den Abstammungsnachweis muss man nicht vorrätig zu liegen haben. Wenn eine ordentliche Aufzeichnung aller Daten und Hinweise gegeben ist, bereitet das Ausfüllen eines aussagefähigen Abstammungsnachweises wenig Aufwand. In der zuchtruhigen Periode können dann zwei Fliegen mit einer Klappe geschlagen werden: Notizen ins Zuchtbuch übertragen und Zuchtwahl für das folgende Zuchtjahr treffen.

Fell oder Behaarung?

Trägt unser Hobbytier Kaninchen nun ein Fell oder Haare? Unsere Kaninchen sind Felltiere. Das, was wir am Tier in der strengen Auslese nach Fehlern durchsuchen oder in diesem Buch beschreiben, ist das Haar respektive die Behaarung.

Schon während der Preisrichterausbildung „paukte“ unser Schulungsleiter: „Wir beurteilen die Behaarung, nicht das Fell. Ein Fell haben wir erst dann, wenn in ihm kein Tier mehr steckt.“ Im Sprachgebrauch wird das Wort „Fell“ in eine Begriffsgleichheit mit den Bezeichnungen „Behaarung“ oder „Haar“ gestellt. Es ist all jenen Recht zu geben, die sich an dieser Vereinheitlichung stoßen, aber unsere Umgangssprache ist hartnäckig. So werden auch in diesem Buch keine Synonyme für bestehende Begriffe eingesetzt. Das bedeutet, wir behandeln hier Fellfarben statt Farben der Behaarung, aber betrachten Haarzonierungen statt Fellzonierung.

Definition Fell

Das Fell setzt sich zusammen aus der Haut, die den Tierkörper umschließt und mit Haaren (Behaarung) bewachsen ist. Wenn der Duden das Wort Fell abstrakt definiert – „Fell, Haarkleid der Säugetiere, auch die abgezogene behaarte Haut vor der Verarbeitung; Fell, Pelz, Decke, Balg, Haarkleid“ –, so mag es niemanden verdrießen, wenn wir uns gelegentlich der Umgangssprache bedienen und den Begriff Fell verwenden. Pelz, Balg und Decke sind in der Kaninchenzucht als Synonyme für das Fell denkbar unpassend.

Das Haar allgemein

Haare (Pili) sind ein- oder mehrzellige, meist fadenförmige Bildungen der Epidermis (Oberhaut). Unter den Wirbeltieren haben nur die Säugetiere Haare. Bei ihnen dienen diese hornhaltigen Fadengebilde vorrangig der Temperaturregulation und als Strahlenschutz, haben aber auch Tastsinnesfunktion und stellen einen Schmuckwert oder Tarnschutz dar.

Man unterscheidet den über die Epidermis herausragenden Haarschaft und die in einer grubenförmigen Einsenkung steckende Haarwurzel, die an ihrem Ende zur Haarzwiebel verdickt ist. In diese ragt von unten her eine zapfenförmige, bindegewebige Lederhautpapille (Haarpapille) hinein. Sie enthält ein Blutgefäßnetz sowie Pigmentzellen und versorgt die teilungsfähigen Zellen der Haarzwiebel. Nach oben zu sterben die Haarzellen ab und verhornen. Aus unvollständig verhornten und eingetrockneten Zellen bildet sich das *Haarmark*. Um das Mark herum liegt die *Haarrinde,* in deren Zellen Farbstoffe abgelagert sind, welche die Haarfarbe bedingen. Die Haarwurzel ist außen vom Haarbalg, einer bindegewebigen Schicht aus verdickten Zellen der Lederhaut, umgeben.

Bei Säugetieren liegen auf größeren Haut- beziehungsweise Fellbezirken die Haare im Allgemeinen in bestimmten Richtungen und bilden den so genannten Haarstrich. Der Haarstrich entspricht der Schutzfunktion des Haarkleides (z.B. gegen Regen und verläuft daher meist vom Rücken zum Bauch). Bei der Behaarung des Kaninchens unterscheiden wir drei Haararten.

Das Unterhaar

Unterhaar (auch Unterwolle genannt) ist das kurze, in seiner Eigenschaft dünnste, aber zahlreichste der drei Haararten. Das sehr feine Haar liegt unterhalb des Deckhaares und reguliert die Körperwärme des Tieres.

Eine sehr gute Dichte in diesem Haarbereich spricht für beste Bewertungsergebnisse und für eine gute bis sehr gute spätere Fellqualität im Sinne der Rauchwarenindustrie.

Das Deckhaar

Deckhaar überragt als so genanntes Oberhaar das Unterhaar. Es besteht aus wesentlich stärkeren Haaren, als sie das Unterhaar bildet. Das Deckhaar schützt nicht nur vor Witterungseinflüssen, sondern bestimmt/gestaltet die Deckfarbe eines Tieres maßgeblich mit.

Das Grannenhaar

Die Grannenhaare, man spricht auch von Konturhaaren und Stichelhaaren, überragen beide vorgenannten Haararten und sind am geringsten vertreten. Die Spitze des Grannenhaares ist leicht verdickt. In der Tierwelt sind die Grannen nicht selten Tastwerkzeuge, und in die Rassekaninchenzucht passen die Stichelhaare ganz gut, wenn man sich dabei das Rassemerkmal „Stich" bei den Hellen-Großsilber-Kaninchen vor Augen hält. Als Stützhaare finden wir die Grannenhaare im Angoravlies oder bei bestimmten Säugetieren unterstützen sie als solche das Fell beim Sträuben (Imponiergehabe).

1,0 Hermelin RA (R. Riedmann, Karbach). *Foto: B & S Fotostudio*

0,1 Gelb-Rexe (K. Thalmeier, Wissing). *Foto: B & S Fotostudio*

1,0 Angora, weiß RA (G. Groß, Marpingen). *Foto: B & S Fotostudio*

 0,1 Fuchskaninchen, weiß RA (H. Staffe, Meßstetten). *Foto: B & S Fotostudio*

Die Haarstrukturen

Von den so genannten Normalhaarrassen unterscheiden sich bestimmte Kaninchen durch ihre besondere Haarstruktur.

Da sind die flauschigen Angorakaninchen zu nennen. Das Angorahaar ist eine der Langhaararten, deren wirtschaftliche Vorzüge (genannt seien die guten Wärmeeigenschaften und die damit verbundene Heilwirkung bei Rheumaerkrankungen sowie die Verarbeitungseignung) liegen im Wesentlichen in der sehr feinen Struktur des gewellten/gekräuselten Unterhaares, das auch Flaumhaar oder Unterwolle genannt wird. Der weniger gewellte Grannenflaum oder auch das Grannenflaumhaar überragt das feine Flaumhaar. Gestützt wird das gesamte Vlies, also die gesamte Behaarung, durch eine starke Granne.

Eine weitere lange Haarstruktur präsentieren unsere Fuchskaninchen. Es ist nach bisherigen Erkenntnissen keine Mutationsform des Angorahaares, sondern mit einem verlängerten Normalhaar vergleichbar. Folglich werden auch solche charakteristische Merkmale, wie sie das Angorahaar auszeichnet, bei den Fuchskaninchenrassen gestraft. Dennoch ist hin und wieder in Erbformeln ein Bezug zu v (Angorahaar) gegeben, der aber mit einem Fragezeichen versehen ist.

Mit einem Kurzhaar haben wir es bei den „Rexen" zu tun. Die Besonderheit des Haares liegt in der extremen Kürze von 17 bis 20 mm, in der Stehhaarigkeit und in der verkürzten Granne, die maximal einen Millimeter über das Deckhaar hinausragen darf. Der Vollständigkeit halber soll erwähnt sein, es gibt noch zwei weitere Arten für die Rexbehaarung, die jedoch auf unterschiedlichen erbbiologischen Grundlagen entstanden sind. Kreuzt man Tiere mit den unterschiedlichen Rexbehaarungen, so dürfen normalhaarige Nachzuchten zu erwarten sein.

Edel und seidig präsentieren sich jene Kaninchenrassen, die zu den Satin-Rassen gezählt werden. Eine sehr feine Haarstruktur mit seidigem Glanz gab diesem Haarkleid auch den Namen „Satin" – abgeleitet das Seidenhaar.

Alle diese Haarstrukturen sind nach dem heutigen Wissen durch Mutation entstanden, wobei der Rexbehaarung eine krankhafte Genveränderung zugeschrieben wird, sofern wir bei dem Vorgang der Mutation von etwas Normalem ausgehen. Alle vier Strukturen unterliegen bei einer Kreuzung mit normalhaarigen Kaninchen dem dominanten Normalhaar. Symbolisiert werden diese in unseren Zuchten geführten Strukturen wie folgt: Angora (v/v), Langhaar (fu/fu), Rex (rex/rex) und Satin (sa/sa).

Wie sind die Fellfarben unserer Rassekaninchen entstanden?

Die schwarzwildfarbigen Besonderheiten

Die Schwarzwildfarbigkeit

Das Wildkaninchen hat sich im Laufe seiner Entwicklung zum Haus- und Hobbytier nicht allein in seinem äußeren Erscheinungsbild verändert. Auch organische Veränderungen und das Ablegen gewisser Gewohnheiten als Wirkungsweisen der Umwelt unterscheiden das Haustier vom Wildtier. Uns interessieren hier besonders die Farben des Haarkleides der Rassekaninchen, die inzwischen in einer riesigen Palette anzutreffen sind. Eine Eigenschaft in der grundlegenden Fellfarbengenetik blieb jedoch erhalten und trotz aller Züchtungsexperimente dominant: die Wildfarbigkeit.

Selten sind bestimmte, das Erscheinungsbild eines Organismus bildende (phänotypische) Merkmale durch nur ein Gen bedingt, also monogen, im Erbgut vorhanden. Bei Farbentwicklungen wird demnach auch gern von komplementärer (sich gegenseitig ergänzender) Polygenie (die Erscheinung, dass an der Ausbildung eines Merkmals, eines Phänotyps mehrere Gene beteiligt sind) gesprochen. Jener gesprenkelt erscheinende Eindruck bei der Wildfarbigkeit beruht darauf, dass jedes einzelne Haar ein typisches Ringelmuster (eine Bänderung) hat. Dabei ist die Haarspitze schwarz, dann folgt eine gelbe oder rötliche Querbinde, dann wieder ein schwarzer Ring. Daran kann sich ein dunkler Haargrund anschließen oder die rote und schwarze Bänderung kann sich noch mehrfach wiederholen. Vereinfacht gesagt beruht also die Wildfarbigkeit auf dem Zusammenwirken zahlreicher Gene, von denen jeweils einzelne bei bestimmten (meist genetisch eher vereinheitlichten) Zuchtlinien fehlen.

Dieser Schwarzwildfarbigkeit unterliegen die sprichwörtlichen Farben *Hasen-*, *Wild-* und *Dunkelgrau.*

Hasengrau ist die hellste der grauen Farbarten.

Die Decke ist leicht dunkel schattiert. Die Zwischenfarbe ist fuchsig rotbraun, breit und von der bläulichen Unterfarbe scharf abgegrenzt.

Der Nackenkeil und die Schoßflecken sind intensiv bräunlich rot, die Blumenoberseite ist gesprenkelt. Die Ohren sind im oberen Teil schwarz gesäumt.

Wildgrau zeichnet die Deckfarbe insgesamt dunkler, als es bei Hasengrau der Fall ist.

Die Decke der Kaninchenbehaarung ist im Vergleich zum hasengrauen Farbenschlag durch ein stärkeres Vorhandensein schwarzer Grannenhaare dunkler schattiert, die Zwischenfarbe ist als intensiv braunrot zu beschreiben und nicht mehr so breit angelegt. Und weil dieser Farbtyp der grauen Serie allgemein dunkler ist, wirkt sich dies auch auf den schwarzen Ohrensaum aus. Dieser ist breiter gesäumt als bei hasengrauen Tieren. Ferner sind der Nackenkeil und die Schoßflecken bei wildgrauen Kaninchen intensiver braunrot gefärbt (vergl. Abbildungen unten).

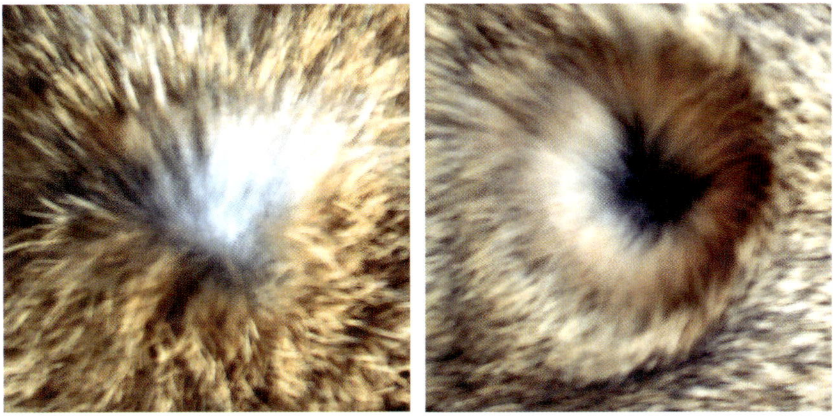

Abbildung links: hasengrau, Abbildung rechts: wildgrau. Eine Schattierung ergibt sich aus dem Anteil der schwarzen und bräunlich gespitzten Einzelhaare. Dieser Schwarzanteil ist bei Wildgrau entsprechend höher als bei Hasengrau und nimmt bei der dritten – der dunkelgrauen – Spielart erheblich zu. Die Entstehung einer Schattierung wird im Hauptkapitel „Die Schattierungen" ausführlicher beschrieben. Foto: Eknigk

Dunkelgrau: Die Deckfarbe ist am gesamten Körper des jeweiligen Tieres durch einen sehr hohen Einfluss schwarzer Pigmentierung gleichmäßig schattiert. Die Zwischenfarbe und der Nackenkeil sind nicht so intensiv wie bei den vorgenannten Schattierungsarten der Schwarzwildfarbigkeit im rotbraunen Ton auftretend. Der Ohrsaum scheint zu entfallen, und die sonst weißen Wildfarbigkeitsmerkmale gleichen sich im etwas helleren Ton dem der Decke an.

Bei allen drei genannten Farbarten müssen die Tiere braune Augen und so genannte dunkelhornfarbige, also sehr dunkle Krallen haben.

Die Wildfarbigkeitsmerkmale

Die Zonierung

Zone bedeutet abgrenzendes Gebiet. Wenn wir bei den Kaninchen bei der Thematik Farbbildung und -verteilung von *Zonierungen im Einzelhaar* (auch Bänderung genannt) und Zonierungen am Körper sprechen, dann ist immer ein Hinweis gegeben, dass es sich um *wildfarbene* Tiere handeln muss. Das heißt, Zonierungen der Körperregionen sowie die *Einzelhaarzonierung* sind ebenfalls die Merkmale, die auf eine vorhandene Wildfarbigkeit bei Kaninchen mit anderen Fellfarben hinweisen.

Zu den Körperzonierungen der drei schwarzwildfarbigen Rassen gehören bei den Farbarten Hasengrau und Wildgrau: weiße Augen-, Nasen- und Kinnbackeneinfassung, weißer Bauch, weiße Blumenunterseite und Innenseiten der Schenkel, Bildung der Schoßflecken, eines Nackenkeils, schwarze Ohrsäumung.

Das einzelne Haar unterliegt gleichfalls einer Zonierung. Infolge dieser Haarbänderung beziehungsweise Einzelhaarzonierung entstehen die Gliederungen Deckfarbe, Zwischenfarbe und Unterfarbe. Bei Wildgrau sind all diese Zonierungen durch die starke Pigmentierung angedeutet erkennbar vorhanden.

Ob es immer richtig ist, bei der Einzelhaarzonierung von nur drei Farbstufen auszugehen, muss angesichts der Möglichkeit zur Mehrfachbänderung des Haares in Frage gestellt bleiben. Die Antwort lasse ich an dieser Stelle bewusst offen.

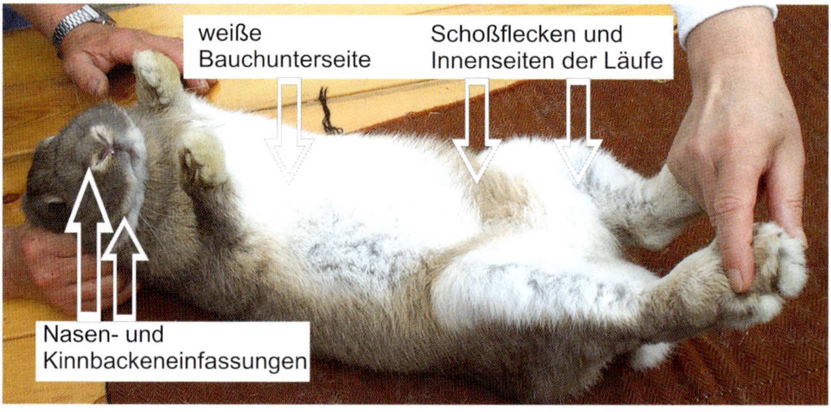

 Körperzonierung *Foto: Eknigk*

Schwierigkeiten beim Unterscheiden der (grauen) Nuancen

Dreimal Schwarzwildfarbigkeit und doch nur „grau"?

Umgangssprachlich werden diese schwarzwildfarbigen Rassen in den Farbbegriff „grau" eingeordnet. Das ist nicht richtig. Der allgemeine Sprachschatz „grau" mag aus der Tatsache resultieren, dass die Farbvarianten einmal in die oben genannten Graukategorien eingestuft wurden. Aus der Gewohnheit hat sich die falsche Begriffsfindung nun so falsch durchgesetzt, sodass eine Änderung kaum noch vorzunehmen wäre. Allein bei der Betrachtung der Vertreter der drei Farbenschläge fällt auf, dass gelbe, rötliche und schwarze Haartönungen ein Grau niemals rechtfertigen. Hinzu kommt der Umstand, durch viel Unkenntnis oder auch gewollt kam es im Laufe der Jahrzehnte zu Vermischungen von Erbanlagen der unterschiedlichen Nuancen im Bereich der Schwarzwildfarbigkeit.

Ich plädiere zwar dafür, diesen Rassen den Namen ihrer schwarzwildfarbigen Abstammung – etwa wie in anderen Tierzuchten: *agouti* – zu geben und zur klaren Definition des Farbenschlages den Zusatz des jeweiligen Schattierungsgrades zu wählen, zum Beispiel: hell schattiert für Hasengrau, mittel schattiert für Wildgrau und dunkel schattiert für Dunkelgrau.

Beispielsweise hat der eine oder andere Züchter solcher Kaninchenrassen, die erbbiologisch der Schwarzwildfarbigkeit unterliegen, bestimmt schon einmal die Erfahrung gemacht, dass in einem Wurf so genannter „grauer" Elterntiere Tierchen mit unterschiedlich schwarzwildfarbigem und mehr oder weniger schattiertem Haarkleid heranwuchsen. Und das ist so, weil bereits in den Zuchten beispielsweise hasengraue und wildgraue Tiere miteinander verpaart wurden, die dann im schlimmsten Fall auch noch dunkelgraue Ahnen hatten.

Ein krasses Beispiel, aber es ist nicht an den Haaren herbeigezogen. Eine Verpaarung von Tieren aus unterschiedlichen „Grau"-Varianten erschwert nicht nur die Auswahl von Sammlungen für Ausstellungen oder von Zuchtpaaren, sondern verlangt dabei dem Züchter viel Fingerspitzengefühl ab, um die Reinerbigkeit innerhalb jeder grauen Farbart zu erreichen. Zugegeben, es ist nicht leicht den jeweiligen Farbenschlag sicher einzuordnen, wenn man nur Einzeltiere zur Auswahl hat. Eine Farbmischung der drei verwandten Farbvarianten rächt sich schnell, denn hier können die Ursachen für das Verwischen der Farbgebung im Hinblick auf

- die Zonierungen der Unter-, Zwischen- und Deckfarben gebildet werden, was dann zur Folge hat, dass
- abweichende breite Zwischenfarben mit unscharfen Abgrenzungen und
- große Variationen in den Deckfarben entstehen oder
- die unterschiedlichsten Tönungen im Bereich der Zwischenfarbe auftreten.
- Aufgehellte Unterfarbe und fleckige Deckfarben werden manifest.
- Die Körperseiten (Flanken) hellen auf oder
- es bilden sich Binden an den Vorderläufen.

Solche Vorkommnisse sind bereits die ersten Momente, da sich ein Züchter nach dem Warum fragt. Ja, verehrter Zuchtfreund, das sind bereits vererbungsabhängige Ergebnisse einer Mischung von Erbanlagen; mit anderen Worten: Hier beginnt unsere „Kleine Genetikschule“.

Simple Buchstaben mit großer Wirkung

Grundfaktoren der Farbvererbung

Professor Dr. Hans Nachtsheim hat eine deutsche Symbolsprache geschaffen, die bestimmte Merkmale für die Farbvererbung kennzeichnet und für das züchterische Wirken in einem bestimmten Maß auch Berechnungen ermöglicht. Die Symbolisierung nach Nachtsheim hat sich durchgesetzt und wird heute von der Züchterschaft in Deutschland verwendet. Die internationalen Symbole werden jedoch ebenso wenig Einzug in die Umgangssprache unserer Züchter halten wie mein Gedanke an das Umbenennen der Schwarzwildfarbigen in Farbenschläge nach dem Schattierungsgrad.

Diese Symbole stehen für bestimmte Merkmale und mit ihnen lassen sich etwaige erbbiologische Vorgehensweisen überschaubar darstellen. Doch bis zu solchen Darstellungen, die unterschiedliche Spalterbigkeiten und Dominanzen verständlich machen, arbeiten wir uns gemeinsam Schritt für Schritt durch. Alle großgeschriebenen Symbole dokumentieren stets eine *Vorherrschaft* (Dominanzwirkung) des betreffenden Faktors. Kleine Buchstaben unterliegen diesen Erbanlagen als Grundfaktoren rezessiv (verdrängt, zurücktretend, überdeckt).

Für die bisher beschriebenen schwarzwildfarbigen Spielarten stehen folgende Symbole als Grundfaktoren für die Farbentwicklung zur Verfüg...g.

Faktor für Pigmentbildung (umgangssprachlich: Farbbildungs- oder Pigmentfaktor)
Faktor für dunkles Pigment
...ktor für Schwarz
...te der Schwarzeinlagerung im Einzelhaar
...rbigkeitsfaktor (erzwingt die beschriebenen Ei... der Zonierung)

...A ist gar keine Farbbildung möglich. Ein a ...et Farblosigkeit (Albinismus), der im Kapitel ...g (Albinismus)" genauer besprochen wird.
... Symbol B unterstützt, dass dunkle Pigmente ...uch wirken können. Als dunkles Pigment spielt ...lehre das Melanin in unterschiedlichen Formen ...olle. Hierbei handelt es sich um einen roten bis ...ff, der bei Tieren und Menschen vorkommt und

die Haut- und Haarfarbe beeinflusst. In der späteren Beschreibung wird erkennbar, wie B durch Mutationsschritte verändert wurden und welche Auswirkungen diese Mutationen auf die Farbentwicklungen haben.

Erklärung zu C: Durch C ist die Schwarzeinlagerung im Haar sehr stark konzentriert. Eine Veränderung dieses Symbols in c ist mit einem Farbverlust vergleichbar. Die Folge ist: Es entsteht ein sattes Braun.

Erklärung zu D: Die Dichte (D) bezieht sich auf die Möglichkeit, dass Schwarzfaktoren uneingeschränkt wirken, sich uneingeschränkt verteilen können.

Erklärung zu G: Wie bei den schwarzwildfarbigen (grauen) Tieren bereits erklärt, ist dieser Faktor kraft seiner starken Wirkungsweise Verursacher der Zonierungen am Körper und im Einzelhaar. Selbst bei anderen Rassen, die auf der Basis der Wildfarbigkeit erzüchtet sind, entfällt dieses Merkmal nicht.

Mit diesen Buchstaben, die einmal als Bruch oder auch in einer Zeile hintereinander, durch einen Schrägstrich getrennt, geschrieben werden können, lassen sich so genannte *Erbformeln* erstellen. Mit diesen Formeln lassen sich Kreuzungsergebnisse berechnen oder Spalterbigkeiten in ihren besonderen Merkmalen gut darstellen. Jede unserer Rassen hat entsprechend ihrem äußeren Erscheinungsbild eine solche Erbformel.

Über beziehungsweise vor dem Bruchstrich stehende Symbole weisen auf mütterliche Erbanlagen hin, die unter oder hinter dem Strich stehenden dagegen auf väterliche. Dies wird vielfach als Nonsens bezeichnet, weil die Symbole niemals über die Gesamtheit aller Erbmöglichkeiten etwas aussagen können, deshalb sei es gleichgültig, wie eine Erbformel aufgebaut ist. Das ist zwar richtig, doch für die Züchter, die auf ernsthafte Berechnungen angewiesen sind, kann diese Richtigstellung ein wichtiger Punkt sein.

Begegnung mit der 1. Formel – schwarzwildfarbig

Reinerbige *schwarzwildfarbige* Rassekaninchen der Farbenschläge Hasen-, Wild- und Dunkelgrau tragen die Formel (Erbsymbole)

① *ABCDG (mütterlich) / ABCDG (väterlich)*

oder

② $$\frac{ABCDG}{ABCDG} \quad \frac{\text{mütterlich}}{\text{väterlich}}$$

Im weiteren Verlauf wird aus satztechnischen Gründen die Schreibweise der Erbfaktoren mit dem Schrägstrich gewählt. Nur für Kreuzungsbeispiele wird die zweite Schreibweise zur besseren Übersicht Anwendung finden.

Wir erkennen also, alle beschriebenen drei grauen Farbenspiele unterscheiden sich bezüglich der Farbanlage in der Theorie erbbiologisch überhaupt nicht. Und trotzdem sehen sie doch recht unterschiedlich aus. Woraus ist das abzuleiten?

Diese Schattierungen in den drei Farbenspielen sind so etwas wie das erhaltene Erbgut des Wildkaninchens. Die Färbung der Behaarung bei wild lebenden Tieren wird der speziellen Form der Anpassung und Tarnung an ihre Umwelt zugeschrieben. Je nach Umgebung, in der ein Wildtier lebt, entwickelte sich die Fellfarbe zum Schutz des Tieres durch natürliche Auslese. Weniger gute Tarnung bedeutet für viele Wildtiere, Beute anderer Tiere zu werden. Stellen wir uns ein weißes oder weißgescheckte Wildkaninchen im Wald vor. Wie viel Überlebenschancen hätte es wohl, wenn dort gleichzeitig der natürliche Feind, der Fuchs, sein Domizil hat? Keine. Und so darf davon ausgegangen werden, dass die natürliche Selektion zwar weißen, weiß durchsetzten Wildkaninchen keine Überlebenschance einräumt, aber die genetischen Anlagen für Scheckungen, Weiß oder Albinismus nicht gänzlich merzen kann/konnte.

Beispiel: Vor einigen Jahren fanden sich am Winterfutterplatz für Vögel einige weiß gescheckte Spatzen ein. Sie nisteten auch in unserer Koniferenhecke. Ein kleiner Falke kam regelmäßig zum Beutefang. Die mit weißen Federn durchsetzte Spatzengeneration nahm ab und verschwand. Eine nächste Generation mit gleichen Merkmalen trat ein, zwei Jahre später wieder auf. Wahrscheinlich blieb das Merkmal im Vererbungsablauf erhalten.

Das Eisengrau

Das Eisengrau wird sehr oft mit dem Dunkelgrau verwechselt, weil das Dunkelgrau wiederum sehr oft dem Eisengrau ähnelt. Dem ungeübten Auge muss hier einfach verziehen werden, denn auch die Definition des Standards ist für das erste Erkennen eines Unterschieds keine große Hilfe, wenn die Deckfarbe am ganzen Körper mit gleichmäßig dunkel schattiert beschrieben wird. Die Zwischenfarbe und der Keil im Genick sind nur noch schwach angedeutet. Die bei hasengrauen und wildgrauen Tieren weißen Wildfarbigkeitsmerkmale sind bei eisengrauen Kaninchenrassen dunkelgrau bis schwärzlich. Die Blumenoberseite ist schwarz, die Unterseite dunkelblaugrau.

Wie unterscheide ich als Anfänger ein dunkelgraues von einem eisengrauen Tier, wenn die sonst weißen Wildfarbigkeitsmerkmale mit „dunkelgrau bis schwärzlich" bei Eisengrau und bei Dunkelgrau mit dem Hinweis „gleichen sich der Decke an" beschrieben werden? Und braune Augen und dunkelbraune bis schwarze Krallenfarbe gehören als i-Punkt in die Farbbeschreibung von Eisengrau.

Zugegeben, es ist schon schwer, sich den Unterschied nach einer solchen Beschreibung vorzustellen, aber die Farbgebung in der Natur ist eben manchmal nicht klar zu beschreiben. Hier sei nebenbei angeführt, sich in den Tierbesprechungen in den Vereinen einmal unterschiedliche graue Vertreter im Vergleich anzusehen, um das Auge zu schulen.

Es ist ein Verwirrspiel, wenn dunkelgraue und eisengraue Tiere bestimmt werden sollen. Doch vergleichen wir einmal die Beschreibung dieser beiden Farbarten.

Eines haben sie gemeinsam, nämlich die sehr dunkle Schattierung am gesamten Körper, die infolge einer zunehmenden und im Häufigkeitsvergleich doch unterschiedlich erblich bedingten Schwarzfärbung der Deckhaarspitzen und der Grannenhaare entsteht.

Dunkelgrau: Im Vergleich zur Farbanlage Wildgrau bewirkt eine Zunahme sehr dunkler Pigmente im Haar nicht nur die Veränderung der Haarspitzen, sondern berührt insgesamt auch die Farbanlagen des gesamten Haares. Das Ergebnis sind die rotbraunen bis bräunlichen Tönungen im Bereich der Zwischenfarbe, was wiederum das farbliche Angleichen der Wildfarbigkeitsmerkmale an die dunkle Farbgebung der Decke forciert. Und dieses allmähliche Angleichen der Nackenkeilfärbung und das Dunkelwerden der „sich der Deckfarbe angleichenden" übrigen Wildfarbigkeitsmerkmale lässt sich so beschreiben. Der Nackenkeil wird in der Farbgestaltung auf Grund des hier kürzeren Haares, bei fast fehlendem Grannenhaar durch die noch sichtbare braune Zwischenfarbe gezeichnet. In den Bereichen der sonstigen Wildfarbigkeitsmerkmale entfallen durch vermehrtes Aufkommen dunklen Pigments ebenfalls die hell gespitzten Haare, sodass sich auch hier das Haar dem übrigen Farbbild angleichen muss. Einfach gesagt bestimmt diese Erbvarianz die dunklen Ausfärbungen des Haares in seinen Stufen (Bänderung).

Es gibt dunkelgraue Vertreter, die farblich eher dem eisengrauen Farbschlag zuzuordnen wären. Hier kann es leicht zu Verwechslungen kommen. Und weil das so ist, wurden auch schon in der Zuchtwahl unbewusste Fehler begangen, die zur Folge hatten, dass sich auch hier, wie bei den drei Graunuancen bemerkt, Schattierungen herausgebildet haben, die nicht konkret benannt werden können. So entstanden reinerbig eisengraue Vertreter, die gut ins Farbschema Dunkelgrau passen und andererseits dunkelgraue Vertreter, die einem reinerbigen Eisengrau Paroli bieten können.

Zugegeben, das Vorkommen der reichlich hell durchsetzten, reinerbig eisengrauen Rassen in Ausstellungen ist nur noch selten anzutreffen. Trotzdem können visuelle Vergleiche der beiden Farbenschläge vage sein, in der Zucht aber böse Folgen haben, wenn beide Erbtypen miteinander eine Nachzucht bilden. Deshalb sehen wir uns einmal die Erbformel der Eisengrauen an.

1. Das bereits bekannte Hasen-, Wild- bzw. Dunkelgrau ABCDG/ABCDG
2. das neue Eisengrau, reinerbig AB^eCDG/AB^eCDG
3. das neue Eisengrau, spalterbig $AB^eCDG/ABCDG$

Diese Formeln dürften Interesse erwecken. Kleine Ursache, große Wirkung, wenn eine kleine, ja fast unscheinbare Veränderung auftritt.

Erklärung: B^e ist der einzige Faktor, der sich, so viel wir bis heute wissen, über einen der fünf Grundfaktoren (A, B, C, D, G) stellt und somit den Faktor für dunkles Pigment (B) beherrscht, ja gar verstärkt. Hier handelt es sich um die erste vieler, wahrscheinlich durch Mutation entstandener Genveränderungen. Der hochgestellte Kleinbuchstabe e in Verbindung mit dem Grundfaktor B unterstützt die schon dominante Kraft des B-Faktors. Man kann allgemein verständlicher sagen: B wird von Klein-e in der Farbgebung sehr intensiv zu einem sehr dunklen Farbton unterstützt, sodass ein solches Tier ganz einfach dunkler als der dunkelgraue Erbträger sein muss. Das ist aber nur eine Wirkungsweise, die von B^e ausgeht. Durch diese wahrscheinliche Mutation von B zu B^e ist ein Faktor entstanden, der es schafft, die Auswirkungen des Wildfarbigkeitsfaktors G zu verändern oder bei einer Reinerbigkeit des B^e/B^e sogar zu unterdrücken. Daraus resultiert bei den reinerbigen, eisengrauen Rassen die schwarz erscheinende Behaarung.

Spalterbigkeit – Reinerbigkeit

Wir erkennen an der dritten Erbformel A B^e C D G / A B C D G, der neue Buchstabe als Faktor ist beispielsweise nur einmal (mütterlicherseits) vorhanden, woraus sich ein Genpaar B^e/B ergibt. Diese Ungleichheit ist ein Zeichen dafür: Hier liegt eine *Spalterbigkeit* (Heterozygotie) vor.

Wir erinnern uns und vergleichen die paarweisen, gleich lautenden, somit gleich gestalteten Erbfaktoren AA, BB, CC, DD, GG der Schwarzwildfarbigkeit bei hasen-, wild- oder dunkelgrauen Tieren. Sie beschreiben auf Grund der gleich lautenden Genpaare die Reinerbigkeit (Homozygotie). Das bedeutet, alle *Genpaare* sorgen für ein wiederkehrendes Erbbild bei der Nachzucht, sie sehen ihren Eltern ähnlich. Wenn wir von den oftmals vermischten Graunuancen absehen, ist diese Nachzucht aus einer reinerbigen Schwarzwildfarbigkeit wieder dem

Aussehen der Eltern ähnlich, reinerbig, schwarzwildfarbig zu erwarten. Eine Reinerbigkeit innerhalb der drei Spielarten Grau muss folglich angestrebt werden, damit eine farbliche Ausgeglichenheit in den jeweiligen Würfen erreicht wird.

B^e/B dagegen zeigt eine eisengraue Spalterbigkeit an. Werden hinsichtlich dieser Spalterbigkeit Tiere mit diesen gleichen Merkmalen verpaart, findet diese konstante Vererbung, nach der die Nachzucht den Eltern einheitlich ähnelt, nicht mehr statt. Aber wir können am folgenden Beispiel sehen, was passiert, wenn wir zwei spalterbig eisengraue Tiere miteinander verpaaren:

Vatertier	×	*Muttertier*	
$\frac{AB^eCDG}{AB\,CDG}$	×	$\frac{AB^eCDG}{AB\,CDG}$	*= als mütterliche Erbanlagen* *= als väterliche Erbanlagen*

Eine konstante Vererbung wird bei Vorliegen einer Spalterbigkeit unterbunden. Die Tochtergeneration (Nachkommen der ersten Generation; auch als Filial- und F_1-Generation bezeichnet) spaltet gesetzmäßig intermediär (ein Zwischenglied bildend) folgendermaßen auf:

$\frac{AB^eCDG}{ABCDG}$	+	$\frac{ABCDG}{AB^eCDG}$	+	$\frac{AB^eCDG}{AB^eCDG}$	+	$\frac{ABCDG}{ABCDG}$
=		=		=		=
25 % eisengrau (spalterbig)		*25 % eisengrau (spalterbig)*		*25 % eisengrau (reinerbig/ erscheint schwarz)*		*25 % grau (reinerbig)*

50 Prozent

der F_1-Generation erben theoretisch die spalterbigen Faktoren (B^e/B) ihrer Eltern. Sie tragen dann deren Farbkleid, wobei dies niemals die gleichen Farbnuancen haben muss. In zweiter Linie verbirgt sich in dieser Erbanlage des Beispiels die Formel (Erbanlage) für eine der drei Farbarten (hasen-, wild- oder dunkelgrau) der Schwarzwildfarbigkeit. Welche? Das wissen wir nicht und können es niemals voraussagen. Denn bereits die Farbanlagen des schwarzwildfarbigen, spalterbig eisengrauen Tieres können durch den Pigmenteinfluss eine Veränderung zu einer neuen Form des so genannten einfachen Grau erfahren haben.

25 Prozent	der Tiere dieser F_1-Generation erben wie erwartet die Anlagen B/B für ein graues Fell. Wie bereits bei der Farbe Grau besprochen, ist nicht berechenbar, welche Ausführung in Grau (Hasen-, Wild- oder Dunkelgrau oder schon eine veränderte Form, ein Mix der drei Grundnuancen) hier vorliegen wird. Beispiel: Stünde beispielsweise der Erbteil ABCDG des spalterbig eisengrauen Elterntieres (AB^eCDG/ABCDG) für die hellste Spielart Hasengrau, so muss das Nachzuchttier kein hasengraues sein. Wie zuvor bereits erwähnt, wirkt der Eisengraufaktor neben dem Grundfaktor und bewirkt, dass hier eine dunklere Deckfarbe entstehen kann, ja muss. Das könnte eine Zwischenform von Hasen- und Wildgrau sein oder nur ein Hasengrau mit einem höheren Anteil schwarzer Grannen. Unterfarbe und Zwischenfarbe können dunkler als beim Hasengrau oder heller als beim Wildgrau in Erscheinung treten.
25 Prozent	der Tiere der F_1-Generation erben ein reinerbiges Eisengrau B^e/B^e, welches wiederum für Überraschung sorgen dürfte: Das reinerbige Eisengrau erscheint augenscheinlich schwarz!

Das reinerbige Eisengrau

Betrachten wir das eisengraue Haarkleid (B^e/B^e = reinerbig) unserer Lieblinge einmal genauer, stellen wir fest, es ähnelt, aber unterliegt dem lackschwarzen Alaskafell enorm. Wie gesagt, es erscheint augenscheinlich schwarz, ist aber nicht selten mit graubraunen Durchsetzungen versehen. Weshalb? Die Wirkung der Reinerbigkeit der paarigen B^e-Faktoren für Eisengrau unterdrücken nun auch noch den sich sonst intensiv durchsetzenden Faktor G in einem noch höheren Maße als bereits bei dem spalterbigen Eisengrau (B^e/B). Die genannten Wildfarbigkeitsmerkmale, wie sie bei den grauen Nuancen genannt sind, können sich unter dem Einfluss des reinerbigen Eisengrau nicht gänzlich durchsetzen. Ganz einfach gesagt, B^e/B^e als reinerbiges Eisengrau und die Anlage für die Wildfarbigkeit G/G erzwingen, oder sagen wir ruhig kämpfen hier um die Vorherrschaft zur Farbgebung für das Einzelhaar wie für die Körperzonierung. Und es zeigt sich, das homozygote Eisengrau behält die Oberhand, kann aber die Grauabstammung nicht leugnen, weil sich hellere (kein Weiß) Haare unter das sonst sehr dunkle, fast schwarze Fellkleid mischen. „Fast schwarz" wird diese Behaarung auch, weil die Einzelhaarzonierung teilweise unterbunden wird. Die Deckfarbe wird nicht durch ein Mitwirken der Zwischenfarbe, wie wir sie bei den schwarzwildfarbigen Rassen in unterschiedlichen Braun-Rot-Tönungen vorfinden, oder durch hellere Haarspitzen farblich beeinflusst. Das zeigt sich im kürzer behaarten Bereich des Nackenkeils, der nicht mehr die rotbraunen Tönungen aufweist. Scheitelt man das Haar der Eisengrauen, wird erkennbar, auch hier erfährt die Einzelhaarzonierung keine Vielfachabstufungen mehr. Erkennbar bleiben mehr oder weniger nur noch die unscharf abgrenzenden Übergänge von der Unter- zur Deckfarbe.

Jedem Preisrichter ist dieser Unterschied dieser Farbvarianten bekannt, sodass bei homozygot-eisengrauen Tieren niemals der Maßstab der Bewertung wie bei den schwarzen Rassen angelegt wird. Nur, es muss dem Preisrichter auch richtig vorgegeben werden. Als vermeintliche „Schönheiten in Schwarz“ gemeldet (vielfach bei eisengrauen Deutschen Widdern geschehen), hätten diese Erbträger in einer Ausstellung wenig Chancen bei einer vorgegebenen Farbeinstufung „schwarz“.

Schon deshalb ist es wichtig, über die Vererbungsmechanismen ein wenig informiert zu sein und darüber, welchen Farbenschlag man tatsächlich züchtet. Dabei darf das Einordnen von Farben neben dem züchterischen Betätigungsfeld keine untergeordnete Rolle spielen.

Noch während der Arbeit an diesem Buch erlebte ich Folgendes in einer Ausstellung: Es waren eisengraue Widder gemeldet. Was dort stand, war eine ziemlich interessante Mischung, die für Hasengrau zu dunkel und für Wildgrau eine Idee zu hell war. Ein Dunkelgrau wurde längst nicht erreicht.

Sie wurden als eisengraue Tiere gemeldet, als eisengraue bewertet. Das war falsch, denn trotz der nicht eindeutigen Farbgebung gehören sie in eine gesonderte Klasse. Ich schlage vor, sie tatsächlich unter eisengrau-spalterbig zu führen, weil die B^eB-Nachkommen in ihrer Deckfarbe und Schattierung, in den Unter- und Zwischenfarben längst keine einheitliche Aussage mehr zulassen und dadurch nicht nur einem Farbbild unterliegen.

Die Eisengrau-Grau-Kreuzung

Der Einsatz spalterbig eisengrauer Tiere darf nicht in saubere Zuchten der Farbnuancen hasen-, wild- oder dunkelgrau erfolgen. Das ist eine Kreuzung, und was dabei herauskommen kann, kann fatale Folgen haben. Die schon vielfach verwischten Tönungen unserer drei Grundfarben würden mehr und mehr verfälscht.

Ein Grund für die unterschiedlichsten Ausprägungen der Schwarzwildfarbigkeit innerhalb der drei grauen Grundvarianten ist das Mischen von Erbanlagen durch Verpaarung unterschiedlicher Farbenschläge in den Graubereichen. Es können hier sowohl Mutationen als auch Kombinationen die Pigmentierung einzelner Farbzonen beeinflussen und die Gesamtfärbung des Deckhaares durchaus entscheidend verändern.

Sicherlich, es gibt auch hierfür wissenschaftliche Erklärungen, weshalb bei gleicher genetischer Farbgrundlage der braune bis schwarze Farbstoff Melanin so unterschiedliche Streuungen erfährt. Man unterscheidet hier unter anderen zwischen *Eumelanin* (braune bis schwarze Farbeinlagerung) und *Phäomelanin,* das für die rötlichen Farben zuständig ist. Auch die Vermischung dieser Melanine kann nach Kreuzungen neue Farbvarietäten hervorbringen. Durch Mutationen kann aber auch die Anzahl und Form der Pigmente verändert werden.

Es scheint hinsichtlich der bislang unkontrollierten züchterischen Mischung der drei Farbvarianten längst dazu geführt zu haben, dass infolge additiver (= hinzufügender, auf Addition/Summierung beruhender) Genwirkung neue Grau-Variationen entstanden sind, die eigentlich nicht mehr konkret den jeweiligen Nuancen zugeordnet werden können.

Diese Tatsache ist aber kein Grund, weniger Wert auf eine reine Zucht innerhalb aller Farbenschläge zu legen.

Nun kann es durchaus passieren (der geübte Züchter möge verzeihen), dass ein Züchter seiner reinen, dunkelgrauen Zucht einen neuen Rammler zuführt und ihn nicht als eisengrau erkennt, weil B^e nur einmal vorkommt.

Der spalterbige, eisengraue Rammler	*Die reinerbige, dunkelgraue Häsin:*
$AB^eCDG/ABCDG$	***ABCDG/ABCDG***
eisengrau (spalterbig)	*grau (reinerbig)*

Es wäre eine Tochtergeneration zu erwarten:

$\frac{ABCDG}{AB^eCDG}$	+	$\frac{ABCDG}{AB^eCDG}$	+	$\frac{ABCDG}{ABCDG}$	+	$\frac{ABCDG}{ABCDG}$
=		=		=		=
25 % eisengrau (spalterbig)		*25 % eisengrau (spalterbig)*		*25 % grau (reinerbig)*		*25 % grau (reinerbig)*

Diese Nachkommen erscheinen rein theoretisch zu je 50 Prozent im Ton des Dunkelgrau und in dem vom Beispielszüchter nicht erkannten Eisengrau. So weiter gezüchtet, blieben die Farben und die regelmäßige Spaltungstheorie die gleichen, sodass in unterschiedlichen Würfen Jungtiere dem Vater und/oder der Mutter ähnlich sehen. Erst das Aufeinandertreffen von spalterbig-eisengrauen Elterntieren (Verpaarung zwischen Geschwistern oder Rückpaarung des Vatertieres mit einer spalterbigen Tochter) hat dann in der Nachzucht die „schwarze Enttäuschung" zur Folge. Aber wir wissen ja nun, das ist keine Enttäuschung, sondern ein homozygot-eisengraues Produkt, das nun auch richtig in eine Farbkategorie eingestuft werden kann.

Das Ergebnis der theoretischen Wurffolge bedarf der Erklärung:

Merksatz: Jede theoretische Kreuzung anhand von Formeln und Symbolen bezieht sich mindestens auf die Verpaarung einer Häsin mit einem und immer demselben Rammler in den Lebzeiten beider. Um eine wirkliche Genauigkeit der Spaltungstheorie zu erhalten, müsste man zum Beispiel nur ein Zuchtpaar erproben und alle selektierten (ausgelesenen), tot geborenen, verendeten und aufgezogenen Jungen dieses Paares in jahrelanger Buchführung oder Notiz erfassen. In der Praxis zeigt es sich, die prozentuale Aufspaltung in diesen und späteren Beispielen trifft nicht auf jeden Wurf zu, sondern erst durch die Gesamtheit aller Nachkommen eines Zuchtpaares erlangen unsere Berechnungen von Möglichkeiten eine Aussagekraft.

Für die Bewertungen und für die Zucht von Rassen in den drei schwarzwildfarbigen (grauen) Spielarten empfiehlt es sich, Vorgaben zu erarbeiten, die einen Farbunterschied klar definieren. Wem helfen solche Aussagen: *„etwas heller als ... nicht so breit angelegt ... nicht mehr ganz so breit ..."?* Sie sagen dem Züchter nichts. Nicht wenige Züchter brauchen aber Bewertungen als ein die Zucht lenkendes Instrument und vertrauen dem Bewertungsergebnis und dem Preisrichter. Deshalb muss hier eine einheitliche Aussage im Standard getroffen werden, die Farbmerkmale klarer als bisher beschreibt. Gleiches gilt auch für die auftretenden Deckfarben-Nuancen in der spalterbig-eisengrauen Sparte, denn auch hier müssen farbliche Grenzen des Erlaubten und Schönen geschaffen werden. Ich denke dabei an die Chinchillarassen, deren Farbgrenzen und Deckfarbe sowie Schattierung genau definierbar sind, aber ungenau bezeichnet werden. Dass es nicht immer leicht ist, Farbenspiele allgemein verständlich zu definieren, gebe ich gern zu. Auch das Farbverständnis ist nicht bei allen Menschen gleich gelagert, sodass es auch bei aller Mühe nicht immer treffend sein wird, wenn Farbanlagen vermeintlich richtig beschrieben sind. Züchter, vor allem die Jüngsten unter den Zuchtfreunden, und Preisrichter brauchen klare Gesetzestexte, der Standard gilt ja als Gesetz, um die Zuchten in farblich reine Bahnen zu lenken.

Folglich muss klar herausgestellt werden: Eisengrau gehört nicht grundlegend in die Farbpalette der Schwarzwildfarbigkeit (Grau). Obwohl die genetische Ähnlichkeit gegeben ist, muss Eisengrau infolge der B^e-Mutation als ein eigenständiger Farbenschlag behandelt werden.

Ein Wort zur gesetzmäßigen Spaltungstheorie

An dieser Stelle sollte das erste Wort zur gesetzmäßigen Spaltungstheorie nach Mendel fallen, womit sich die Variantenbildung und die Mischung von Farbanlagen bei den genannten grauen und eisengrauen Rassen begründen lässt. Johann Gregor Mendel wurde am 22. September 1822 in Heinzendorf/Nordmähren geboren. Er war österreichischer Botaniker, Augustinermönch, Lehrer, studierte Naturwissenschaften. Mendel kreuzte Varietäten derselben Pflanzenart, erst wählte er dafür Gartenerbsen, später Bohnen, die er künstlich befruchtete. Von diesen „Versuchen über Pflanzenhybriden" (1865) leitete er die Gesetzmäßigkeiten ab, die heute als mendelsche Regeln eine der Grundlagen der experimentellen Genetik bilden. Ab 1868 war Mendel Abt des Augustinerklosters in Brünn, wo er am 6. Januar 1884 sein schaffensreiches Leben beendete.

Die von Gregor Mendel zuerst erkannten drei Grundregeln, welche die Weitergabe der Erbanlagen beschreiben:

Die „mendelschen Regeln"

Weshalb spreche ich von Regeln und nicht von Gesetzen?
Gesetze sind etwas Generelles. Regeln verweisen auf geregelte Abläufe, die durch neue Erkenntnisse erweiterbar sind. Da die Forschung in der Erbbiologie niemals als beendet betrachtet werden kann, sollten die mendelschen Gesetze als ein Reglement gegebener Gesetzlichkeit verstanden werden.

1. Regel – Uniformitätsregel

Kreuzt man reinerbige (homozygote) Individuen (P-Generation = Parentes-Generation = Elterngeneration) miteinander, die sich nur in einem einzigen Merkmal beziehungsweise in einem Gen unterscheiden, so sind deren Nachkommen (F_1-Generation) untereinander alle gleich (uniform), das heißt für das betreffende Gen mischerbig (heterozygot). War das Merkmal dominant, bestimmt es die äußere Erscheinung, den Phänotyp.

2. Regel – Spaltungsregel = Dominanzregel

Wenn die Nachkommen der F_1-Generation im Phänotyp zu gleichen Teilen beiden Eltern ähnlich sehen (z.B. Mischfarbe), liegt ein intermediärer Erbgang vor. Werden heterozygote (spalterbige) Individuen der F_1-Generation untereinander gekreuzt, so sind ihre Nachkommen (F_2-Generation) nicht alle gleich, sondern es treten neben heterozygoten auch homozygote (reinerbige) Individuen auf. Bei Dominanz eines der beiden Merkmale erfolgt eine Aufspaltung im Verhältnis 3:1.

3. Regel – Regel der freien Kombinierbarkeit der Gene

Werden Individuen miteinander gekreuzt, die sich in mehr als einem Gen voneinander unterscheiden, gelten für jedes einzelne Gen- beziehungsweise Merkmalspaar die Uniformitäts- und die Spaltungsregel. Die freie Kombinierbarkeit gilt jedoch nur für Genpaare, die auf verschiedenen Chromosomen liegen.

Die Natur wird den intensiven Züchter oft in Situationen versetzen, in denen er Mendels Regeln anzweifeln wird, die ihm neue Überlegungen abverlangen, ihn zum Lernen anregen oder dazu führen, unverständlich erscheinende Zusammenhänge kennen zu lernen.

Erwähnenswert ist zudem, dass die mendelschen Regeln prinzipiell nur auf die große Zahl der Populationen zutreffen. Bei normalen Würfen gibt es stets Abweichungen, die durch den Zufall bedingt sind. Die theoretischen Ableitungen bei den Spaltungsbeispielen können somit nicht bei einem Züchter, der nur eine beschränkte Zahl von Häsinnen hält, zahlenmäßig genau nach den mendelschen Regeln eintreffen.[5]

Die Mutationsreihen

Zum besseren Verständnis hier nun die unumgänglichen Aussagen über die schrittweisen Veränderungen der Grundfaktoren, genannt Mutationsreihen. Sie werden für die weiteren Farbbeschreibungen benötigt. Die Seriendarstellung der veränderten Faktoren einer jeden Reihe entspricht auch der Reihenfolge der jeweiligen Dominanzwirkung eines Faktors über die jeweils untergeordneten Faktoren innerhalb jeder Serie (Dominanz = Vorherrschaft).

Zum Beispiel dominiert A über a^d, a^d über a^{chi}, a^{chi} über a^m, a^m über a^n und a^n über a.

Solche Serien werden auch Mutationsreihen genannt.

Die A-Serie

A = Farbfaktor bzw. Pigmentfaktor
a^d = Dunkelchinchilla, Teilalbino, obwohl das Fell solcher in Chinchillakaninchen-Zuchten fallenden Nachzuchten fast schwarz aussieht
a^{chi} = Chinchillafaktor, Teilalbino, verhindert Gelb- und Rottöne
a^m = Marderfaktor, der Farbverlust breitet sich hier leicht auf die Iris aus
a^n = Russenfaktor, der wohl bekannteste Teilalbino mit der charakteristischen Spitzenfärbung, unterstützt durch Kältereiz
a = Albino, markant ist die Farblosigkeit des Haares, der Haut und Krallen, farblose Iris. Nur die Blutgefäße im Augenhintergrund lassen das Auge rot durchleuchtend erscheinen.

Die B-Serie

B^e = Faktor für Eisengrau, dominiert über den Faktor G
B = Faktor für dunkles Pigment
b^j = Japanerfaktor, er bewirkt die flecken- und flächenartige Aufteilung von Gelb und Schwarz im Haarkleid
b = Faktor für Gelb, als die bislang bekannte weiteste Aufhellung des Grundfaktors B

b^0 = nach J. Fingerland (1998) eine weiterführende Aufhellung der dunklen Pigmente

Die C-Serie

C = Faktor für Schwarz
c = Faktor für Braun

Die D-Serie

D = Bewirkt eine dichte Schwarzeinlagerung im Haar
d = Faktor für Blau

Die G-Serie

G = Wildfarbigkeitsfaktor
g^0 = Lohfaktor
g = Faktor für Einfarbigkcit

Deutsche und internationale* Symbole

* Nach Fox (1974, in Ergänzung 1994)[6]

Deutsche Symbole nach Nachtsheim	International	Auswirkungen
A-Serie	C-Serie	(jeweils in der Dominanzfolge)
A	C	Vollpigmentierung
a^d	c^{ch3}	Dunkelchinchilla (auch Dunkelmarder)
a^{chi}	c^{ch2}	Chinchillafaktor
a^m	c^{ch1}	Marderfaktor
a^n	c^H	Russenfaktor
a	c	Albino
B-Serie		E-Serie
B^{ee}	E^D	Eisengrau, starke Ausbreitung von Schwarz

B^e	E^S	Eisengrau
B	E	Faktor für dunkles Pigment
b^j	e^J	Japanerfaktor
b	e	Gelb
b^0	kein Symbol	Aufhellung zur Gämsfarbigkeit[7]
C-Serie	B-Serie	
C	B	Faktor für Schwarz
c	b	Faktor für Braun
D-Serie	D-Serie	
D	D	Dichte für Schwarzeinlagerung im Haar
d	d	Faktor für Blau (Verdünnung von Schwarz)
G-Serie	A-Serie	
G	A	Wildfarbigkeitsfaktor (Haar- und Körperzonierung)
g^0	a^t	Lohfaktor (nur noch Körperzonierung möglich)
g	a	Einfarbigkeit

Gensymbole für einige Modifikationen

Deutsch	international	Auswirkungen
K / k	En / en	Punktscheckung / Nichtscheckung
S / s_1, s_2, s_3 …	Du / du^d du^w …	Nichtgescheckt /Scheckungs… variablen (bei H)
P_1, P_2, P_3 … / p	si / Si	Silberung / keine Silberung
x / X	v / V	Leuzismus / Vollpigmentierung
y_1, y_2 …	kein Symbol	Gelbverstärker
H	kein Symbol	Farbintensivierung (bisher als Blauverstärker bekannt)[8]
V / v	L / l	Normalhaar / Angoralanghaar
Rex / rex	R^1 / r^1	Normalhaar / Rexkurzhaar
Fu / fu		Normalhaar / Fuchslanghaar
Sa / sa	Sa / sa	Normalhaar / Satin (Seidenhaar-Struktur)

Die wildfarbigen Fellfarben

Wenn wir uns nun den weiteren Fellfarben im Bereich der Wildfarbigkeit zuwenden, müssen wir uns zum besseren Verständnis drei wesentliche Dinge merken,

1. den Ursprung unserer Rassekaninchen,
2. die Wirkung des Wildfarbigkeitsfaktors G, um wildfarbene Tiere zu erkennen, und
3. die Zusammenhänge der Veränderungen in den Serien der Grundfaktoren A, B, C, D und G und der Begriff „Mutation“ müssten künftig geläufig sein: lateinisch = mutare = verändern.

So gibt es beispielsweise Gen-Mutationen, bei denen nur eine Erbanlage verändert wird, und Chromosomen-Mutationen, hierbei erfahren ganze Chromosomen (in ihnen sind die einzelnen Gene enthalten) eine Veränderung, wodurch sich mehrere Merkmale zugleich neu gestalten können. Solche genetischen Veränderungen von Genen oder gar Chromosomen sind erblich bedingt und erweisen sich als erbfest. Die natürliche Anlage für Mutationen, die Bereitschaft eines Individuums für eine plötzliche genetische Veränderung dürfte als Anlage in der Biologie der Tiere „vorprogrammiert“ sein, wenn sie nicht künstlich erzeugt wird, wie bereits eingangs angesprochen. Darauf einzugehen ist nicht Sinn und Zweck der „Kleinen Genetikschule“ für Zuchtfreunde und Tierliebhaber, die Züchter werden wollen.

Zwei weitere Fellfarben, die Hasenfarbe und die Chinchillafarbe, lernen wir nun kennen. Beide Fellfarben gehen auf die Schwarzwildfarbigkeit zurück, ähneln im Bezug auf die Zonierungen dem grauen Erbbild sogar sehr, aber sie besitzen jede für sich eine eigenständige erbbiologische Grundlage und sind auch als eigenständige Genotypen einzustufen.

Die Hasenfarbe

Die bereits erwähnte starke genetische Ähnlichkeit der Hasenfarbe zur Schwarzwildfarbigkeit und die Tatsache, dass Deutsche Riesen-Kaninchen, hasenfarbig, anerkannt sind, veranlasste mich, das Thema hier einzuordnen. Es muss darauf hingewiesen werden: hasenfarbig ist nicht mit hasengrau gleichzusetzen.

Die Verwandtschaft zur Schwarzwildfarbigkeit ist anhand folgender Merkmale erkennbar:

- fuchsig rotbraune Deckfarbe mit flockiger Anhäufung schwarzer Grannenhaare (siehe: die Schattierungen),
- die lohfarbige Körperzonierung an Stellen der sonst weißen Wildfarbigkeitsmerkmale, wie bei den grauen Farbenschlägen beschrieben,
- Haarbänderung/Einzelhaarzonierung,
- schwarzer Ohrsaum.

Wie kommt nun das fuchsige Rot in die Deckfarbe und an Stelle der weißen Zonierung am Körper? Diese genetische Veränderung unterliegt einer Besonderheit, nämlich der Kombinierbarkeit von Genen. Das bedeutet, hier hat keine Mutation stattgefunden, von der einer der fünf Grundfaktoren betroffen war. Vielmehr wird hier ein für uns neues, nämlich veränderndes (modifizierendes) Gen wirksam. Es handelt sich um den so genannten Rotverstärkerfaktor, auch Gelbverstärker genannt, mit dem Symbol y in der kleinen Schreibweise. Der Faktor für das intensive Rot ist aber in der Zucht von Rassekaninchen nichts Neues, sondern die Anlage für verstärkendes Rot im Haar unserer Kanin-

1,0 Hasenkaninchen, rotbraun (S. Janke, Oberndorf). *Foto: B & S Fotostudio*

chen ist bereits im Urfell, vornehmlich im so genannten Hasengrau vorgegeben. Für die Bildung der Hasenfarbe kann also eine den Ursprung für Rotverstärkung bildende Mutation verneint werden. Erst die züchterische Auslese und das Experimentieren haben diesem unscheinbaren Klein-y neue bildnerische Aufgaben erteilt.

Wir lernen nun einen Faktor kennen, der in seiner Form ein rezessives (zurücktretendes, untergeordnetes, nicht in Erscheinung tretendes) Gen ist, jedoch in einer Anhäufung mit gleichen, übereinstimmenden Genen eine wirksam werdende Dominanz erringen kann. Das geschieht, indem der y-Faktor sowohl von dem Muttertier als auch vom Vatertier an die Nachzucht vererbt wird. Ferner besitzt der y-Faktor die Kraft, durch eigene Anhäufung (z. B. y_1, y_2, y_3 ..., auch y... oder nur y geschrieben) seine farbliche Intensität zu verstärken; es ist also ein veränderbares Gen.

Im Abschnitt Domestikation verwies ich bereits auf die plötzlichen Veränderungen im Aussehen von Tieren durch Mutationen, den plötzlichen Genveränderungen. Lange Zeit nahm man an, der y-Faktor sei ein Mutationsergebnis, also etwas plötzlich Erschienenes. Viel mehr spricht jedoch dafür, dass er einen Teil dessen darstellt, was als Erbinformationen im Wildfell bereits vorhanden war.

Schauen wir uns den Aufbau dieser Erbformel einmal an. ABCDG/ABCDG = unserer bereits bekannten Grauformel geben wir nun den neuen y-Faktor hinzu und erhalten ABCDGy/ABCDGy = „hasenfarbig“.

Wenn wir nun darüber sprachen, dass „y“ als rezessiver Erbfaktor, das markante Zeichen dafür ist die Kleinschreibung, nur paarweise wirksam werden kann, so steht ihm ein verdrängender, überdeckender (dominanter) Y-Faktor gegenüber. Das würde bedeuten, keine Rot- beziehungsweise Gelbverstärkung möglich.

Beispiel: ABCDGY/ABCDGy = hier hebt das großgeschriebene Y die Wirkung von y auf, verdrängt es, sodass wir ein typisches graues Kaninchen erhalten würden. So will es die Theorie, doch in der Praxis stellt sich heraus, ein einfaches y/y-Paar wirkt fast gar nicht, denn je größer die y-Anhäufung, umso größer und sichtbarer werden die Wirkungsweise und die Farbintensität. Ist die Anhäufung Klein-y immens, das heißt, die Rotverstärkung stark ausgeprägt, dann kann auch von folgender Wirkungsweise ausgegangen werden.

Beispiel: Ein hasengrauer Rammler (ABCDG/ABCDG) wird verpaart mit einer hasenfarbigen Häsin (ABCDGy.../ABCDGy...). Zur Erbformel des Rammlers müssen wir uns nun entsprechend der bereits bekannten Erbformel „keine Anlage für den Rotverstärker“ hinzudenken, folglich ist für ihn die Rechenformel ABCDGY/ABCDGY aufzubauen.

Nach meiner theoretischen Erklärung müsste nun eine Nachzucht zu erwarten sein, die diese Erbanlage verkörpert: ABCDGy.../ABCDGY. Entsprechend der Dominanzregel (Vorherrschaft) des Y dürfte theoretisch eine graue, in diesem Fall hasengraue Nachzucht ohne Rot- oder Gelbverstärkung zu erwarten sein.

Die Natur hält aber mitunter an einem eigenen Gesetz fest, das in die einfache, theoretische Erklärung erbbiologischer Vorgänge nicht zu passen scheint. So kann es in diesem Beispiel geschehen, dass die Nachzucht eine Mittelstellung zu ihren Eltern einnimmt. Diese F_1 könnte dann weder unter „hasenfarbig" noch unter „hasengrau" eingeordnet werden, weil sie für die erste Ordnung „zu wenig Rot" und für die zweite Ordnung „zu viel Rot" aufweist. Die Ursache scheint darin begründet, dass die bereits genannte Anhäufung des Klein-y auch in der Verborgenheit noch eine bestimmte Kraft ausüben kann und phänotypisch (im äußeren Erscheinungsbild sichtbar) auftritt. Auch ein anderes als das Hasengrau kann sich bereits in dieser F_1 präsentieren, denn die enthaltene Rotnuance als mögliche Grundlage im Hasenfell ist unbestimmt. Denn stimmt die Aussage, im Hasengrau läge der genetische Ursprung des Rotverstärkers, dann könnte doch eine Wirkung mehrerer kleiner, ruhender y neben dem großen Y das Farbbild der F_1 verändern.

Und da sind wir auch gleichzeitig bei den mendelschen Regeln. Welche seiner Regeln trifft hier denn nun zu?

Ist es die erste Regel, die eine Uniformität einer Nachzucht aus der Kreuzung von zwei Tieren aus reinerbigen Rassen mit nur einem Merkmalsunterschied beschreibt?

Ist es die zweite Regel, nach der im Spaltungsgesetz die Nachzucht F_1 ein Zwischenglied bildet und in der F_2 wieder eine teilweise reinerbige Nachzucht erwarten lässt?

Wir kreuzen wieder einmal, und zwar gemäß den oben genannten Erbbildern, und erhalten, wie ebenfalls bereits genannt, eine 100-prozentige Nachzucht mit dem Erbbild ABCDGy.../ABCDGY.

Es ist die 1. mendelsche Regel, die Uniformitätsregel, die hier zum Tragen kommt. Abgesehen von den zu erwartenden farblich unterschiedlichen Nuancen würde diese Nachzucht den Eltern ähneln und doch eine separate, uniforme Stellung zu ihren Eltern (Parentes) einnehmen. Die Jungtiere befinden sich trotz der Ähnlichkeit in einer so genannten Mittelstellung, die eine weitere intermediäre Vererbung offen lässt.

Die Chinchillafarbe

Chinchillakaninchen faszinieren den Betrachter mit einem „bläulich abgetönten, lichten, aschgrauen" Fellkleid, das zudem das Rassemerkmal einer ausgewogenen schwarzflockigen Schattierung aufweisen soll. Die Begriffe „licht" und „bläulich" und „aschgrau" sind meines Erachtens irrtümliche Beschreibungen.

1,0 Klein-Chinchilla (J. Prinz, Heusweiler). *Foto: B & S Fotostudio*

- Sie wirken nicht hell, wählt man für licht dieses Synonym. Ganz im Gegenteil, Chinchilla haben eine Deckfarbe, wie sie intensiver nicht sein kann, weil in erster Linie schwarze und weiße Farben diese kontrastreiche Deckfarbe ergeben.
- Bläulich ist weder vom Aussehen noch von der genetischen Grundlage der Rassen Groß- und Klein-Chinchilla gerechtfertigt.
- Aschgraue Deckfarbe spräche für ein Fehlen des gewünschten Kontrastes, der in erster Linie auf das flockige Zusammenstehen schwarzer Grannenhaare im Zusammenspiel mit der schwarzweißen Deckfarbe zurückzuführen ist.

Bläst man nun in ein solches Fell einen so genannten Trichter, so erkennen wir vom Haarboden aufwärts folgende Haarzonierungen:

1. Unterfarbe dunkelblau,
2. eine grauweiße bis weiße Zwischenfarbe (je nach Chin-Rasse etwa fünf bis sieben Millimeter breit),
3. einen zirka drei Millimeter breiten schwarzen Streifen
4. unter der schwarz-weißen Deckfarbe.

Alle diese Haarzonen grenzen scharf voneinander ab. Das ist notwendig, um den intensiven Kontrast der Deckfarbe zu fördern. Für Züchter der Chinchillarassen ist es ein Muss, die scharfen Abgrenzungen

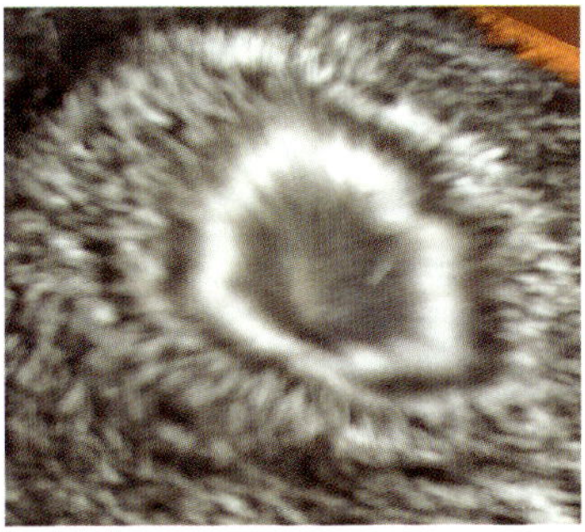

Haartrichter, Chinchilla = Wildfarbe minus Gelb
Foto: Eknigk

- der dunkelblau geforderten Unterfarbe von der weißen Zwischenfarbe
- von der weißen zur schwarzen Zwischenfarbe (bisher schwarzer Streifen genannt)
- von der schwarzen Zwischenfarbe zur gemischten Deckfarbenzone als Zuchtziel im Auge zu behalten.

Scharfe Zonengrenzen sind Rassemerkmale, denen man die Förderung der Farbgebung der Decke zuschreibt. Dem ist nichts entgegenzuhalten, denn wer einmal Gelegenheit hat, Tiere zu betrachten, die stark verschwommene Unter- und Zwischenfarbengrenzen aufweisen, darf dann die Deckfarbe auch getrost als ein verwaschenes *Blaugrau* charakterisieren.

Unterfarbe, Zwischenfarben, Deckfarbe – erinnern wir uns in diesem Zusammenhang an das schwarzwildfarbige Fell der so genannten grauen Rassen und vergleichen es nun mit dem Felltrichter der Chinchillafarbe. Auffällig ist hier die Gemeinsamkeit der Einzelhaarzonierung. Auch die Körperzonierung des Chinchillakaninchens ist identisch mit der Zonierungsbeschreibung bei den hasen-, wild- und dunkelgrauen Rassen. Aber irgendetwas stimmt doch nicht überein? Es fehlen im Vergleich zur Schwarzwildfarbigkeit sämtliche Rottönungen in der Chinchillabehaarung. Auch der Nackenkeil ist weiß und es fehlen die Schoßflecken. Gemeinsam haben Tiere beider hier verglichenen Farben die schwarzen Ohrsäume, was bei Chinchilla auch wieder für ein Vorhandensein der Wildfarbigkeit (G) spricht.

Was ist hier erbbiologisch geschehen? Wie sieht dieses Fell in unserer unvermeidlichen Erbformel aus? Vergleichen wir ABCDG/ABCDG = die schwarzwildfarbige Urform mit dem Chinchillafell = a^{chi}BCDG/a^{chi}BCDG.

Richtig, hier beginnt die erste Darstellung, wie sich eine Veränderung von Grundfaktoren bemerkbar macht oder bemerkbar machen kann, denn die Chinchillafarbe ist eine aus der Wildfarbe hervorgegangene Mutation.

In diesem Fall hat eine Genveränderung (Mutation) bei dem Faktor A stattgefunden. Die volle Pigmentierung ist analog zum Wildfell nicht mehr möglich, weil A (Pigmentfaktor) nun durch a^{chi} einen Teil seiner Wirkung verloren hat. Es sind in diesem Fall keine gelben und/oder roten Farbbildungen mehr möglich. Alle anderen Faktoren behalten ihre volle Wirkungskraft, auch dann, wenn wir das wildfarbige Chinchillakaninchen nun in die Rubrik „Teilalbino" einordnen dürfen. Vielleicht hilft hier eine so genannte „Eselsbrücke", wie man sich die a^{chi}-Wirkung am ehesten merken kann: Professor Dr. Nachtsheim soll dieses Chinchillafell „ein Wildfell minus Gelb" genannt haben. Bräunliche Tönungen haben in der Behaarung der Chinchillarassen nichts zu suchen. Würde sich ein solcher Makel in den Zuchten zeigen, muss davon ausgegangen werden, es kann A als Farbgeber der uneingeschränkten Pigmentierung seine Hand im Spiel haben. In der Erbbiologie ist nichts absolut und nichts unmöglich.

Die Blauwildfarbigkeit

Als Beispielsrassen seien das Perlfehkaninchen und die Blaugrauen Wiener mit der Erbformel ABCdG/ABCdG genannt. Diese Tiere unterliegen der Blauwildfarbigkeit, die durch die Faktorenpaare dG/dG gekennzeichnet ist. Alle anderen Grundfaktoren (A, B und C) bleiben von der Veränderung unberührt. Der Faktor für die Dichte der Schwarzeinlagerung im Haar wird gemindert (verdünnt, aufgehellt). D mutierte zum zurücktretenden (rezessiven) Faktor „d" und ist in seiner Doppelwirkung d/d reinerbig, das heißt erbfest. Gleichbedeutend heißt dies, die Anlage Klein-d wurde sowohl von der Mutter als auch vom Vater an die Nachzucht weitergegeben.

Die Entstehung dieser blauen Farbe im Kaninchenfell ist bildlich so zu erklären: Wir nehmen eine schwarze Tusche und geben etwas weiße Tusche hinzu. Die weißen Tuscheanteile verdrängen den Anteil schwarzer Tusche, diese kann nicht mehr satt wirken und es entsteht eine aufgehellte, graue Farbe, wie das blaue Fell beispielsweise von einem unwissenden Betrachter, der unsere Tierfarben nicht kennt, gesehen wird. Ich habe es oft erlebt, wie Besucher an Käfigen der Blauen Wiener vorübergingen und sagten: „Guck' mal, die Grauen sind aber schön" oder „... die sind aber schön grau". Irgendwie ist dies ja auch nicht falsch, aber im Tierbereich ist es nun mal ein Blau. Wenn wir im weiteren Text das blauwildfarbige Fell genauer betrachten, stellen wir fest, dass auch wir nicht drumherum kommen, in bestimmten Fällen gewisse Farbregionen als grau zu bezeichnen.

Aussehen des blauwildfarbigen Felles

Alle schwarzen Anteile aus dem uns bereits bekannten schwarzwildfarbigen Fell haben eine Veränderung erfahren. Betroffen ist nur der paarige Faktor D/D, der bei der Blauwildfarbigkeit nur noch kleingeschrieben (d/d) wird. Das bedeutet, alle schwarzen Haaranteile, wie von der schwarzwildfarbigen Behaarung bekannt, sind hier blau.
Da der Wildfarbigkeitscharakter (G) von dieser ja eigentlichen Farbverdünnung von Schwarz zu Blau nicht betroffen ist, bleiben auch hier wieder die hellen Körperzonierungen und die Bänderungen im einzelnen Haar erhalten. Scheiteln wir das Haar, wird auch hier die Einzelhaarzonierung vom Haarboden aufwärts als Abstufungen in Unter-, Zwischen- und Deckfarbe erkennbar. Die Deckfarbe stellt sich als eine Mischung aus blauen und grau wirkenden Haaren auf einem blauen Farbgrund dar. Infolge des Zusammenspiels hellgrauer und etwas dunklerer Grannenhaarspitzen erhält die Deckfarbe ihren besonderen Touch, nämlich das Erscheinungsmerkmal „Perlung“. Die unterschiedliche Färbung der Deckhaar- und Grannenspitzen sind ein „Rest“ des schwarzwildfarbigen Haarkleides.

1,0 Perlfeh (H. Müll, Albstadt-Tailfingen). *Foto: B & S Fotostudio*

Hier wieder der Vergleich zu den so genannten grauen Rassen aller Spielarten, bei denen neben den Körperzonierungen der Nacken in den beschriebenen Rottönen zum Farbbild gehört. Bei der Blauwildfarbigkeit ist nur im Bereich Schwarz eine Veränderung eingetreten, somit passt auch der kleine bräunliche Nacken zum genetischen Bild. Bräunlich auch deshalb, weil hier die längere Behaarung Deckhaar und Grannenhaar minimiert sind, ja gänzlich wegfallen und die Zwischenfarbe im wahrsten Sinne des Wortes tonangebend ist.

Die Färbung der Ohren entspricht dem Farbbild der Deckfarbe, sie müssen jedoch an den Ohrrändern dunkel gesäumt sein. Der Ohrsaum ist ein Merkmal der Wildfarbigkeit, nur hier bitte nicht in Schwarz. „Weshalb nicht in Schwarz?“ Von dunkel gesäumt, dunkel gespitzt ist hier die Rede, weil eben alle Anlagen für Schwarz der Farbverdünnung unterlegen sind. Das heißt, die Granne verliert schwarze Pigmente und verändert sich auch zu einem blauen Grannenhaar. Da aber die Granne ein stärkeres Haar als das Deckhaar ist, wirkt die Farbe intensiver. Korrekter müsste man auch von einer dunkelblauen Granne sowie bei der Perlung von gelben, rötlichen oder bräunlichen Haar- beziehungsweise Grannenspitzen sprechen, da die reine Wildfarbigkeit keine grauen, sondern an dieser Stelle nur gelbe, rötliche oder bräunliche oder braune Haartönungen bewirkt.

Würde nach dieser Blaumutation ein schwarzes Pigment sichtbar, muss davon ausgegangen werden, hier veranstalten der dominante Faktor D und die paarigen Faktoren d/d ein gemeinsames Spiel, wodurch dann durchaus eine Schwarzdurchsetzung entstehen könnte. Wie stark diese dann auftritt ist nicht zu beschreiben, da die Wirkungskraft der paarigen Blaufaktoren unterschiedlich stark oder schwach sein kann. Es ist auf jeden Fall bei allen Dominanzfragen durchaus möglich, dass dominante und rezessive Faktoren gemeinsam bestimmte Merkmale auslösen können. Bei den Blauwildfarbigen wären etwaige Vorkommnisse – Schwarz in der Decke oder als Ohrsaum – ein Grund, Tiere mit diesem Makel zu merzen (selektieren), aus rassereiner Zucht auszuschließen. Wie bei den drei Grauvertretern, den schwarzwildfarbigen Tieren, gibt es auch beim Perlfeh drei Farbnuancen, gewünscht wird die mittlere Tönung. Und wie bei den Schwarzwildfarbigen muss auch hier das geübte Auge tüchtig sein, um bei Einzeltieren einschätzen zu können, um welche Nuance es sich gerade handelt.

Vergessen wir nicht die Augenfarbe, sie ist in die genetische Aufhellung einbezogen, folglich nicht braun, sondern blaugrau.

Zum optischen Vergleich zwischen den Rassen Blaugraue Wiener (BlgrW) und Perlfeh (Pf) ist Folgendes anzumerken: Blaugraue Wiener weisen insgesamt eine dunklere Deckfarbe auf als ihre genetisch gleichgestellten, aber kleineren Artgenossen.

Die voneinander abweichenden Haarstrukturen und die Begrannung, die Haarlängen, die variablen Farbintensitäten insgesamt sowie die Verschiedenartigkeit der Farbgrenzen im Einzelhaarbereich unterstützen diese wirkungsvollen Gegenstücke der Natur bei scheinbar gleich gelagertem Erbtyp.

Die Braunwildfarbigkeit

Eine These

Als ich meine Preisrichterprüfung ablegte und in der Genetikprüfung die Frage nach den wildfarbigen Farbenschlägen gestellt wurde, hatte ich auch die symbolische Möglichkeit der Braunwildfarbigkeit berücksichtigt. Die Antwort war wohl richtig, doch ich wurde ein wenig belächelt, denn es gab und gibt keine Rasse, die braunwildfarbig ist. Aber es bleibt die Möglichkeit für diese Variation.

Die Erbformel wäre dann: AbcDG/AbcDG = braunwildfarbig

Es gibt doch eine braunwildfarbige Rasse

Eine Einladung tschechischer Zuchtfreunde kam gerade passend, um auch dieses Thema zu aktualisieren. Es gibt also eine braunwildfarbige Rasse als havanna-grauer Farbenschlag der Holländerkaninchen, die mit dem Erscheinen des tschechischen Standards 2004 anerkannt ist.

Das Formelbild lautet: ABcDGs/ABcDGs = Holländer, havanna-grau.

Bitte beachten Sie die Veränderung von C zu c. Frage: Was ist hier bei einer solchen Genveränderung geschehen?

Von dieser Mutationsform wäre der Grundfaktor für Schwarz betroffen. Bitte nicht verwechseln mit der Dichte der Schwarzeinlagerung D. Nein, hier wird eines bewirkt, nämlich, unter der Wirkung c/c kann sich kein schwarzes Pigment mehr durchsetzen, es wird reduziert auf ein Braun (analog dem Havannabraun). Dieser dargestellte Pigmentverlust ist ungefähr vergleichbar mit dem Verlust von Schwarz bei abgestorbenem Haar, das dann ebenfalls in eine bräunliche Farbe übergeht.

Unverändert bleiben bei dieser „Braunwildfarbe“ die weißen Körperzonierungen. Der Ohrsaum ist nicht mehr schwarz, sondern entsprechend der neuen genetischen Grau-Braun-Variante havannafarbig. Der Nackenkeil müsste dann bei vergleichsweise einfarbigen Tieren dieser genetischen Konstellation folglich gelblich braun sein. Das Einzelhaar weist eine Bänderung auf, woraus sich hier eine blaue Unterfarbe, gelb-orangefarbene Zwischenfarbe und eine braun-gelbe Deckfarbe ergeben. Die Bauchdeckfarbe ist weiß, die Unterfarbe blau, die Krallenfarbe dunkel und die Augen sind ebenfalls braun und scheinen je nach Lichteinfall, wie bei Havanna und Holländern, havannafarbig, ein wenig rötlich.

Die blaue Unterfarbe ist bei den gesehenen Tieren annähernd in dem lichten Blau der Deckfarbe bei Marburger Feh vergleichbar. Weshalb? Wie bei allen kräftigen Farben, die von einer Schwarzeinlagerung im Haar abhängig sind, ist diese auch in der Unterfarbe gemindert und demzufolge etwas heller, als wir sie von den schwarzwildfarbigen Rassen kennen.

Die Zwischenfarbe präsentiert sich wieder in einem Ton, der von den tschechischen Zuchtfreunden als „orange" bezeichnet wird. Diese Farbbezeichnung ist m. E. nicht ganz treffend, denn als Braungelb mit Tendenz zu Gelb wäre diese Zwischenfarbe vorstellbarer beschrieben. Eine scharfe Abgrenzung der Zwischenfarbe zur Unterfarbe und zur Deckfarbe ist erforderlich, um das durchaus interessante Farbenspiel der Decke zu unterstützen.

Die Braunwildfarbigkeit, die für deutsche Züchter neu ist, in Tschechien eben erfolgreich die Neuzuchtphase überstanden hat, ist in den Niederlanden mit mindestens zwei Rassen züchterisch erlaubt. Und so war vom Zuchtfreund Thomas Kingma, Burgum, ergänzend zu erfahren, dass es sowohl Holländerkaninchen als auch Farbenzwerge nach dem genetischen Farbmuster der Braunwildfarbigkeit „Havanna-Grau" gibt. Die Standardforderungen sind bezüglich der Zwischenfarbe etwas abweichend, denn hier spricht man von einer braunen, scharf abgrenzenden Zwischenfarbe.[9]

Die Gelbwildfarbigkeit

Welche Rasse könnte hier als optisches Beispiel gelten? Das Rexkaninchen, gelb, oder die Deutschen Riesen, gelb, eignen sich für den Farbvergleich. Beginnen wir zum besseren Verstehen mit der theoretischen Erklärung, anhand der schon gewohnten Erbformel: AbCDG/AbCDG = gelbwildfarbig.

Vergleichen wir nun diese Formel mit der Mutationsreihe der B-Serie, wird auffällig, dass der Faktor für die Durchsetzungskraft des dunklen Pigments gleich zwei Veränderungsschritte in die grundsätzliche Rezessivität erfahren hat. Diese Veränderung von B zu Klein-b führt über den so genannten Japanerfaktor „b^j", der hier nur erwähnt, später im einschlägigen Abschnitt erklärt wird. Ebenso werde ich erst nach der Abhandlung des y-Faktors und dessen Farbauswirkung die „roten" Fellfarben vorstellen.

Die genetische Farbgestaltung ist mit Blick auf diese Erbanlage AbCDG/AbCDG so ausgerichtet, dass nur noch Gelb ausgebildet werden kann. Die Merkmale der Wildfarbigkeit variieren in den Farben Weiß bis Creme, deutliche Schoßflecke sind erwünscht.

Eine Einzelhaarzonierung wird hier nur in zwei Stufen erkennbar. Eine sichtbare Zwischenfarbe entfällt, die Unterfarbe ist der Deckfarbe angeglichen, doch meistens etwas heller und sollte bis zum Haarboden reichen. Eine leichte Andeutung einer weißen Bänderung im Bereich der Unterfarbe ist gelegentlich anzutreffen. Das sollte in keiner Zucht überhand nehmen, denn gefordert wird eine reine durchgängige Unterfarbe. Ich selbst halte diese Forderung für leicht übertrieben, denn die reinerbige Wildfarbigkeit und der Faktor für ein stark reduziertes dunkles Pigment, die beide in der letzten Mutationsstufe als b/b zusammentreffen, müssen sich merklich im Farbverlust auszahlen. Der Faktor G hat bei der Farbgebung keinerlei Mitspracherecht, er bleibt allein für die Wildfarbigkeitsmerkmale zuständig. Das heißt, er prägt auch hier die Haarbänderung, wodurch Weiß im unteren Teil der Unterfarbe meines Erachtens Normalität sein darf.

Eine bläuliche Tönung im Bereich der Unterfarbe wäre dagegen Frevel. In diesem Fall würde das Gleiche gelten, wie bei der Blaumutation beschrieben, bei der D gegen d/d wirkend um die Gunst des Erscheinens von Schwarz bemüht ist. Bezogen auf Gelb (Faktor b/b) wäre dies dann ein Zeichen für die Einmischung von B und somit für das Wirken des dunklen Pigmentes. Und wir wissen ja nun schon, dass ein Dominanzfaktor trotz aller Regeln von Vorherrschaft noch ganz hinterlistig seine Rolle spielen kann. Im Falle der Gelbwildfarbigkeit würde auch ein gewisser Anteil B mitreden.

Das Rezept gegen den kleinsten Fehler in einer Zucht ist die Auslese. Wenn man Fehler erkannt hat, bedeutet Weiterzüchten das biologische Anhäufen von Fehlerfaktoren.

Die Feh-Wildfarbe

Der Vertreter für diese Farbkombination heißt „Luxkaninchen", eine wirklich interessante und attraktive Rasse. Eine Kombination von Perlfeh und Marburger Feh ließ diese Kaninchenfellfarbe und deren Fellträger etwa um 1920 entstehen.

Für uns, verehrte Leserin, verehrter Leser, ist dies die erste Rasse, bei der es sich nicht nur um ein weiteres verändertes Gen für die besondere Farbgestaltung handelt, vielmehr ist ihr phänotypisches Aussehen auch ein Beleg für das Kombinieren von Merkmalen.

Erinnern wir uns bitte an die Blauwildfarbigkeit, bei der die Dichte der Schwarzeinlagerung im Haar verdünnt ist (der Tuschevergleich). Dem folgt das Gesagte zur imaginären braunen Wildfarbe, wobei

1,0 Luxkaninchen (K. Schulte, Hagen). *Foto: Wolters*

Schwarz direkt zum Braun abgeschwächt wird. Diese beiden Ursachen ergeben die neuen Wirkungen von d/d (für Blau) und c/c (für Braun) in dieser Erbanlage. Das Erbbild: ABcdG/ABcdG = fehwildfarbig und müsste zum besseren Verständnis „braunblauwildfarbig" heißen.

Daraus schlussfolgernd müssen in der Decke bei einem Luxkaninchen blaue und braune Farben sichtbar werden. Und dies geschieht auch, denn die Deckfarbe stellt sich als ein helles Silbergrau mit einer „schwach durchscheinenden braunroten Tönung" (lt. Standard) dar. Mit der Beschreibung „Silbergrau" stoßen wir wieder auf die Farbdefinition ...grau statt blau, wie schon bei der blauen Fellfärbung beschrieben. Diese so genannte silbergraue Decke wird von den durchscheinenden braunroten Tönen zu dem bekannten, charakteristischen Farbbild ergänzt. Eine faszinierende Komposition an Farben. Diese braunrote Tönung der Decke wird von einer drei bis vier Millimeter breiten, scharf abgrenzenden, braunroten Zwischenfarbe erzeugt. (Ein ähnliches Zusammenspiel von Zwischenfarbe und Deckfarbe zur Bildung eines besonderen Deckfarbeneffektes haben wir bereits bei den Chinchillakaninchen kennen gelernt). Hier aber wird noch die wiederum scharf abgrenzende, weiße Unterfarbe aber nur im Bereich der Decke zum Mitspieler. Sie unterstreicht das optische Bild immens.

Starke Abgrenzungen von klaren Farbstufen unterstreichen die Wirkung eines Farbbildes der Decke grundsätzlich mehr, als es verwaschene, unsaubere, ineinander verlaufende Farbzonen erreichen. Anhand der oben aufgezeigten Formel erkennen wir, die Fehwildfarbigkeit basiert auf dem G im Zusammenhang mit den mutierten, nun kleingeschriebenen Faktoren c und d, so bleiben auch bei dieser Rasse die Einzelhaarzonierung und die Körperzonierungen erhalten. Sie stellen sich folgendermaßen dar: Abgeleitet von der Deckfarbe sind die Augenringe etwas heller, die G-Dominanz unterstützt den braunen Nackenkeil, es bleibt eine bläuliche Bauchunterfarbe und neben der weißen Kinnbackeneinfassung erscheinen alle übrigen Merkmale infolge G heller als die Deckfarbe bis weiß.

Auch hier können wir das zur Einzelhaarzonierung Gesagte überprüfen, indem wir einen Felltrichter blasen und die Unter-, Zwischen- und Deckfarbe betrachten.

Die blaugraue Iris passt zu dem faszinierenden Farbbild, welches durch die verlorengegangene Dichte der Schwarzeinlagerung R Blau und des verhinderten Schwarz R Braun entstanden ist. Dieses züchterische Zusammenführen von zwei veränderten Genen in Reinerbigkeit (c/c und d/d) führt ebenfalls dazu, dass das Auge bei günstigem Lichteinfall leicht rötlich erscheint. Dies wiederum ist nicht auf einen Teilalbinismus zurückzuführen, wie wir es vom Chinchillakaninchen her kennen, sondern hier bewirken die bereits erwähnten Genveränderungen und daraus resultierenden Farbabschwächungen die schwache Durchsichtigkeit der Iris auf den Augenhintergrund.

Und da ein Tier auch Krallen hat, muss bei dieser neuen Farbe wieder einmal darauf verwiesen werden. Hier bewirkt der Verlust bei d und c, dass sich die Krallen der Farbeinschränkung anpassen, was heißt, sie sollen hornfarbig sein. Auf keinen Fall weiß!

Bis hierher haben wir die Wildfarbigkeit behandelt. Dabei war zu erfahren, wie sich in der Wildfarbigkeit durch verschiedene Genveränderungen der Faktoren A, B, C und D neue Farben entwickeln können. Der aufmerksame Leser hat feststellen können, nicht allein die Fellfarbe unterliegt den genetischen Veränderungen, auch die Augen- und Krallenfarben werden von den Einwirkungen nicht verschont.

Bei allen Farben auf der Grundlage der Wildfarbigkeit bleiben stets die gleichen Besonderheiten als charakteristische Merkmale: die Körperzonierung und die Einzelhaarzonierung.

Die einfarbige Behaarung unserer Kaninchen

Um eine Einfarbigkeit in der Fellfarbe zu erlangen, muss die Verteilung der Pigmente in den bekannten Körper- und Einzelhaarzonierungen unterbunden sein. Das bedeutet, der Faktor G müsste in seiner genetischen Form verändert werden. Diese Grundlage dafür hat Mutter Natur für uns geschaffen, denn mit der Mutationsreihe G zu g^0 zu g ist mit der Stufe g die Basis für die Einfarbigkeit im Fell unserer Schützlinge gegeben.

Klein-g ist folglich als Faktor für die Einfarbigkeit nicht falsch betitelt. Vergleichen wir die G-Serie, so überspringen wir hier den so genannten Lohfaktor g^0 vorübergehend. Dieser wird wie der Japanerfaktor b^j im Rahmen der jeweiligen Rasse erklärt. Und jetzt geht es los!

Das Schwarz

Erklärung zur Wirkung der Faktoren bei Schwarz

Zusammen erhalten wir für die schwarze Fellfarbe folgendes Erbbild: ABCDg/ABCDg oder einmal anders dargestellt:

Die Grundfaktoren A, B, C, D behalten die bereits beschriebene Wirkung, lediglich G verändert sich zu Klein-g, dem Faktor für Einfarbigkeit.

1. A gestattet uneingeschränkt die Pigmentierung unabhängig von den farbgebenden Faktoren.
2. B gestattet die dunkle Pigmentierung, es ist keine Aufhellung zu erwarten.
3. C sichert für Schwarz die volle Energie und auch bei
4. D (Dichte) bleibt alles unverändert. Folglich steht der Entstehung eines einfarbigen, schwarzen Tieres nichts im Wege, denn gg, welches der Bildung von Wildfarbigkeit und deren Merkmale theoretisch jede Chance zur Mitwirkung nimmt, steht für Einfarbigkeit.

Wir kennen den Zusammenhang und die schwarzwildfarbige Erbformel: ABCDG/ABCDG.

Schwarzwildfarbig sagt uns, schwarze Pigmente bestimmen das Farbbild. Nun verändert sich diese schwarzwildfarbige Grundaussage in eine Einfarbigkeit, bildlich gesprochen in die Formel ABCDg/ABCDg.

Was passiert? Der Zonierungszwang „G" wird aufgehoben und alle Farben der Grundfaktoren können sich nun im Kaninchenfell frei entfalten. C für Schwarz, D für die Dichte der Schwarzeinlagerung, unterstützt vom Faktor für dunkles Pigment B, fördern gemeinsam die höchste Farbentwicklung, denn ausgehend von der *schwarz*-wildfarbigen Anlage ist Schwarz als erster Schritt der Einfarbigkeit anzusehen.

Als klassisches Beispiel darf das Alaskakaninchen gelten. Die schwarze Behaarung wirkt in seiner Farbe erst so richtig ansprechend, wenn die gesamte Deckfarbe glänzt. „Glanz ist eine Fütterungsfrage" wird nun der eine oder andere Zuchtfreund sagen. Er hat auch Recht, doch auch die Struktur der Behaarung (des Felles) ist für den Grad und die Bereitschaft der Glanzbildung maßgebend. Eine Glanzbildung, wie wir sie beim Alaska kennen und wünschen, erfordert eine feine, sehr regelmäßige Granne. Weiche und/oder ungleichmäßige Begrannung bei schwarz behaarten Kaninchenrassen (zum Beispiel Schwarze Wiener) vermitteln ein mattes, wenig glänzendes und oft gar fleckiges Haarkleid.

Schwarze Tiere haben braune Augen und schwarze mindestens aber dunkle Krallen. Die Deckfarbe sollte weit in die Unterfarbe reichen. Die Unterfarbe wiederum ist dunkelblau und matt. Weshalb achten wir bei einer Einfarbigkeit noch auf eine Unterfarbe, wenn wir zuvor die Aufhebung der Einzelhaarzonierung betonen? Die Deckfarbe wird durch das Deckhaar und besonders durch das Grannenhaar in seiner eigenwilligen Struktur mit einer gewissen Farbintensität versehen. Auf den unteren Bereich der Behaarung, den wir auch bei den einfarbigen Rassen Unterhaar und dessen Farbgebung Unterfarbe nennen, haben diese beiden Haararten keinen so wesentlichen Einfluss in der Farbgestaltung. Alle Farbnuancen, also nicht allein Schwarz, sind deshalb in dem Unterhaarbereich und an den weniger begrannten Körperteilen (zum Beispiel am Bauch) stets matter als die Decke. Nicht ganz korrekt erscheint mir die Forderung nach einer intensiven *dunkelblauen* Unterfarbe bei Alaska, wenn bei dieser Rasse von dem schwarz behaarten Erbtyp ausgegangen wird. Wäre es nicht richtiger von einer Unterfarbe, die als mattes Schwarz bis zum Haarboden reicht, zu sprechen?

Es wirkt irritierend, wenn der Unterfarbe ein Dunkelblau zugestanden wird, dann hätten wir nämlich wieder eine Definition zur Einzelhaarzonierung und müssten gar bei Beurteilungen andere als schwarze Haare in der Decke billigen. Vergessen wir bitte nicht, Einzelhaarzonierung ist im Bereich der Wildfarbigkeit angesiedelt, wir befinden uns aber in der Thematik der schwarzen Einfarbigkeit. Es gibt also hier keine direkte Abstufung der Unterfarbe in Blau oder Dunkelblau, da das dunkle Pigment (als Faktor B bezeichnet) die Farbanlage für Schwarz noch voll unterstützt.

Einfarbigkeit und Unterfarbe?

Anders verhält es sich bei den mutierten Formen Blau und Braun. Beide Beispielsrassen in Blau und in Braun haben eine gesonderte Unterfarbe im blauen Farbbereich. Die mutierten Formen Klein-c für Braun und Klein-d für Blau bedingen einen dunklen Haargrund. Solange der Faktor B, der das dunkle Pigment erzwingt oder unterstützt, neben den nun veränderten Formen der Minimierung für Schwarz (c/c) und der verminderten Dichte der Schwarzeinlagerung (d/d) in uneingeschränkter Kraft wirken kann, wird es eine Farbabstufung im blauen und braunen Haar geben.

Rost – genetisch bedingt

Ein leidiges Übel ist das Thema „Rost“ oder wenn der „böse Preisrichter“ auf der Bewertungskarte einen „Rostanflug“ vermerkt. Und hinzu kommen noch die Weißdurchsetzungen, die je nach Grad des Erscheinens mit Punktabzug bis hin zum gar unerfreulichen „Nb“ geahndet werden. Also betrachten wir die Fehler hier schon einmal, weil sie besonders bei den einfarbigen Rassen eine Rolle spielen und ebenfalls einen erbbiologischen Hintergrund haben können.

Die wirkliche erbliche Anlage für Rost im schwarzen Haarkleid, insbesondere bei den schwarzen und blauen Rassen, zeigt sich am deutlichsten beim gescheitelten Haar als rötlich, bräunlich oder rotbraun schimmernder Streifen in den unterschiedlichsten Farbstärken unmittelbar unter der Deckfarbe. Dieser „rostige“ Streifen unterteilt das Haar ähnlich einer Zwischenfarbe in Deckfarbe und Unterfarbe.

Diese Art der Rostbildung kann viele Varianten entwickeln. Sie reichen von einem „leichten Schein“ bis zur „Streifenbildung“. Rost und ebenso eine helle oder durchsetzte Unterfarbe im Fell schwarzer Rassevertreter mindern den Farbwert erheblich, lassen die Deckfarbe fade oder mit einem rötlichen Schimmer erscheinen. Tiere mit solchen Fehlern sind aus der Sicht der Preisrichter entsprechend zu strafen. Korrekte Züchter schließen Tiere mit solchen Fehlern rigoros aus.

Die Selektion begründet sich darin, dass diese genannten Fehler eine erbbiologische Ursache haben. Bei dem Vorkommen von „echtem“ Rost liegt die Wahrscheinlichkeit sehr nahe, dass hier der Wildfarbigkeitsfaktor G seine Wirkungskraft neben g/g nicht ganz verloren hat. Der Grad der Wirkung zeigt sich in der Art und Weise der Rostbildung vom Schein bis zum Streifen analog einer schwachen Zwischenfarbe im Zusammenhang mit dem Grad, wie sich die Unterfarbe absetzt beziehungsweise welchen Status der Aufhellung die Unterfarbe dabei erreicht hat.

Bei den einfarbig blauen Rassen kommt je nach Grad der erblich bedingten Anlage für „Rost“ noch folgende Schwierigkeit hinzu. Die zur blauen Deckfarbe passende graublaue Iris verändert sich zunehmend zu einem graublau-braunen Auge. Wie gesagt, zunehmend. In den Anfängen der genetischen Veränderung bei blauen Rassen zur wildfarbigen Blauanlage bleibt das Übel vielfach verborgen, weil es zu dieser Zeit schwierig ist, leichte Brauneinfärbung im Auge zu entdecken. Die auch nur innerhalb einer Zucht schrittweise erfolgende Durchsetzung durch das Einwirken des Wildfarbigkeitsfaktors G – und sei es in der Spalterbigkeit Gg/gg – kann sich sehr schnell manifestieren. Deshalb ist die konsequente Auslese anzuraten, selbst wenn nur die geringsten Hinweise für diesen genetischen Knacks gegeben sind. Deshalb, verehrte Zuchtfreunde, sollte nicht der Preisrichter verdammt werden, der ein noch so schönes Tier auf Grund eines Rostanzeichens aus der Bewertung ausschließt. Vielmehr sollte dieses Urteil als Zuchthilfe betrachtet werden.

Rost – umweltbedingt

Von einer Umweltwirkung oder dem so genannten „Umweltrost“ kann ausgegangen werden, wenn durch Einwirken der ultravioletten Sonnenstrahlung eine bleichende Wirkung dem schwarzen und blauen Haar Farbstoffe entzieht, sodass es zu rostigem Anflug oder stark rostigen Flecken und Stellen kommt. Auch totes, abgestorbenes Haar erscheint rötlich, bräunlich, rostig.

Der Sonnenbleiche kann ein Züchter mit einem Sonnenschutz entgegenwirken. Totes, abgestorbenes Haar kann weitgehend durch regelmäßige Fellpflege entfernt werden, damit das neue Haar nachwachsen und als sattes Schwarz neu erstrahlen kann. So gepflegt bleibt selbst ein Tier in Haarung ein Ausstellungstier. Die Preisrichter sind befähigt, ein Tier in Haarung zu erkennen, ein gepflegtes Tier in Haarung korrekt zu bewerten und ein ungepflegtes Tier in Haarung im Bewertungsmodus „Pflege“ zu strafen. Das Gleiche gilt für Umweltrost infolge einer Urineinwirkung bei unsauberen Ställen.

Weißdurchsetzungen

Weiße Durchsetzungen in farbigen Fellen sind nicht allein eine Frage der Schönheit, sie basieren – außer nach Verletzung – auf einer hartnäckigen genetischen Anlage.

Leichte, als Einzelhaar auftretende Weißdurchsetzungen zu zupfen gehört beim Schaufertigmachen ins Pflegeprogramm. So mancher Zuchtfreund versteht es, selbst stärkere bis starke Weißvorkommen in diesem Rahmen zu kaschieren. Jedes gezupfte weiße Haar bleibt nur für kurze Zeit unsichtbar, es später noch zu übersehen ist ein Selbstbetrug. Die Erbanlage bleibt und festigt sich im Zuchtbestand von Nachzucht zu Nachzucht. Mehr darüber später zum Thema „Platten- oder Holländerscheckung".

Das Blau

Blau ist nicht nur der Zustand, nachdem man mit lieben Zuchtfreundinnen und Zuchtfreunden seine Pokale und Erfolge gefeiert hat. Nein, Blau ist auch eine Kaninchenfellfarbe, die zu unserem Thema Genetikschule passt. Deshalb sprechen wir über ihre Entstehung und Besonderheiten.

Wie war das mit dem Blau bei dem Perlfehkaninchen?

Jawohl, die Verringerung der dichten Schwarzeinlagerung – der Faktor D erfuhr eine Veränderung zu d (ABCdG/ABCdG = blauwildfarbig) plus der Mutationsform von G zu g ergibt: ABCdg/ABCdg, das reinerbige Blau.

 1,0 Blaue Wiener (Dr. W. Hippe, Duderstadt). *Foto: Wolters*

Oder auch anders herum erklärt: Dem einfarbigen schwarzen Fell wird die Dichte der Schwarzeinlagerung nicht mehr möglich (Tuschkasten-Erklärung) und wir erhalten Blau, ergänzt durch die abgebaute Wildfarbigkeit G zur Einfarbigkeit, wie bei Schwarz beschrieben. Alle schon vielfach genannten Wildfarbigkeitsmerkmale entfallen. Zu bemerken ist noch, dass der Grundfaktor D nur diesen einen möglichen Mutationsschritt zu Klein-d erfahren hat.

Dem Blau messen wir viel Bedeutung bei. Hier treten in der Praxis die unterschiedlichsten Farbabstufungen auf. Ein helleres Blau als es die Blauen Wiener aufweisen, findet sich bei den Deutschen-Widder-Kaninchen oder bei den Holländerkaninchen des besagten Farbenschlags. Im Standard der DDR gab es eine Rasse „Holicer Blaue", deren Deckfarbe bei gleicher Erbformel „hellstahlblau" gefordert war. Sehen wir uns die Holländerkaninchen im blauen Farbenschlag an, so fällt uns gelegentlich innerhalb einer Population auf, dass auch hier unterschiedliche Blaunuancen vorkommen. Ganz arg war Anfang der 90er-Jahre des vorigen Jahrhunderts die Abstufung der Blauvarianten bei den Deutschen Widdern, die vom faden Blau bis zum fast fehlerhaften Schwarz reichten. Woher rührt diese enorme Farbstreuung? Die erwähnten Holicer Blauen tragen die Erbanlage ABCdgh/ABCdgh, unsere typischste Rasse (Blaue Wiener) in Blau schreibt sich: ABCdgH/ABCdgH. Hier treffen wir schon wieder auf eine neue Möglichkeit, die sich beeinflussend in die Wirkung einer Fellfarbe einmischt.

Blättern wir gedanklich zurück: Wir besprachen bei der Hasenfarbe das Klein-y als veränderndes, beeinflussendes (modifizierendes) Gen, das nicht im Grundsatz der Farbanlagen A, B, C, D, G enthalten ist und als verändernde Kraft erst in Erscheinung treten kann, wenn es paarweise und zu einer gewissen Akkumulation (Anhäufung) gelangt ist.

Bei Blau und der Mitwirkung des neuen Symbols H verhält sich die Wirkungsweise genau anders. H benötigt keine Mitspieler, es kann als Blauverstärker allein eine Kraft auf die Farbgebung bewirken, das heißt, H ist in seiner Dominanz entweder vorhanden oder eben gar nicht erst in der Erbinformation vorkommend. Und so liegt der krasse Unterschied zwischen Hellstahlblau und dem Blau der Wienerrasse in diesem H begründet. Lange bevor die Züchter in Deutschland von diesem Umstand sprachen, berichtete ein tschechisches Autorenkollektiv in der Fachliteratur über diese Erkenntnis. In seiner jüngsten Ausgabe „Králíkáøská genetika" berichtete der tschechische Autor Ing. Jaroslav Fingerland[10] über diesen H-Faktor. Danach ist er aber ein Faktor für Farbverstärkung insgesamt, wie er in eigenen Zuchten herausfand. Fingerland geht ferner davon aus, dass der Faktor H nicht durch Mutation entstanden, sondern bereits im Wildfell vorhanden sei.

Daraus ergibt sich dann allerdings eine neue Frage: Resultieren aus dem unterschiedlichen Wirken des Faktors für die Blau- oder gar Farbverstärkung bereits die unterschiedlichen Schattierungen Hasengrau, Wildgrau und Dunkelgrau?

Eines darf aber nicht vergessen werden, auch dominante Faktoren lassen sich beeinflussen und können geschwächt werden. Somit dürfte die Ursache der unterschiedlichen Farbnuancen bei den blauen Rassen hinreichend begründet sein.

Blaubefellte Kaninchen haben blaugraue Augen, das Blau der Iris wird, ja muss sich der Intensität der blauen Fellfarbe anpassen. Das wäre richtig, denn mit der Augenfarbe ist auch die Unterfarbe gekoppelt. Ein ins Bräunliche neigendes Auge eines Blauen Wieners zum Beispiel wird auch Schlüsse auf eine Rostneigung zulassen (siehe Abschnitt: Rost – genetisch bedingt). Eine Rostbestätigung gefährdet wiederum die sattblaue, weit in die Unterfarbe reichende Deckfarbe. Die Unterfarbe ist heller als die Deckfarbe und sollte aber ohne Abstufungen bis zum Haarboden reichen. Stärkere Aufhellung oder gar Weiß am Haaransatz sind fehlerhaft und wirken sich ebenfalls negativ auf die gewünschte, sattblaue Deckfarbe und gegebenenfalls auf die Farbe der Iris aus. Eine Unterfarbe, die nicht bis zum Haarboden reicht, stellt eine leichte Zonierung dar. Wofür würde dies sprechen? Richtig, für ein angedeutetes, vorhandenes aber schwach wirkendes G oder für eine Abschwächung des zusätzlichen Faktors H für eine angenommene Farbverstärkung Blau.

Sie sehen, verehrte Leserin, verehrter Leser, in der Genetik ist nichts absolut, jedenfalls so lange der Züchter nichts molekularbiologisch regeln kann. Solange es dem Lebewesen überlassen ist, Nachkommen zu zeugen, solange werden selbst in der rassereinen Zucht alle genetisch möglichen Erscheinungsformen nur bis zu einem gewissen Punkt zu verstehen sein. Auch darüber werden wir noch gemeinsam sprechen.

Farbige Besonderheit

Hier gelten wie bei Schwarz die Hinweise den Rost, den Rostanflug und die Weißdurchsetzungen betreffend. Ergänzend ist zu wiederholen, dass die Brauneinlagerung in der Iris (das braunblaue Auge) meistens auch mit dem Auftreten von Rost gekoppelt ist.

Verstärkt war eine Zeit lang bei blauen Rassen zu beobachten, dass besonders bei Blauen Wienern das Jugendhaar reifartig (oder sagen wir schimmlig) durchsetzt war. Meist waren diese Tiere nach Ablegen ihres Jugendkleides sogar farblich die schönsten Rassevertreter. Solche Vorkommnisse waren nun auch bei schwarz-weißen und havanna-weißen Holländerkaninchen zu beobachten. In der Zucht belassen, festigte sich dieses Merkmal von Mal zu Mal und hinterließ Weiß in unterschiedlichsten Stärken. Welche Ursachen auf diesem Weg zu konsequenten Weißdurchsetzungen führen, ist theoretisch nicht ausreichend erklärbar. Wo solche Vorkommnisse zu verzeichnen sind, ist eine strenge Auslese die beste Zuchtwahl.

Das Braun

Zur natürlichen Grundlage der braunen Fellfarbe ist relativ wenig zu sagen. Hier haben wir, wie beim Blau auch, nur einen Mutationsschritt von C zu c zu beachten. Die Beispielsrasse ist das Havannakaninchen.

Bei dem Vergleich oder ausgehend vom Wildfell, kommt ein Braun als Farbe der Kaninchenbehaarung zustande, wenn einmal die Möglichkeit der Bildung von Körperzonierungen ausgeschaltet wird. Kleine Zwischenfrage: Wodurch geschieht dies?

Eine zweite Veränderung muss noch vollzogen sein, die genetische Veränderung des Faktors C (für die schwarze Pigmentierung verantwortlich) zu Klein-c. In der C-Serie brauchen wir uns ebenfalls nur einen Mutationsschritt zu merken. Haben Sie herausgefunden, was zur Einfarbigkeit führt? Richtig ist, der Wildfarbigkeitsfaktor ist aufgehoben und es muss der zweite Schritt der Genveränderung des G-Faktors zu Klein-g erreicht sein.

1,0 Havanna (A. Käfer, Höhfröschen). *Foto: B & S Fotostudio*

Erklärung zur Wirkung der Faktoren bei Braun

Zusammen erhalten wir für die Havannafarbe folgendes Erbbild: ABcDg/ABcDg mit der Erklärung zur Farbentwicklung:

1. A lässt grundsätzlich die Pigmentierung zu, ganz gleich, inwieweit andere Farbfaktoren einer genetischen Veränderung unterliegen.
2. B gestattet die dunkle Pigmentierung, alle Farben können sich so entwickeln, wie es noch veränderte Faktoren (in diesem Fall c und g) erlauben.
3. Klein-c räumt der Kraft des schwarzen Pigments keine volle Wirkung mehr ein und verändert das Schwarz zu Braun. Braun kann entstehen, weil es vom so genannten unveränderten dunklen Pigment B/B keine weitere Einschränkung erleidet.
4. D akzeptiert die Veränderung von C zu Klein-c und unterstützt mit D die Dichte der nun neuen Farbintensität in Braun. Das entscheidende Machtwort sprechen hier also c, das wohl Schwarz verdünnt, wovon D aber nichts merkt, korrekt nicht betroffen ist.
5. Und letztendlich das Klein-g, welches dem G jede Chance zur Mitwirkung, das heißt zur Ausbildung irgendwelcher Zonierungen nimmt. Die Behaarung wird in allen Körperbereichen einfarbig, in diesem Fall braun.

Also, das einfarbige Braun entsteht durch den Wegfall der Wildfarbigkeitsgrundlage gepaart mit dem Verlust schwarzer Pigmente infolge der Mutation von C zu c.

Die Iris der Augen eines solchen glänzenden, kaffeebraunen Kaninchens ist logischerweise braun, die Krallen sind dunkelhornfarbig. Trotz der Einfarbigkeit, basierend auf Klein-g, ist nur die Deckfarbe braun, die Unterfarbe ist dunkel- beziehungsweise sattblau. Weshalb? Ist das nicht ein Widerspruch zu dem, was wir bisher über das Thema „unifarben" erfuhren? Bei dem Blick auf die einfarbigen blauen Rassen stellten wir fest, sie haben eine Unterfarbe, die sich der Deckfarbe weitestgehend angleicht. Ist nicht auch dort schon ein Anlass zum Widerspruch gegeben?

Bei unserem braunen Erbtyp ist nur die schwarze Deckfarbe von der Mutation zu Braun angesprochen, die kräftige, dunkelblaue Unterfarbe bleibt von der Veränderung verschont. Blaue Unterfarbe und braune Deckfarbe? Wie ist das möglich bei der Einfarbigkeit in Braun cg/cg?

Ist Haarbänderung bei Einfarbigkeit doch legitim?

Dass die Addition nach Adam Riese für die Berechnung von Formeln nach genetischen Möglichkeiten nicht anwendbar zu sein scheint, wird der Leser bald herausfinden. Und doch ist beim genaueren Hinschauen die blaue Unterfarbe bei der genannten braunen Einfarbigkeit logisch.

Um diese Besonderheit (Bänderung des Haares bei vorhandener Einfarbigkeit/g) akzeptieren zu können, erinnern wir uns bitte an die beschriebene Verdünnung bei dem Mutationsschritt von Schwarz (ABCDg/ABCDg) zu Blau (ABCdg/ABCdg). Eine dichte Schwarzeinlagerung im Haar ist infolge der Veränderung des Faktors D zu d merklich verringert. Das Einzelhaar blauer Fellträger erscheint insgesamt einfarbig blau, folglich ist die Färbung des Haares im unteren Teil identisch. Wir erkennen eine blaue Deckfarbe und eine blaue Unterfarbe. Für die schon so oft erwähnte Schwarzeinlagerung sind zwei Faktoren verantwortlich:

1. B als so genannter Faktor für das „dunkle Pigment“ (konkret wird hier das Phäomelanin angesprochen) und
2. C als Faktor für Schwarz (Eumelanin)

Im Falle Braun (ABcDg/ABcDg) unterliegt der Faktor C der neuen Mutationsvariante Klein-c. Das bedeutet, das satte Schwarz (das Eumelanin) unterliegt einer Reduktion zu Braun. Ein Teil des Haares wird also braun. Die von den Mutationsschritten nicht betroffene blaue Unterfarbe bei braunen wie bei den blauen Fellfarben resultiert meines Erachtens nicht aus der Wildfarbigkeit, sondern allein aus dem Grad der möglichen Pigmentierung von B. Der Wildfarbigkeitsfaktor G ist nach dieser Betrachtung und Überlegung nur für die Entstehung der unterschiedlichen Zwischenfarben bei den schwarzwildfarbenen (grauen) Rassen zuständig.

Das Gelb

Bislang war bekannt, die letzte Mutationsstufe Klein-b der B-Serie unterbindet die Wirkungen des dunklen Pigments gänzlich. Und so widersprüchlich diese Aussage erscheinen mag, finden wir im Thüringerkaninchen (thüringerfarbig, auch gäms- oder madagaskarfarbig genannt) den rein gelben Genotyp mit der Erbformel AbCDg/AbCDg. Sieht das Erbbild nicht so aus, als müsste ein solches Tier nun am ganzen Körper rein gelb erscheinen? Aber weit gefehlt, dieses Farbbild ist weder rein noch einfarbig gelb. Die schwärzlichen, so genannten dunkelrußfarbigen Abzeichen und die bräunlichen Grannenhaare, die den gewünschten Schleier auf der gelbroten Decke verursachen, passen nun wahrlich nicht in unsere Vorstellung der gelben Einfarbigkeit. Die kräftig gelbrote, bis zum Haarboden herunterreichende Unterfarbe (im Bereich der Abzeichen ist diese cremefarben)

bestätigt dagegen zum ersten Mal die Einfarbigkeit (keine Aufteilung des Einzelhaares in Farbstufen, Bänderung) nach unserem bisherigen Verständnis.
Die Ursache lässt sich aber erklären. Für die Deckfarbengestaltung bleiben die Faktoren C (für Schwarz) und D (Dichte der Schwarzeinlagerung) in ihrer Wirkungskraft uneingeschränkt und dominant, aber Klein-b beschränkt deren Wirksamkeit auf ein territoriales Minimum, sodass sie sich nicht flächenbildend bemerkbar machen können und in dieser Weise begrenzt sichtbar werden. Es spricht für den Krafteinfluss beider Faktoren in ihrer hier von einer Veränderung unberührten Form. Durch die Minimierung des absolut dunklen Pigments (B zu b) auf die hellste Stufe wird neben den limitierten C-D-Auswirkungen das gesamte Haar heller, ohne dabei irgendeine Unterfarbe zuzulassen. Diese Tatsache dürfte sich bei Klein-b mit der abnehmenden Intensität von Phäomelanin begründen lassen und bestärkt mich in meiner Auffassung, der Wildfarbigkeitsfaktor bewirke nur die Bildung von Zwischenfarben und die Körperzonierungen mit möglichem geringem Einfluss auf die Anlagen der Unterfarbe.

 1,0 Thüringer (H. Beck, Differtsen). *Foto: B & S Fotostudio*

Erklärung zum Faktor b^0

Wenn dieser Faktor für unsere bestehenden, durchgezüchteten Rassen wohl kaum eine Bedeutung haben dürfte, soll er hier erwähnt sein. Auswirkungen durch den Faktor b^0 könnten zu gelegentlichen Farbaufhellungen bei thüringerfarbigen Rassen führen. Der tschechische Autor Fingerland (1998) begründet die Wirkung dieses Faktors nämlich mit der noch einen Schritt weitergehenden Aufhellung der gelben Farbe mit der Bezeichnung „Gämsfarbe", die wir bisher eher mit dem Synonym Madagaskar verbinden. Mit der Thüringerfarbe verglichen, hellt erst in diesem Stadium das Farbbild zu der so genannten Gämsfarbe auf. Vielleicht lassen sich so die oftmals erlebten „hellen Typen" der Holländerkaninchen, thüringerfarbig-weiß, begründen.

Die Fehfarbe

Erklärung zur Wirkung der Faktoren bei Fehfarbigkeit

Zusammen erhalten wir für die Fehfarbe folgendes Erbbild: ABcdg/ABcdg.

1,0 Marburger Feh (W. Hoffmann, Arnsberg). *Foto: B & S Fotostudio*

1. A lässt wieder die grundsätzliche Pigmentierung zu und verhält sich in dieser Eigenschaft unabhängig von einer genetischen Veränderung der anderen Farbfaktoren.
2. B gestattet weiterhin dunkle Pigmentierung, sodass nur eine Aufhellung in den mutierten Farbbereich zu erwarten ist.
3. Klein-c gestattet der Kraft des schwarzen Pigments keine Wirkung und verändert das Schwarz zu Braun. Braun kann entstehen, weil das dunkle Pigment auf der Grundlage B keiner weiteren Einschränkung unterliegt.
4. Klein-d akzeptiert einerseits die Veränderung von C zu c, verringert die Dichte der Schwarzeinlagerung, woraus Blau entsteht.
5. g = Faktor für Einfarbigkeit

Aussehen des einfarbigen Fehfells

Als bekannter Rassevertreter wäre hier das Marburger-Feh-Kaninchen anzuführen. Die Farbbetonung liegt bei der Deckfarbe auf dem auch in den Bewertungsrichtlinien geforderten lichten Blau, das von einem bräunlichen Schleier leicht überzogen ist. Die kürzere Behaarung an Kopf, Ohren und Läufen verstärkt den bräunlichen Schleier bei zurücktretendem Blau. Wie bei allen einfarbigen Rassen wird das Farbbild am ganzen Körper gleichmäßig verlangt und ist frei von Zonierungen à la Wildtyp. Nur die Bauchfarben sind stets etwas matter, was auf die geringere Begrannung in diesem Bereich zurückzuführen ist. Die Augenfarbe ist auch hier wieder passend zur genetischen Farbgrundlage blaugrau und leuchtet bei entsprechendem Lichteinfall rötlich. Dieses Merkmal im Bereich der Iris basiert ebenfalls auf der durch Mutation erfolgten Farbverdünnung (D zu d) und auf der Farbreduzierung C zu c. Es ist keinesfalls vergleichbar mit dem rot durchscheinenden Augenhintergrund beim Teilalbino und Vollalbino, sondern begründet sich aus der Farbreduzierung C zu c = Minderung des schwarzen Pigments.

Die Krallenfarbe tendiert bei dieser Rasse in den Zuchten Deutschlands von horn- bis dunkelhornfarbig.

Die Unterfarbe weicht nicht wesentlich vom Ton der hellblauen Deckfarbe ab, sie grenzt demzufolge auch von dieser nicht scharf ab und reicht bis zum Haarboden herab. Eigentlich logisch, denn wo finden wir deutliche Abgrenzungen in Form der Haarbänderung? Klar, bei der Wildfarbigkeit. Wir haben mit dem MF aber einen einfarbigen blaubraunen Vertreter der Rassekaninchenzucht, so gilt auch hier die Erklärung hinsichtlich der Unterfarbe wie bei einfarbig blauen Rassen.

Wirkungsweisen im Aufbau der Fehfarbe

Auch hier will ich wieder die einzelnen Wirkungsweisen erläutern, wozu wir erst einmal das Farbbild ein wenig zerpflücken. Zum besseren Verständnis gehen wir wieder von den Tönungen aus, die wir bereits kennen. Die blaue Einfarbigkeit nehmen wir vom Blauen Wiener: ABCdgH/ABCdgH, das Klein-c als braunes Pigment finden wir beim Havanna: ABcDg/ABcDg.

1. Erstens erhalten wir ein sattblaues Fell. Dem entziehen wir (so ist es in der Natur auch geschehen) das H für die Blau- bzw. Farbverstärkung.
2. Trotz des bis hierher erreichten „Blau minus H" der Wiener blieb noch die uneingeschränkte schwarze Pigmentierung (C). Mutter Natur richtet sich nach unserem Tuschkastenprinzip, also es erfolgte eine Verdünnung (d) mit dem Ergebnis einer hellblauen Fellfarbe ohne den erhofften rötlichen Schleier.
3. Diese so genannte Verdünnung hinterlässt noch im Blau einen bestimmten Anteil schwarzer „Pigmentreste". Nun mixen wir das Ganze mit einem Schuss „Havanna", indem wir die Formel mit dem kleinen „c" ergänzen, und erzielen einen tollen Farbmix. Dies ist die Voraussetzung, damit sich unter der Einwirkung c dieser Pigmentrest zu dem logischen bräunlichen Bestandteil des einfarbigen Fehfells verändert.
   So gemixt erhalten wir als Ergebnis das Marburger-Feh-Kaninchen mit der Erbformel Abcdg/Abcdg.

Die Sandfarbe

Das Separatorkaninchen ist eine wahre Dokumentation für eine hervorragend geleistete Auslese in der Zucht. Separator ist eigentlich ein Gerät zur Trennung verschiedener Bestandteile von Stoffgemischen, eine Zentrifuge. Übertragen auf das Tier und dessen Farben hat das wohl wenig Aussagekraft, denn eine Trennung von Farben ist hier wohl nicht erfolgt, vielmehr ist durch züchterisches Kombinieren ein Farbgebilde entstanden, das sich aus Farbnuancen gelblicher, bräunlicher und bläulicher Tönung zusammensetzt. Ein pastellfarbenes Fellkleid.

Um es vorwegzunehmen, es wirken bei dieser Sandfarbe nur noch die rezessiven Faktoren der Fellfarben Gelb (b), Braun (c), Blau (d) und die Einfarbigkeit (g) neben dem einzigen dominanten Grundfaktor, dem Pigmentfaktor (A). Das Ganze sieht in der Formel gesprochen so aus: Abcdg/Abcdg = sandfarbig.

0,1 Separator (D. Schall, Neuhofen). *Foto: B & S Fotostudio*

Zur Entschlüsselung der Formel wird nun schrittweise vom einfarbigen schwarzen Kaninchen ausgegangen = ABCDg/ABCDg. Hier lassen wir die Farbverdünnung der dichten Schwarzeinlagerung von D zu d wirken und erhalten ein blaues Tier ABCdg/ABCdg. Nun brauchen wir Braun. Durch die Farbreduzierung des Pigmentfaktors C wird mit einem Schritt die Mutationsstufe Klein-c wirksam. Das Resultat kennen wir schon: ABcdg/ABcdg = fehfarbig. Aber wie wird das Farbbild denn nun hell? Ganz einfach, indem nochmals Farbkraft entzogen wird, nämlich mit der Anwendung des Faktors Klein-b, der in der dritten Stufe der Mutationsreihe B das dunkle Pigment weitestgehend minimiert. Die Folge dessen ist, es sind in den Serien B, C und D nur noch alle Mindestfarbanlagen in Verbindung mit der Einfarbigkeit durch Klein-g gegeben, die sich nun als ein scheinbares Gemisch in dem Haar des Separatorkaninchens als sandfarbig Abcdg/Abcdg darstellen.

Betrachten wir das Tier genauer, stellen wir fest, dass dieses neue Züchtungsergebnis mehr oder weniger alle Rassen, die wir in der schrittweisen Erklärung streiften, auch noch erkennen lässt.

Auf den ersten Blick haben wir ein gelbbräunliches Tier, das lässt auf das Vorhandensein von Klein-b schließen. Der Hauch des geforderten fehartigen Schleiers und der zunehmend bläuliche Fehton im

Bereich der kurz behaarten Körperteile spricht einmal für die veränderten Faktoren C (Schwarz) und D (Dichte der Schwarzeinlagerung) zu Klein-c (Braun) und Klein-d (Blau). Die Intensität der Fehfarbe kann nicht erreicht werden, weil ja Klein-b die dunkle Pigmentierung verhindert. Wenn nun die kürzer behaarten Körperteile (Kopf, Ohren, Läufe) in einem bläulichen Farbton erscheinen, so ist das legitim. Diese Tatsache unterstützt den Anteil einer rein gelben Farbgebung bg/bg analog der Thüringerfarbe. Nur sind beim Separator eben auch diese Thüringer-Merkmale bedeutend heller.

Bekannte Farben mit Veränderungen

Zusätzliche Symbole und deren Auswirkungen

Die Silberung und Schattierung

Wir erweitern nun unsere Kenntnisse um den Bereich, der unseren grauen, schwarzen, blauen und gelben Rassen einen neuen Touch gibt – die Silberung.

Mit der Silberung begegnen wir einem Erbsymbol, das als veränderndes, beeinflussendes Gen bei verschiedenen anerkannten Rassen die Rassenmerkmale bildet.

Das Symbol für Silberung P

An der Großschreibung des Symbols P erkennen wir, es handelt sich um einen dominanten/vorherrschenden Faktor. Und das heißt: einmal Silber, immer Silber! Und das ist tatsächlich so, kreuzt man nur einmal in einen beliebigen einfarbigen Tierbestand ohne jede Silberung den Faktor P ein, wird man ihn nie wieder los.

Silberrassen beeindrucken in Ausstellungen auf Grund ihres Rassemerkmals Besucher und Züchter gleichermaßen. Die Zucht ist nicht leicht, sie fordert dem Züchter sowohl Sachkenntnis als auch Fingerspitzengefühl ab. Als Zuchtrichterin hatte ich lange Zeit Respekt vor der Bewertung der Silberrassen und habe gern von kompetenten Kollegen gelernt, um objektiv bewerten zu können.

Der Silberfaktor P bewirkt im farbigen Fell, dass sich weiß gespitzte und teils auch weiße Einzelhaare bilden. Wenn wir die Silberrassen betrachten, erkennen wir, wie es innerhalb einer Zucht möglich wird, dass Tiere unterschiedliche Vorkommen einer Silberung aufweisen. Der Grad, so nennt man die unterschiedliche Schattierung der an einem Tier sichtbaren Silberung, wird durch die Anhäufung des Silberfaktors P bestimmt. Das heißt, der Faktor P besitzt die Eigenschaft, seinen eigenen Wert zu erhöhen, indem er sich multipel (vervielfältigend) verhält. Einfach gesagt, er häuft seinen Wirkungswert an, er addiert sich. Vergleichsweise kann man diesen genetischen Vorgang auch mit einem Aneinanderreihen von Genen verdeutlichen.

In der Züchterpraxis sieht die theoretische Schreibweise dann so aus: Symbol für Silberung $P + P + P \ldots = P_1$ (P_2, P_3). So kann man heute nach der gewonnenen Erfahrung annehmen, ein Tier, welches nur einen geringen Anteil weiß gespitzter Haare aufweist, dürfte das Symbol P tragen. Erhöhen sich die Silberungsanzeichen, erhöht sich auch der P-Wert oder je höher der P-Wert, umso häufiger ist auch die Silberung vorhanden. Aus dem Anteil der weiß gespitzten Haare im Fell der zugelassenen Farbenschläge ergibt sich auch der Schattierungsgrad.

Die Rassen Helle Groß- und Kleinsilber weisen den höchsten Grad der Schattierung (nehmen wir dafür P_3) auf. Die Schreibweise der Erbformel beschränkt sich jedoch nur auf die Symbolik P. Das Französische Silberkaninchen ähnelt dem hellen Typ enorm, unterlag in früheren Standardforderungen einer geringeren Silberung (z.B. P_2) mit stärkerem Stich. Da, wie oben erwähnt, in einem Farbenschlag, ja auch in einer Zucht, ja selbst in einem Wurf eine beliebige Anzahl Faktoren für Silberung wirken können, unterscheiden wir den Schattierungsgrad in hell, mittel und dunkel schattiert. Der Grad der Schattierung sollte gleichrangig bewertet werden, obwohl die Bewertungsrichtlinien den mittleren Schattierungsgrad favorisieren. Im Einzelnen wird es eine Geschmackssache bleiben, welche Tiere mit welcher Schattierung einem gefallen, und diese sollte auch gezüchtet werden. Wichtig bleibt in jedem Fall die gleichmäßige Verteilung der Silberung, die nicht fleckig oder in Büscheln auftreten darf. Alle Körperregionen sollen ausgeglichen gesilbert sein.

Viel hilft nicht viel

In der Zucht ist darauf zu achten, dass das Vorhaben zur Verbesserung dieses Rassemerkmals immer nur schrittweise geschieht. Ganz gleich, ob das Zuchtziel Verringerung oder Anhäufung der Silberung lautet.

Möchte ich beispielsweise eine stärkere Silberung erzielen, muss ich wissen: „Viel hilft nicht viel!“ Deshalb wähle ich für dieses Vorhaben nicht gleich ein Zuchtpaar, bei dem ein Partner der hellen Schattierung und der andere beispielsweise der dunklen Schattierung zuzuordnen ist. Richtiger ist es, immer nur den nächst helleren/dunkleren Schattierungs- oder Silberungsgrad zu wählen. Ist der Unterschied beider zusammenzuführender P-Werte zu krass, rächt sich diese Wahl in der Nachzucht. Die Silberung wird zwar verstärkt, doch die Vorgehensweise birgt die Gefahr, dass eine fleckige und ungleichmäßig verteilte Schattierung erzielt wird.

Darstellung der Silberung

Silberkaninchen gelten als die ältesten unserer Hauskaninchen und sollen bereits Anfang des 16. Jahrhunderts als Schwarzsilber aufgetreten sein. Die Silberung soll einer Mutation zu Grunde liegen, die man für die Herauszüchtung unserer anerkannten Silberrassen nutzte. Wir unterscheiden heute Silberrassen in unterschiedlichsten Größen, Farbenschlägen und Schattierungen. Für die Erstellung der Formel wird hier der Silberungsfaktor zu den Erbsymbolen der jeweiligen Farbe hinzugefügt:

ABCDgP/ABCDgP	=	schwarzsilber
ABCdgP/ABCdgP	=	blausilber
ABcDgP/ABcDgP	=	havannasilber
AbCDGP/AbCDGP	=	gelbsilber, wildfarbig
ABCDGP/ABCDGP	=	braunsilber, schwarzwildfarbig

Helle Großsilber sind hier wohl das bekannteste Beispiel, wenn es gilt die Farbgebung zu beschreiben. Der Gesamteindruck der Deckfarbe wird im Standard als bläulich weiß, silberartig definiert. Dazu tragen die weiß gespitzten Haare, die wir Silberung nennen, der Stich, der von den etwa einen Zentimeter über die Decke hinausragenden, schwarz glänzenden Grannenhaaren gebildet wird, bei. Die Wirkung der hindurchscheinenden dunkelblauen Unterfarbe unterstützt diese Deckfarbe. Bei dieser Rasse ergeben die Häufigkeit der anzunehmenden Silberung (P_3) und der Stich den Grad der Schattierung, der am ganzen Körper gleichmäßig auftreten soll.

Wie bei vielen Rassen darf auch hier die Bauchseite wieder etwas matter sein. Dieses Zugeständnis dürfte bei allen Rassen gemacht werden, deren Zeichnungsmerkmale oder bei denen besondere Farbeffekte durch Struktur und Färbung der Grannenhaare erreicht werden. Bei den hellen Silberrassen sind die Augeneinfassungen, die Ohren, die Schnauzpartie und die Läufe kürzer behaart, wodurch die Unterfarbe etwas mehr durchscheint und diese Bereiche etwas dunkler erscheinen. Trotzdem sollten auch diese Zonen einen möglichst geringen Kontrast zum Deckhaar des gesamten Körpers bilden. Hier hilft strenge Selektion (Auslese). Bei den Französischen Silberkaninchen ist dagegen bei theoretisch gleicher Erbanlage der dunkle Kontrast in diesen Bereichen ein Rassemerkmal.

Da wir in den Ausstellungen hin und wieder Helle Großsilber antreffen, die recht kontrastreich aussehen, ist anzunehmen, dass vielfach in Unkenntnis solcher Genunterschiede der Französische Silber und der Helle Großsilber in eine Zucht genommen wurden. Selektion ist in jedem Fall das Mittel, um wieder Ordnung in die Gene zu bekommen.

Und was gibt es so Besonderes an den hellsten der Silberrassen?

Es sind eigentlich schwarze Tiere mit der Erbformel ABCDgP/ABCDgP, die theoretisch für den Vergleich zu den anderen Silberrassen $ABCDgP_3/ABCDgP_3$ geschrieben werden müsste.

Die Jungtiere werden mit einem schwarzen Fellchen geboren. Die Silberung setzt langsam ein. Das Umfärben beginnt unterschiedlich ab

Helle-Großsilber-Häsin mit 4 Wochen altem Jungen. *Foto: König*

der fünften bis achten Woche und ist etwa mit sechs, sieben Monaten beendet. Kenner meinen, dass eine Silberung umso schöner wird, je später sie einsetzt und je später sie beendet ist. Das mag der Grund sein, dass man bei eingefleischten Silberzüchtern immer volle Ställe vorfindet, da sie die Haarungs- und Umfärbungsphasen ihrer Lieblinge geduldig abwarten.

Braunsilber oder Grausilber?

Noch ein Wort zu den braunen Kleinsilbern. Bei dieser Rasse handelt es sich, betrachten wir die Erbanlagen in der angeführten Formel (ABCDGP/ABCDGP), um die so genannten grauen (schwarzwildfarbigen) Tiere. Der Name ist für diesen Farbenschlag unglücklich gewählt, er führt zu Irritationen und müsste richtiger Kleinsilber, grau, heißen. Im Standard der ehemaligen DDR war der Name passend zur genetischen Grundlage der Fellfarbe plus Silberung korrekt aussagend „Grausilber“. Kleinsilber, braun, spricht für das Aussehen der Rasse, die wirklich einen Hauch ihrer charakteristischen Schwarzwildfarbigkeit verloren hat, nämlich Farbverlust im

Bereich Schwarz durch Mutation des Faktors C zu c. In Verbindung mit der Einfarbigkeit (g/g) erhalten wir Braun, im Züchterdeutsch „Havanna“ genannt. Streuen wir noch einige P darüber, ist das erbbiologische Menü eines braunen Silberkaninchens analog dem Kleinsilber, braun, fertig.

Die Begründung für die Namensgebung der schwarzwildfarbigen, also grauen Silberrasse in Braungesilberte könnte darin liegen, dass mit der stärkeren Wirksamkeit der Silberung das schwarze Grannenhaar rückläufig ist. Die Decke nimmt infolge der erhöhten Wirkung der bräunlichen Zwischenfarbe verstärkt einen rotbraunen Ton an. Visuell wirkt also das charakteristische „Grau“ eher bräunlich. Mit zunehmender Silberung verstärkt sich gegebenenfalls der Eindruck, man hätte es mit einer „braungesilberten“ Fellfarbe zu tun.

Die Einstufung der „Grauen mit Silberung“ in den „braun“-silbernen Farbenschlag halte ich auch deshalb für verfehlt, weil es sehr leicht dazu kommen kann, dass besonders junge, neue Zuchtfreunde von der Farbbenennung Braun irritiert sein könnten. Wir neigen doch wohl gern dazu, längere Begriffe in Abkürzungen zu fassen. Weshalb sollte es nicht häufiger dazu kommen, die Farbe Havanna umgangssprachlich braun zu nennen? Fazit: Braunsilber basiert auf der genetischen Grundlage der Schwarzwildfarbigkeit, dem so genannten Grau. Havannasilber ist in der Erbanlage für die tatsächliche Fellfarbe Braun begründet.

Weitere kleine und große Silberrassen

Weitere kleine Silberrassen sind am Anfang dieses Kapitels mit ihren Symbolen genannt. Zu ihnen gesellen sich die große Brüder wie Deutsche Großsilber und Meißner Widder. Bei der Betrachtung dieser Rassen wird auffällig, dass sie in ihren jeweiligen Farbenschlägen analog der reinen Kaninchenfarbe zugeordnet werden können. Das i-Tüpfelchen ist jedoch wiederum das P als Kennzeichen für das Vorhandensein von Silberung.

Aber weshalb erkennen wir bei diesen Rassen und Farbenschlägen noch die Fellfarbe?

Das besondere Kick ist in diesem Fall, dass sich hier die Silberung von minimal bis zu einer gewissen Häufigkeit, jedoch nicht bis zur hellsten Variante, ausbilden kann. Dadurch wirken diese Rassen in der dunkelsten Schattierung (wenig Silberung) für den Betrachter als ein Gegenstück der hellen Silbervertreter.

Hier hat aber keine Umkehrung stattgefunden, sondern diese genannten Rassen gliedern sich je nach ihrem Silberanteil wiederum in helle, aber auch in mittlere und dunkle Schattierungen.

Ein Wort zur Schattierung

Von Schattierung ist immer dann die Rede, wenn andersfarbige Haare oder in gewisser Weise schwarze, braune/bräunliche bis gelbe und weiße Grannenspitzen der Grundfarbe einer Gesamtbehaarung ein neues Aussehen verleihen.

Schattierung selbst ist kein symbolisiertes Erbmerkmal, sondern sie ist das Ergebnis des Wirkungsgrades erblich bedingter Erscheinungsformen und Rassemerkmale, wie beispielsweise Silberung und Stich bei den hellen Silberrassen, die Silberung und deren Grad bei den kleinen Silberrassen oder die Perlung der Perlfeh.

Für die Zuchtauslese und bei der Bewertung der entsprechenden Rassen spielt die Schattierung allerdings eine wesentliche Rolle.

Die so genannten „Grauen" in den bekannten drei Spielarten der Schwarzwildfarbigkeit (ABCDG/ABCDG) eignen sich bestens für eine Erklärung des Begriffs „Schattierung".

Sie ergibt sich aus dem Anteil der schwarzen und bräunlich gespitzten Einzelhaare. Dieser Schwarzanteil ist bei Wildgrau entsprechend höher als bei Hasengrau und nimmt bei der dritten, nämlich der dunkelgrauen Spielart, erheblich zu. Erinnern wir uns kurz an den Unterschied der Graunuancen:

Beim Hasengrau – als hellste der grauen Farbarten – ist die Decke nur leicht dunkel schattiert. Das ändert sich mit der Zunahme schwarzer Grannenhaare und der Abnahme hellerer Deckhaarspitzen bei Wildgrau, das die Fellfarbe insgesamt dunkler zeichnet, als wir es vom Hasengrau her kennen. Der Vorgang setzt sich vereinfacht gesagt genetisch und optisch bis zum Dunkelgrau so fort.

Rassen in Weiß

1,0 Weiße Wiener (H. Gießing, Bocholt). *Foto: B & S Fotostudio*

Wenn ich die farblichen Entwicklungsmöglichkeiten nun erstmals verlasse, so nur, um dem begonnenen Thema hinsichtlich der Einfarbigkeit zu folgen. Und weiße Tiere sind nun einmal auch einfarbig.

Das leuzistische Weiß

Das Weiße-Wiener-Kaninchen mit seinem schneeweißen Fell und den blauen Augen ist hinreichend in Kaninchenzüchter- und -halterkreisen bekannt. Viele Betrachter weißer Kaninchen mit blauen Augen meinen, es handele sich hier um einen Teilalbino. Dem ist aber nicht so, denn hier kommt der so genannte Leuzismus zum Tragen. Wir sprechen auch von einem leuzistischen Weiß (im Griechischen leukos = weiß). Dieses Weiß mit der Kopplung zur „Blauäugigkeit" wird durch den Faktor x verursacht, der eine Vollpigmentierung verhindert. Ein neuer Buchstabe, den wir also mit diesem Kapitel kennen lernen.

Der Albinismus (die Farblosigkeit) und der Leuzismus (nennen wir es Farbunterdrückung) beruhen auf zwei grundsätzlich unterschiedlichen Erbvoraussetzungen:

Albinismus	**Leuzismus**
***a**BCDG/**a**BCDG*	*ABCDG**x**/ABCDG**x***
oder auch	*oder auch*
a---- / a----	*A----x / A----x*

Wir erkennen den Faktor x als neue Erbanlage und Auslöser dessen, was man umgangssprachlich Pigmentunterdrücker nennen könnte.

Der Buchstabe A, der uns nun schon als so genannter Pigmentfaktor geläufig ist, behält seine eigentliche Energie für die Farbstoffbildung. Der Pigmentverlust wird durch diese x-Veränderung im Erbgefüge der Fellfärbung hervorgerufen, obwohl es sich hier um einen rezessiven (alleine nicht in Erscheinung tretenden) Faktor handelt. Haut und Iris dagegen unterliegen der Wirkung des paarigen Klein-x nicht in vollem Umfang, woraus sich die Blauäugigkeit begründet. Jedoch in einer Reinerbigkeit bleibt das rein weiße Farbbild ohne sichtbare farbliche Hautreaktionen unterstützt. Als Beispielsrasse soll hier nur die Rasse Weiße Wiener dienen.

Für „- - - -" könnten auch beliebige Faktoren wie B, C, D und G oder deren Mutationsformen eingesetzt werden, wie die erste mögliche Schreibweise der Erbformel zeigt. Nur wird dies nicht so gehandhabt, weil man niemals mit Sicherheit sagen kann, ob die Erbanlagen für das dunkle Pigment (B), für Schwarz (C), für die Dichte von Schwarz (D) oder/und für die Wildfarbigkeit (G) nicht längst im Erbcode eine andere Form erlangt haben, das heißt durch Mutation verändert sind. So könnten beispielsweise statt B die Mutationsstufe b^j, statt C Klein-c ... vorliegen. Somit ist eine fragliche Aussage in Form der hier gewählten Strich- oder auch Punktbezeichnung für die anderen Farbfaktoren, so widersprüchlich es auch klingen mag, korrekter.

Um das bis hierher Gesagte zu verdeutlichen, arbeiten wir wieder einmal mit Buchstaben.

Einfaches Kreuzungsbeispiel: Wir kreuzen Weiße Wiener (A----x/A----x) und Alaska (ABCDg/ABCDg) und gehen davon aus, beide Tiere der genannten Rassen sind reinerbig (homozygot). Und wenn wir von Kreuzungen sprechen, um auf die jeweiligen Prozentresultate zu kommen, dann gehen wir (detailliert dargestellt) wie folgt vor:

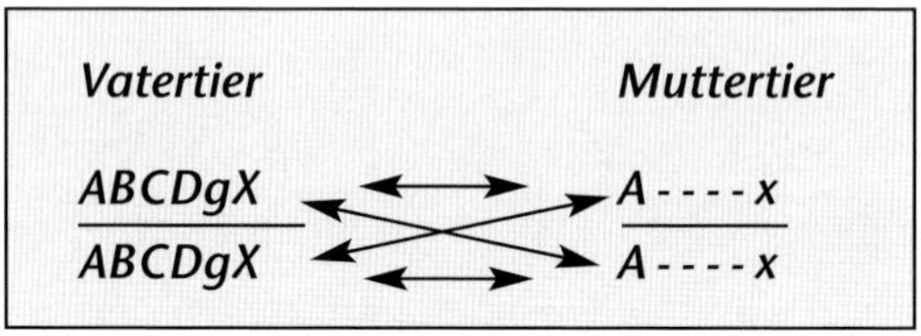

Vater
Alaska
ABCDgX / ABCDgX

×

Mutter
Weiße Wiener
A - - - - x / A - - - - x

Tochtergeneration

A - - - - x / ABCDgX	*A - - - - x / ABCDgX*	*A - - - - x / ABCDgX*	*A - - - - x / ABCDgX*
schwarz/ spalterbig leuzistisch	*schwarz/ spalterbig leuzistisch*	*schwarz/ spalterbig leuzistisch*	*schwarz/ spalterbig leuzistisch*

Vom Alaska-Kaninchen wissen wir, dass es nicht der Erbänderung zum Leuzismus (x/x) unterliegt. In der Berechnung der zu erwartenden Nachzucht müssen wir das auch berücksichtigen und fügen der Alaska-Formel den bestimmenden, also dominanten Faktor X hinzu.

Alle Nachzuchttiere müssten in diesem Beispiel ein schwarzes Fellkleid tragen, aber rezessiv (verborgen) tragen sie auch die mütterliche Anlage für Klein-x (Leuzismus). Dieser Erbgang entspräche der 1. mendelschen Regel, der Uniformitätsregel.

Würde man diese Tochtergeneration nun miteinander verpaaren, erhielte man nach der 2. Regel Mendels, Spaltungsregel oder auch intermediäre Vererbung genannt, drei Teile schwarze Tiere, dem Alaska ähnlich, und einen Teil weiße Tiere mit blauen Augen. Das Ergebnis ist entsprechend der Gesetzmäßigkeit bei den Punktscheckenrassen.

Vater **aus der F_1**		*Mutter* **aus der F_1**
A - - - - x / ABCDgX	×	*A - - - - x / ABCDgX*

Tochtergeneration (F_2)

$\frac{A----x}{A----x}$	$\frac{A----x}{ABCDgX}$	$\frac{A----x}{ABCDgX}$	$\frac{ABCDgX}{ABCDgX}$
leuzistisch-weiß, reinerbig	*schwarz/ leuzistisch spalterbig*	*schwarz/ leuzistisch spalterbig*	*schwarz reinerbig*

Das Spaltungsverhältnis (1 : 2 : 1) bestätigt den intermediären Erbgang, denn theoretisch ist ein Teil der F_2-Nachkommen weiß, blauäugig (leuzistisch), zwei Teile sind schwarz, leuzistisch spalterbig, ein Teil ist schwarz, reinerbig.

Nach der puren Dominanzregel stimmt auch das Verhältnis 3 : 1, denn drei Teile der F_2 tragen äußerlich (phänotypisch) ein schwarzes, ein Teil ein weißes Fellkleid.

So weit so gut, nun kommt das große Aber: Es kann nicht immer davon ausgegangen werden, dass die Erbanlagen des leuzistisch weißen Tieres identisch mit denen des Paarungspartners sind. Hier sind dem Zufall Tür und Tor geöffnet. Zu bedenken ist bitte, wie viele mutierte Erbanlagen neben den uns bekannten Grundfaktoren im Verborgenen schlummern können und auf Grund des Faktors x nicht einmal zu erahnen sind. Um eine solche Möglichkeit zu verdeutlichen, soll hier dem Zufall nun einmal auf die Sprünge geholfen werden. Gehen wir davon aus, ein schwarz aussehender Rammler hat die spalterbige Anlage für Blau (ABCdg/ABCDg). Angenommen eine Weiße-Wiener-Häsin, deren genetische Grundlage ja eigentlich viele Spaltungsmöglichkeiten beinhalten kann, trägt ebenfalls diese Anlage Blau sowie die Möglichkeit der Einfarbigkeit, jedoch beide Merkmale in reinerbiger Form.

Wir müssen nun das Vererbungsbeispiel nachvollziehbar gestalten. Deshalb werden die Auslassungszeichen (-) in der Formel des leuzistischen Tieres durch die fiktiven Erbanlagen, passend zur einfarbigen blauen Fellfarbe und durch die unveränderten Grundfaktoren ergänzt.

Damit der Umgang mit Formeln nicht abschrecken soll, gestaltet sich die Erbformel einfach in ihrer kompletten Darstellung.

Rammler: schwarz, rezessiv blau = *ABC**d**gX/ABCDgX*
Häsin: leuzistisch weiß, latent reinerbig blau = *ABC**dg**x/ABC**dg**x*

ergibt eine F_1:

ABCdgx / ABCdgX	*ABCdgx / ABCDgX*	*ABCdgx / ABCDgX*	*ABCdgx / ABCdgX*
reinerbig blau, spalterbig leuzistisch	*schwarz/ spalterbig leuzistisch und blau*	*schwarz/ spalterbig leuzistisch und blau*	*reinerbig blau, spalterbig leuzistisch*

Nach diesem Beispiel ließen sich unterschiedliche Möglichkeiten „durchspielen“ und blieben immer nur die halbe Wahrheit, denn neben allen bekannten Genformen können auch in dieser Erbsubstanz heterozygote (spalterbige) Varianten verborgen sein. Hinzu kommt noch die Erfahrung, dass bei Kreuzungen farbiger Tiere mit leuzistischen Tieren vielfach Nachkommen mit Holländerabzeichen oder mit holländerähnlicher Scheckung fallen.

Auf die Idee der Kreuzungsspielerei mit leuzistischen Tieren kommt aber kein wirklicher Züchter, wenn er die rassereine Zucht verfolgt. Ein Untersuchen möglicher Kreuzungsergebnisse wird meistens erst in Erwägung gezogen, wenn innerhalb einer Zucht oder bei einzelnen Nachkommen besondere Probleme, dies können scheinbar unerklärliche Abweichungen vom bisherigen Zuchtbild oder spontane Veränderungen im Bereich der Rassemerkmale sein, auftreten. In solchen Fällen werden immer Rückpaarungen, Probepaarungen und Linienkreuzungen innerhalb der jeweiligen Rasse vorgezogen. Weshalb? Weil eine solche Methode das Einwirken fremder Anlagen ausschließt und die Träger unerwünschter Erbanlagen besser herausfindbar sind.

Fehlende Pigmentierung (Albinismus)

Das Thema außerhalb der Reihenfolge der A-Serie zu beschreiben, begründe ich mit der Gegenüberstellung der Unterschiede der beiden weißen Besonderheiten – Leuzismus und Albinismus – aus erbbiologischer Sicht.

Beim Albinismus resultiert das weiße (tatsächlich farblose) Fell aus der Veränderung des Faktors A, dem Pigmentfaktor, zu a. Beim Blick auf die am Anfang dargestellte A-Serie ist erkennbar, wie nach den einzelnen Mutationsstufen beim Erreichen der letzten Stufe „a“ der schrittweise Pigmentabbau mit Erreichen des Klein-a endgültig vollzogen ist. Wir haben es hier mit Individuen zu tun, die eine totale Farblosigkeit aufweisen.

Ein Albino ist demzufolge ein Lebewesen mit einem eigentlich erblich gestörten Vermögen zur Farbbildung der Haut, der Haare und des Auges. Charakteristische Albinos sind in der Kaninchenzucht zum Beispiel die Weißen Neuseeländer. Tiere also, die neben dem weißen Fell auch so genannte rote Augen aufweisen. Die Iris (Regenbogenhaut) des Auges ist im Gegensatz zum Leuzismus völlig farblos, daher scheinen die im Augenhintergrund befindlichen Adern durch die Iris hindurch, sodass wir den Eindruck gewinnen, das Auge sei rot. Vielfach werden die roten, aber auch die blauen Augen als krankhafte Anlage verstanden, sodass vor allem Kaninchenhalter albinotische und leuzistische Tiere für eine Heimhaltung ablehnen. Jede durch Mutation entstandene Abweichung vom Normalen ist etwas Außergewöhnliches, das allerdings nicht grundsätzlich als krankhafte oder krank machende Erscheinung anzusehen ist. Albinos haben auf Grund der ungefärbten Iris eine andere Sichtweise. Das zeigt sich, indem sie in bestimmten Situationen leicht mit dem Kopf schaukeln. Meist geschieht dies in fremder Umgebung (Ausstellungen) oder wenn etwas Fremdes wahrgenommen wird. Bei leuzistischen Tieren stimmen fremde Beobachtungen mit eigenen Erfahrungen überein: Tiere mit hellblauen Augen strotzen bei optimaler Haltung, Pflege und Fütterung vor Vitalität.

Für das Kreuzen farbiger Tiere mit Albinos gilt im Prinzip das gleiche Beispiel, wie es bei den leuzistischen Kreuzungen dargestellt ist.

1,0 Deutsche Riesen, weiß (Zgm. Landwehr, Nordhorn). Foto: B & S Fotostudio

Nachzuchttiere aus Paarungen A/A mit a/a erben in der ersten Tochtergeneration die Anlage A/a. Das sind 50 Prozent mütterlicher und 50 Prozent väterlicher Erbanlagen, welche die Bildung eines farbigen Haarkleides begründen. Welchem Genotyp albinotische Tiere neben dem Klein-a entsprechen, wird immer ungewiss sein. Bei Schulungsbeispielen wird meistens davon ausgegangen: Grau mit Albino (ABCDG mit aBCDG) ergibt in diesem Fall graue Nachzucht. Der Vollständigkeit halber muss diese Aussage ergänzt werden, indem man hinzufügt: Auch bei den Albinos müssen in der Erbformel dem kleinen a nicht dominante Symbole folgen. Weiterhin können durchaus beim Albino wie auch beim leuzistischen Weiß der Weißen Wiener in den Erbanlagen verändernde (modifizierende) Gene wie Silberung, Punkt- oder Holländerscheckung vorhanden sein.

Wer nun auf die Idee kommt, eine bestimmte Rasse in Form oder in Fellstruktur durch Einkreuzen eines Weißen Neuseeländer-Kaninchens unbedingt verbessern zu können, erntet nicht viel Freude. Die Erbanlagen im Überblick:

Weiße Neuseeländer	***Unterschiede***	***Weiße Wiener***	***Unterschiede***
a - - - -/a - - - -	*durch Klein-a keine Pigmentierung möglich*	*A - - - -x/A - - - -x*	*Klein-x unterdrückt die Ausbildung der Vollpigmentierung*

Schneeweiße Tiere mit schwarzen Grannen

Die Erwähnung der beiden folgenden Rassen erscheint mir wichtig. Bei gleich lautenden Erbanlagen gelang es Züchtern, zwei Rassen zu schaffen, die mit Bezug auf die Rassemerkmale unterschiedlichen Erwartungen unterliegen.

Ferner wird hier deutlich, und dieser Hinweis erscheint mir besonders wichtig, wie es trotz aller Dominanzerwartung möglich ist, dass vorherrschende (dominante) und untergeordnete (latente, rezessive) Faktoren doch gemeinsam oder nebeneinander ihren Einfluss auf die Farbgebung haben können.

Im Standard der ehemaligen DDR gab es eine Rasse, ein weißes Tier mit braunen Augen: die „Mährische Weiße mit braunen Augen". Ein Teilalbino, was besagt, dass auch hier ein Farbverlust für die Rassenentstehung eine Rolle spielt. Der Ursprung dieser Rasse liegt in der Kombination von Sachsengold (AbCDGy/AbCDGy) und Klein-Chinchilla (a^{chi}BCDG/a^{chi}BCDG). Die Herauszüchtung dieser Weißen mit braunen Augen erfolgte in der damaligen Tschechoslowakei. Die Erbformel der Rasse: a^{chi}bCDG/a^{chi}bCDG oder a^{chi}bCDg/a^{chi}bCDg. Klein-y aus der Erbinformation des Sachsengoldkaninchens spielt in der Erbformel keine Rolle mehr. Und weshalb wohl nicht? Richtig, der Chinchillafaktor verbietet das Gelb. Die Geninformation für den Gelbverstärker y bleibt spalterbig in einem Teil von Nachzuchttieren erhalten, kann aber einmal als rezessiver Faktor und andererseits durch die Wirkung a^{chi} nicht sichtbar in Erscheinung treten.

Parallel dazu kennen wir das Schwarzgrannenkaninchen, welches trotz gleicher Erbformel wesentliche Unterschiede präsentiert. Während nämlich beim Schwarzgrannenkaninchen die schwarze Granne ein Zuchtziel ist, musste bei der tschechischen Schönheit diese Erscheinung ins Extreme verdrängt werden.

Wenn auch die Erbformeln der beiden genannten Rassen identisch sind, lässt sich die unterschiedliche Wirkungsweise dennoch erklären.

Die schwarze Granne ist ein Zeichen für das Vorhandensein des Wildfarbigkeitsfaktors. Er muss verdrängt werden, indem eine unbestechliche Auslese erfolgt, die keine Zuchttiere mit einem hohen Grannenanteil gestattet. Erst mit der Erbfestigkeit der Faktoren bg/bg wäre zuerst das Reingelb gegeben. Das alles minus Gelb (durch das reinerbige Faktorenpaar a^{chi}/a^{chi}) und fertig wäre wieder das weiße Kaninchen mit braunen Augen. Wenn es doch in der Praxis immer so einfach ginge, nicht wahr?

Bei dem genetischen Gegenstück, dem Schwarzgrannenkaninchen, dürfen und müssen die Faktoren G/g bis zu einem gewissen Grad gemeinsam wirken können, damit bleibt der Schwarzgrannenanteil in abgeschwächter Auswirkung des Wildfarbigkeitsmerkmals G erhalten. Diese Spalterbigkeit zwischen Wildfarbigkeits- und Einfarbigkeitsbereitschaft ist auch erforderlich, um eine ausgeglichene Grannenbildung in Schwarz zu erhalten. Bei einer Reinerbigkeit der Faktoren G/G (wildfarbig) besteht die Gefahr der sehr starken Grannenbildung und m. E. könnte auch eine ungewünschte Spitzenfärbung des Deckhaares eintreten. Bei einer Reinerbigkeit g/g (einfarbig) würde die Schwarzgrannenanhäufung wie beim Thüringerkaninchen ausfallen. Das bedeutet, die gewünschte gleichmäßige Verteilung einer schwarzen Granne auf weißem Fellkleid wäre nicht mehr gewährleistet.

Der Marder- und der Russenfaktor

Mit diesem Kapitel, welches bei chronologischem Vorgehen eigentlich vor dem Albinismus stehen müsste, wird nun die Behandlung der A-Serie vervollständigt. Hier interessieren uns wieder zwei Faktoren, die erst in einer gewissen Gemeinsamkeit gewünschte Effekte erzeugen. Die Rede ist von dem Marderfaktor a^m und dem Russenfaktor a^n.

Emil Thomsen aus Hamburg-Stellingen wollte eine Kaninchenrasse züchten, die dem australischen Opossum ähnelt. Das Opossum ist eine nordamerikanische Beutelratte mit einem grauen oder weißlichen und für die Pelzindustrie sehr wertvollen Fell. Zu diesem Zweck kreuzte Thomsen Hasen, Thüringer, Blaue Wiener, Havanna und Angora (angeblich auch Chinchillakaninchen) miteinander, bis plötzlich nach jahrelangem Kombinieren bronzefarbene Jungtiere auftauchten. Diese bildeten dann die Grundlage für Thomsens „Marderkaninchen", die er erstmals 1924 in Hamburg-Altona öffentlich präsentierte.

1,0 Marderkaninchen, braun (W. Krone, Liebenburg). *Foto: B & S Fotostudio*

Der Name dieser sehr schönen Rasse resultiert aus der Ähnlichkeit mit dem Wildtier, dem Haus- oder Baummarder, was die Fellfarbe und Abzeichen anbelangt.

Das Phänomen der Rasse liegt darin begründet, die reinerbigen Tiere „Dunkelmarder" sind nicht der Standard- beziehungsweise Ausstellungstyp. Demzufolge sehen wir in den Präsentationen den so genannten Typmarder. Der kann erst entstehen, wenn eine weitere Aufhellung der Gesamtbehaarung gewährleistet ist. Infolge dieser farblichen Aufhellung der Fellfarbe werden dann auch die Abzeichen markant hervorgehoben.

Und hier die Erbformeln, anhand derer wir die Aufhellung zum Typmarder dokumentieren:

a^mBCDg/a^mBCDg = Dunkelmarder, reinerbig, der in keiner Weise auch nur andeutungsweise die typischen Abzeichen des Typmarders aufweist.

Dem gegenübergestellt das Erbbild des Typmarders mit a^mBCDg/a^nBCDg. Es ist also das spalterbige Produkt, das in Ausstellungen zu sehen ist. Diese gewünschte Spalterbigkeit ergibt sich aus den unterschiedlichen Allelen (Allel = eine von mindestens zwei einander entsprechenden Erbanlagen) a^m/a^n. Ein schöner Bastard.

Aussehen des typgerechten Marders

Kuriosum der Natur

Die Deckfarbe ist ein helles Braun, das zu den Flanken und Seiten herab ohne Abgrenzung aufhellt. Diese zu den Seiten hin heller werdende Deckfarbe wird durch einen etwa acht Zentimeter breiten dunklen Rückenstreifen optisch unterstützt. Brust, Bauch und Backenbereich des Marders sehen hellbraun aus, während die Schulterpartie und Schenkel etwas dunkler in Erscheinung treten.

Als Abzeichen (Rassemerkmale, die im Standard klar definiert sind) gilt einmal die Maske. Sie wirkt schwarzbraun, wird schlicht als dunkel umschrieben, umfasst die Schnauze nicht scharf abgrenzend bis zur Augenhöhe reichend. Weitere Rassemerkmale sind die dunklen Ohren, Läufe und Blume und eine dunkle Schattierung umgibt die Augen, und in Vollendung der Rassebeschreibung wird der schon erwähnte dunkle Rückenstreifen gefordert. Komplett wird das Farbbild der Typmarder durch dunkle Krallen und braune Augen, die je nach einfallendem Licht rötlich scheinen.

Rückblickend auf die zu diesem Typmarder benannte Erbformel (a^mBCDg/a^nBCDg) wird auffällig: Bei der Typbeschreibung ist immer von „braun" und „dunkel" die Rede, obwohl die Formel bei flüchtiger

Betrachtung eher einen Hinweis für schwarze Farbveranlagung gibt. Diese Beobachtung stimmt, doch dürfen wir die Veränderungen des Faktors A nicht übersehen.

Diese Formel sowie die beschriebene Färbung der Behaarung passen zum „Braunmarder". Ohne jede Mutation von C zu c (Schwarz im Farbverlust zu Braun) erhalten wir hier ein braunes Tier allein durch die Wirkung des Faktors a^m (Marder) und dessen weitere Farbabschwächung über den Russenfaktor (a^n).

In der Form des Blaumarders hält sich das genetische Geschehen auch wieder an die Entstehung der blauen Fellfarbe: a^nBCdg/a^mBCdg. Die Deckfarbe wird als lichtes Blau bezeichnet und ist somit ebenfalls ein Ergebnis der Farbveränderung durch die Mutation von D zu d. Es hat folglich die bei der blauen Fellfarbe beschriebene Verdünnung von Schwarz zu Blau stattgefunden. Und nun kommen die Farbverluste durch das Zusammenwirken der Marder- und Russenfaktoren innerhalb der Farbserie A hinzu, wodurch nicht das einheitlich blau gefärbte Tier zu erwarten ist. Es bilden sich erst in dieser Kombination (a^mBCdg/a^nBCdg) regionale Farbzonen, die global umschrieben in der Rassebeschreibung „Abzeichen" genannt werden. Dieses Vorkommnis wird allein durch den Russenfaktor gefördert, denn ohne dieses eher unscheinbare a^n erhalten wir auch die in dieser Zucht auftretenden Dunkelmarder, jedoch in Blau.

Die Abzeichen des Blaumarders sind allgemein etwas schwächer ausgeprägt, was allerdings mehr auf die Farbwirkung zurückzuführen ist als auf die genetische Erbsubstanz. Auch hier sind die beim Braunmarder schon genannten Rassemerkmale gefordert. Die Anforderungen an die Maskenform und -höhe des Blaumarders sind mit denen des Braunmarders gleichzusetzen. Farblich zeigt sich die Maske in einem recht dunklen Blau, Ohren, Läufe, Blume und die Augeneinfassung sind als dunkelblau anzusehen. Diese Eigenschaft wiederum resultiert aus der in diesen Bereichen kürzeren Behaarung. Die Krallen werden dunkel gefordert und die Augenfarbe passt zum genetischen Blau, sie sind graublau, rötlich durchscheinend.

Die Vererbung der Marderkaninchen

Widmen wir uns nun dem Erbverhalten bei den Marderkaninchen, das dem intermediären Erbgang unterliegt (inter – lat. = zwischen, medium – lat. Mitte, also zwischenliegend oder ein Zwischenglied bildend).

Ich nannte den Russenfaktor a^n/a^n den Partner des Dunkelmarders a^m/a^m, um aus einem gemeinsamen genetischen Zusammenspiel den so genannten Typmarder (a^m/a^n) zu erhalten. Wir erkennen die Faktorenunterschiede (Marder und Russen) der Erbformel, folglich ist der ausstellungswürdige Bastard spalterbig, wie ich bereits im Thema „Der Marder- und der Russenfaktor“ ausführte.

Damit es zu keinen Missverständnissen bei dem Begriff „Russen“ kommt: Natürlich ist nicht das kleine Russenkaninchen der Partner im Erbgeschehen der Marder. Nennen wir sie in der weiteren Beschreibung deshalb „Russenfarbige“ oder auch „russenfarbige Marder“.

Frisch ans Werk, verehrte Zuchtfreunde, nun wird wieder einmal gearbeitet.

Wir verpaaren nun den reinerbigen (homozygoten) russenfarbigen Marder, schwarz, mit dem Dunkelmarder, der ja ebenfalls reinerbig ist.

Vater		*Mutter*
Russenfarbiger		***Dunkelmarder***
a^nBCDg / a^nBCDg	×	a^mBCDg / a^mBCDg

Tochtergeneration

$\frac{a^mBCDg}{a^nBCDg}$	$\frac{a^mBCDg}{a^nBCDg}$	$\frac{a^mBCDg}{a^nBCDg}$	$\frac{a^mBCDg}{a^nBCDg}$
25 % Typmarder, braun	*25 % Typmarder, braun*	*25 % Typmarder, braun*	*25 % Typmarder, braun*

In der F_1 (1. Tochtergeneration) erhalten wir eine 100-prozentige Nachkommenschaft der Typmarder, die bei Übereinstimmung mit allen Anforderungen des Standards auch die Ausstellungstiere wären. Nach Mendel ist dies die Regel 1, die eine Uniformität zur Folge hat.

Nun praktizieren wir das gängigste Zuchtverfahren und verpaaren zwei Typmarder miteinander.

Vater		*Mutter*
Typmarder		***Typmarder***
a^mBCDg / a^nBCDg	×	a^mBCDg / a^nBCDg

Tochtergeneration

$\frac{a^mBCDg}{a^mBCDg}$	$\frac{a^mBCDg}{a^nBCDg}$	$\frac{a^mBCDg}{a^nBCDg}$	$\frac{a^nBCDg}{a^nBCDg}$
25 % Dunkelmarder, braun, reinerbig	*25 % Typmarder, braun, spalterbig*	*25 % Typmarder, braun, spalterbig*	*25 % russenfarbig, reinerbig*

Wir erleben hier die theoretische Aufspaltungsmöglichkeit im Verhältnis 1 : 2 : 1, das heißt, es besteht die Möglichkeit, dass 50 Prozent der Jungtiere ausstellungsberechtigte Typmarder und jeweils 25 Prozent reinerbige Dunkelmarder und russenfarbige Marder zu erwarten sind.

Bitte jedoch nicht den Merksatz „zur theoretischen Kreuzung" vergessen!

Die 50 Prozent so genannter Typmarder stellen wieder den standardisierten, ausstellungsfähigen Marder dar. Die Dunkelmarder und Russenfarbigen können durchaus in der Zucht verbleiben, wie das Kreuzungsbeispiel Russenfarbiger × Dunkelmarder belegt. Ein Züchter wird sich immer dann für ein Verbleiben der beiden reinerbigen „Nebenprodukte" im Zuchtgeschehen entscheiden, wenn er an diesen Tieren positive Merkmale erkennt, die er für eine Rasseverbesserung nutzen kann und möchte. Anders als bei den Punktschecken (z.B. Englische Schecken, Deutsche Riesen-Schecken) ist hier die russenfarbige Nachzucht grundsätzlich weiter verwendbar, das heißt, sie ist nicht dem gefürchteten Letalfaktor (letal = zum Tode führend, tödlich, todbringend) unterlegen, wie wir es dann auch in der Beschreibung bei Punktscheckung/Englische Scheckung kennen lernen werden.

Sind russenfarbige Marder im jeweils gezüchteten Farbenschlag (im Paarungsbeispiel sind diese schwarz) anerkannt, so sind diese als Nebenprodukt fallenden Tiere bei entsprechenden Vorzügen auch ausstellungswürdig. An welche Rasse erinnern uns diese Russenfarbigen? Jawohl, an die Kalifornier, die sowohl in den Farben Schwarz, Blau und Braun (havannafarbig) zugelassen sind. Körperliche Anforderungen und die Haarstruktur der Kalifornier sind identisch mit den Russenfarbigen aus der Zucht der Marderkaninchen.

Letzte Stufe vor dem Albinismus

Der Russenfaktor

Die klassischen Abzeichen beim Marderkaninchen weisen bereits auf das Vorhandensein, respektive auf das Einwirken der nächsten Mutationsstufe an hin. Folglich brauchte der Typmarder auch diese „Partnerschaft" der genetischen Gemeinsamkeit a^m/a^n zur Ausbildung der Abzeichen.

Sehen wir uns das Zusammenspiel auf erbbiologischem Grund genauer an.

Vor dem Klein-a – dem Albinofaktor – ist mit dem Russenfaktor an die letzte Stufe im Bereich der so genannten Teilalbinos ($a^d \rightarrow a^{chi} \rightarrow a^m \rightarrow a^n$) erreicht. Die genetische Farbgundlage basiert auf den Formeln:

a^nBCDg/a^nBCDg = russenfarbig-schwarz und a^nBCdg/a^nBCdg = russenfarbig blau.

Farblose (rot scheinende) Augen und die reine weiße Behaarung entsprechen der genetischen Grundlage des Teilalbinismus schon eher als die fast schwarz wirkenden dunklen Chinchilla (a^d/a^d) oder Dunkelmarder (a^m/a^m), und nicht zuletzt lassen auch die Typmarder nur wenig darauf schließen, dass es sich um Teilalbinos handelt. Beim kleinen Russenkaninchen sehen wir nun die Nähe zum Vollalbino recht deutlich. Aber, da ist ja immer noch Farbe, die sogar je nach Farbenschlag doch recht kräftig in Erscheinung tritt.

Kälte als Umweltfaktor erforderlich

Auch Russenkaninchen sowie Kalifornierkaninchen haben Abzeichen wie Typmarder: Scharf abgrenzende Maske, farbige Ohren, farbige Läufe und Blume werden in den jeweiligen Farben des die Rasse bezeichnenden Farbenschlages gefordert. Im Gegensatz zum Marderkaninchen ist hier eine scharfe Abgrenzung aller Zeichnungsmerkmale das absolute Schönheitsideal der kleinen Rasse. Die Krallenfarbe ist entsprechend der Lauffärbung dunkel. Die Augenfarbe lässt keine Forderung zu, sie ist farblos und in dieser Form rot scheinend.

Was nicht in der Erbformel steht: Die genetische Information dieses Teilalbinos für diese eigenartige Zeichnungsbildung neben einem sonst rein weißen Haarkleid wird „Spitzenfärbung“ genannt. Sie könnte auch „Kältereiz dient der Farbentwicklung“ heißen. Erst bei der Einwirkung des Umwelteinflusses „Kälte“ reagieren die kurz behaarten Körperteile und kälteempfindlichen Regionen mit dieser Spitzenfärbung. Wobei das nicht heißt, hier färben sich nur die Haarspitzen. Es gibt zahlreiche Beispiele aus Züchterkreisen, die eine solche kälteabhängige Spitzenfärbung belegen. Eine sonst weiße Stelle am Rücken eines Russenkaninchens wird rasiert und die Haut dem Kältereiz ausgesetzt. Es wachsen mit Sicherheit an dieser Stelle farbige Haare nach, die bei der natürlichen Umhaarung und ohne Kälteeinwirkung wieder den ursprünglichen weißen Haaren den Platz überlassen. Kältereiz ist Teil der Erbinformation dieses Teilalbinotyps.

Wo sind Russen- und Marderfaktoren noch Partner?

Die Weißgrannenmarder

Auf der Grundlage zur Rassenbildung durch die Kombinationswirkung beider Faktoren a^m und a^n wurden weitere genetische Kombinationen für eine Rassenbildung ausgeschöpft. Das Weißgrannenkaninchen, schwarz ($a^{chi}BCDg^0/a^{chi}BCDg^0$) und das Marderkaninchen, braun (a^nBCDg/a^mBCDg) bildeten die Grundlage für das Erscheinungsbild des Weißgrannenmarders, braun, mit dem Erbbild a^nBCDg^0/ a^mBCDg^0.

Zur Erinnerung: Nicht Schwarz veränderte sich zum Braun der Marder, sondern es ist die Wirkung der Faktoren a^m und a^n, die diesen augenscheinlichen Farbverlust verursachen.

Das Siamesenkaninchen

Siamesen könnten auf Grund ihrer Farbe und Erbsymbolik gut und gerne Gelbmarder-Kaninchen heißen. Im Vergleich zum Braunmarder ist ihre Fellfarbe auf Grund der Veränderung des Faktors für das dunkle Pigment (B) zu Klein-b in eine hellgelblich graue Deckfarbe übergegangen. Hier wirken also einmal die beiden Faktoren Marder und Russen farbreduzierend, durch Klein-b wird die Einlagerung dunklerer Pigmente zum Gelb verringert. Das wiederum wirkt sich auch auf alle beim Marder dargestellten braunen Färbungen aus. Die Rassemerkmale wirken trotzdem recht intensiv, was wiederum für das Vorhandensein einer mitbestimmenden Spitzenfärbung durch die Anlage a^n spricht. Die gesamte Wirkungsweise aller angesprochenen Faktoren ähnelt stark der Farbverdünnung D zu d, ist aber auf eine andere, nämlich auf die Farbreduzierung in Richtung Albinismus zurückzuführen.

1,0 Kalifornier, schwarz-weiß (S. Sturm, Wetzlar). *Foto: B & S Fotostudio*

Wo tritt der Russenfaktor noch in Erscheinung?

Das Kalifornierkaninchen

Das Kalifornierkaninchen ist bei gleicher Erbanlage der große Bruder des Russenkaninchens, schwarz. In diesem Zusammenhang sei erwähnt, in den Bewertungsbestimmungen der ehemaligen DDR gab es das „Nitraner Kaninchen“, dessen Größenrahmen und Zeichnungsbild dem des Kaliforniers ähnelte, doch genetisch war es der Blauwildfarbigkeit (a^nBCdG/a^nBCdG) zuzuordnen. Das bedeutet, dem Schöpferwillen könnte es gelingen, wenn unter Berücksichtigung dieses Teilalbinismus andere Farbvarianten erzüchtet werden sollen.

Die Lohfarbe – der Lohfaktor

Lohkaninchen sind eine anmutige Kleinrasse, die etwa 1880 in England erstmals bekannt wurde. Sicherlich nicht mit dieser intensiven Lohe, die wir heute bei dieser Rasse bewundern und in den drei gängigsten Farbenschlägen Schwarz-, Braun- und Blauloh gezüchtet wird.

Schwarzloh	=	$ABCDg^0y/ABCDg^0y$,
Braunloh	=	$ABcDg^0y/ABcDg^0y$,
Blauloh	=	$ABCdg^0y/ABCdg^0y$.

An den Erbformeln können wir erkennen, die schwarze, braune und blaue Deckfarbe der einzelnen Farbenschläge entsteht entsprechend den Mutationsgrundlagen für Farbbildungen der analogen Rassen (zum Beispiel, schwarz = Alaska, braun = Havanna, blau = Blaue Wiener).

Der y-Faktor, den wir bereits bei der Beschreibung der Hasenfarbe als Rot- oder Gelbverstärker kennen gelernt haben, unterstützt die „feurige Lohe" als Rassemerkmal. Und etwas Neues kommt hinzu, nämlich der g^0-Faktor.

Verändernde Wirkung durch den Lohfaktor g^0

Ich denke, eine Wiederholung über die Entwicklung der genetischen Abläufe bei den Fellfarben Schwarz, Braun und Blau ist nicht erforderlich. Ebenso hoffe ich, die Wirkungsweise des y-Faktors wurde bereits bei der Hasenfarbe verständlich erläutert. Also wagen wir uns an den neuen Faktor heran.

Schauen wir uns die Mutationsserie G an, dann stellen wir fest, dass sich der Faktor g^0 zwischen den Fronten der erbbiologischen „Kampfbereitschaft" G und Klein-g befindet ($G \rightarrow g^0 \rightarrow g$). Was passiert nun? Einfacher dargestellt, bildet unser neues Symbol so etwas wie eine Zwischenform von Wildfarbigkeit und Einfarbigkeit.

Da uns immer ein Vergleich den besseren Dienst zum Verstehen erweist, betrachten wir ein schwarzwildfarbiges (graues) Tier und setzen ein Lohkaninchen, schwarz, daneben. Auffällig wird hier, der erste Mutationsschritt (von G zu g^0) verwandelt wohl das Gemisch der typischen schwarzwildfarbigen Einzelhaarzonierung in eine klare schwarze, einfarbige Deckfarbe. Alle Einzelhaarzonierungen, wie sie aus der grauen Variante bekannt sind, haben bei dieser genetischen Konstellation keine Chance, aber die bei den schwarzwildfarbigen Rassen be-

1,0 Lohkaninchen, braun (E. Sattler, Fürth). *Foto: B & S Fotostudio*

kannten weißen Wildfarbigkeitsmerkmale der Körperzonierung bleiben erhalten und erfahren dennoch eine Veränderung. Sie bilden nunmehr in Einheit mit der Wirkung y/y, dem Rot- beziehungsweise Gelbverstärker, die typischen Zeichnungsmerkmale der Lohkaninchen in den bekannten Rottönen. Wie gesagt, mit der Stufe g^0 ist eine Zwischenform auf dem erbbiologischen Weg von der Wildfarbigkeit zur totalen Einfarbigkeit erreicht!

In unserem schrittweisen Aufbau sind diese Zonierungen erst einmal fahlgelb.

In der Herauszüchtung und zum Erreichen von sattroten Zeichnungsbildern wählten die englischen Zuchtfreunde Hasenkaninchen, die ja bekanntlich den Erbfaktor Klein-y besitzen. Zur Erinnerung hier die erklärende Schreibweise für die Stabilisierung des Faktors in sich: Durch Anhäufung des Faktors für die Rotverstärkung, einer additiven[11] Genwirkung wie y + y + y oder y1, y2, y3 ..., erhalten wir die satte Färbung. Auch bei den Lohkaninchen ist diese Farbintensität davon abhängig, wie stark der Faktor vertreten ist und somit den Abzeichenbereich beeinflusst.

Das Lohkaninchen ist eine Kombinationsrasse, die sich großer Beliebtheit erfreut und gleichermaßen die Zucht interessant macht.

1,0 Weißgrannen, blau (H. Bonnenberg, Kassel). *Foto: B & S Fotostudio*

Das Weißgrannenkaninchen

Bezüglich des Faktors g^0 muss eine weitere, ebenfalls beachtenswerte Rasse genannt werden, das Weißgrannenkaninchen, welches unter dem Thema „Marder" erwähnt wurde, und ebenfalls in den Farbenschlägen Schwarz, Blau und Braun gezüchtet wird –

Schwarz = $a^{chi}BCDg^0/a^{chi}BCDg^0$,
Braun = $a^{chi}BcDg^0/a^{chi}BcDg^0$,
Blau = $a^{chi}BCdg^0/a^{chi}BCdg^0$.

Und nun wieder der Vergleich, die Gegenüberstellung beider Erbanlagen. Neu im Gegensatz zu den Lohfarbenschlägen sind hier die Kombinationen „$a^{chi}g^0$" unter Wegfall oder Unterdrückung des Faktors y. Erinnern Sie sich bitte, verehrte Zuchtfreunde, was sagte Professor Nachtsheim zu dem Besonderen des Chinchillafelles? Richtig! Wildfell minus Gelb! So ist beim Weißgrannenkaninchen der Rotverstärkerfaktor, selbst wenn er noch im Erbgut erhalten ist, überflüssig geworden, weil Gelb bei einer erreichten Dominanz des Chinchillafaktors a^{chi}/a^{chi} sowieso in der Farbendiskussion der inneren Erbinformation kein Mitspracherecht hätte. Die Einzelhaarzonierung ist auch hier, bezogen auf die Deckfarbe, zur Einfarbigkeit gewandelt. Die aus der Schwarzwildfarbigkeit bekannten Körperzonierungen bleiben weiß und bilden gleichfalls die so genannten Abzeichen als festgeschriebene Rassemerkmale.

Zusammenfassend kann gesagt werden, die Grundlage für die Abzeichen ist bei beiden Rassen – Lohkaninchen und Weißgrannenkaninchen – identisch. Das als kleine Rassenkunde nebenbei:

Die Brustzeichnung bietet standardisierte Unterschiede, und zwar muss das Lohkaninchen eine volle, breite und hoch reichende Brustlohe aufweisen, bei Weißgrannenkaninchen hingegen soll die jeweilige Zeichnungsfarbe auf der Brust vorherrschen, was aber keinesfalls dem Einfluss des g^0-Faktors zuzuschreiben ist, sondern auch der züchterischen Auslese.

Die farbige Ausprägung liegt an den Wirkungen einzelner Faktoren: g^0 (bei beiden Rassen), y additiv (für die Lohe bei den Lohkaninchen) und a^{chi} (verbietet bei Weißgrannen die Gelb- bis Rotfärbung). Dank der Funktion des so genannten Lohfaktors g^0 entstanden hier zwei Rassen, deren Deckfarben Schwarz, Blau, Braun bis zu einem gewissen Grad einfarbig sein können und klare Linien geschaffen sind, die ebenfalls bei beiden Rassen klare Zeichnungsbilder so interessant gestalten. Nur, ist die Bezeichnung Loh-Faktor hier bei Weißgrannen noch berechtigt? Er bewirkt bei den Lohrassen keine Lohe, bei Weißgrannen wäre die Bezeichnung in diesem Fall erst recht total daneben, denn die Aufgabe des g^0 ist doch, ein Medium zu bilden zwischen Wild- und Einfarbigkeit.

Die roten Fellfarben

In der Abhandlung der Gelbwildfarbigkeit und bei der Erstnennung des y-Faktors habe ich es absichtlich unterlassen, speziell auf die „roten“ Rassen einzugehen.

Rote Neuseeländer, Sachsengold und Burgunderkaninchen unterliegen in ihrer Vererbung alle gleichen Bedingungen, was die ursprüngliche Gelbfärbung der Behaarung betrifft. Ursprung für das kräftige Rot, zumindest bei Roten Neuseeländern und Sachsengold, ist wieder die Gelbwildfarbigkeit im Zusammenwirken der angehäuften y-Gene.

Obwohl dem Burgunderkaninchen die gleiche Erbformel zugestanden wird, hinkt der farbliche Vergleich gewaltig. Die Behaarung dieser Rasse wirkt eher blass. Die Schlussfolgerung muss dementsprechend lauten: weniger y-Einfluss.

1,0 Burgunder (A. Teichmann, Ravensburg-Oberzell). *Foto: B & S Fotostudio*

Die gleich lautende Erbformel der genannten Rassen: AbCDGy/AbCDGy. Wir sehen also nur am Tier selbst die Wirkungsweise von y und selektieren nach dem Aussehen. Ergänzend muss auch hier gesagt werden, trotz überwiegender Ausgeglichenheit in den Zuchten der roten Rassen kann es durchaus vorkommen, dass auch bei RN und SaG noch hellere Typen anzutreffen sind. Wenn dies der Fall ist, und ein solches Tier keine weiteren farblichen oder körperlichen Gründe für eine Auslese bietet, sollte es auch nicht radikal gemerzt werden. Weshalb?

Woher könnte die Rußbildung wohl kommen?

Züchtern der „Roten" ist die Fehlerhaftigkeit „Rußbildung" bis hin zu schwärzlichen Durchsetzungen hinreichend bekannt. Es kann im Rahmen einer kleinen Zucht oder Zuchtgemeinschaft nicht bewiesen werden, welcher Umstand diesen Fehler begünstigt.

Meine aus Erfahrungen resultierende Auffassung dazu: Es kommt bei gelbwildfarbigen Rassen (Sachsengold, Rote Neuseeländer, Kleinsilber, gelb) vor, dass sich im Bereich der Ohrsäume, am Kopf oder gar im Deckhaar schwarze Durchsetzungen in bestimmten Graden breit

 1,0 Rote Neuseeländer (H. Müller, Queidersbach). *Foto: B & S Fotostudio*

machen. Das sind Hinweise für die Gesellschaft des Wildfarbigkeitsfaktors G. Überall dort, wo er im ABCDG-Fell schwarze Grannen zur Pflicht werden lässt, entstehen bei Gelb trotz genetischer Abschwächung des dunklen Pigments (B zu b) sowie unter Beibehaltung der vollen Wirkungsweisen der beiden Faktoren C und D (Schwarz und Dichte der Schwarzeinlagerung) schwarze Hinweise für das immer noch vorhandene G.

Vereinzelt vorkommende schwarze Grannen/Haare werden schnell übersehen. Bei der Beispielsrasse Gelbsilber lenkt der Züchter möglicherweise seine Konzentration auf den Zustand der Silberung und auf den Grad der Schattierung. Ist diese und dazu vielleicht noch die Farbe ganz toll, wer kann es dem Zuchtfreund verdenken, wenn er zwei, drei, vier schwarze Haare zupft ... das Tier bleibt im Zuchtbestand ... die Folgen sind verheerend.

Und bei den sattroten Rassen ist es nicht anders. Das satte Rot durch eine starke Anhäufung von y.../y... und die Faktoren C und D (Schwarz und Dichte der Schwarzeinlagerung) überlagern das mutierte Klein-b. Auch kann G wirksam sein und erhält eine Chance zur Rußbildung an den markanten Stellen. Bemerkbar macht sich der Wildfarbigkeitsfaktor zuallererst dort, wo auch das schwarzwildfarbige Tier gehäuft Schwarz aufweist, an den Ohrsäumen. Diese Überlegung fand ich auch bei Heinrich Niehaus bestätigt: „Die Wirkung des Farbverteilungsfaktors (Wildfarbigkeitsfaktor, H. E.) G wird nicht nur durch die Anlage für Eisengrau ganz oder teilweise unterdrückt, sie tritt auch bei blauen, braunen und gelben Rassen weniger ausgeprägt in Erscheinung als bei wildgrauen Tieren. Sie kann ferner durch züchterische Maßnahmen beeinflusst und besonders bei Tieren mit roten Fellfarben stark zurückgedrängt werden. Das hat bei Züchtern, die Rote Neuseeländer oder Sachsengold züchten, vielfach zu der Annahme geführt, dass diese Rassen den Farbverteilungsfaktor G nicht mehr besitzen. Bei allen bisher untersuchten Tieren der beiden Rassen konnte jedoch die Anwesenheit des Farbverteilerfaktors G festgestellt werden.“[12]

Andererseits muss bedacht werden, der Mutationsstufe b ist der Faktor b^j übergeordnet. Es ist deshalb auch der Umstand nicht völlig auszuschließen, dass der b^j-Faktor und damit die Bildung schwarzen Pigments in Einzelhaaren oder Regionen nicht gänzlich übergangen werden. Doch der Gedanke muss als zweitrangig angesehen werden, verfügen wir doch weitestgehend über sehr gute und hervorragend durchgezüchtete Bestände der roten Rassen.

Überlegenswert scheint mir ferner der Gedanke: Auf welche Spielart der drei schwarzwildfarbigen Grundlagen (Hasen-, Wild- oder Dunkelgrau) stützt sich das der jeweiligen roten Fellfarbe zu Grunde liegende Gelb solcher Bestände, bei denen das Schwarzaufkommen an Hartnäckigkeit grenzt? Ist es das hellste Hasengrau, das zum Gelb mutierte? Ist es der sehr dunkle Typ schwarzwildfarbigen (grauen) Ursprungs? Letztere Variante erscheint logisch und in einer Theorie zur schwarzen Durchsetzung bei unseren roten Fellträgern vertretbar.

Und auch hier gilt wieder: Korrekte Auslese bei kleinsten Fehlern dieser Art muss sein. Ein Züchter und auch eine Zuchtgemeinschaft werden kaum in der Lage sein, auf diese Frage eine erschöpfende Antwort zu finden.

Nebenwirkungen des Rotverstärkers?

Da muss man keinen Arzt oder Apotheker fragen, der Rot- oder Gelbverstärker, wie der Faktor y noch genannt wird, hat so seine kleinen Nebenwirkungen.

Einmal hat dieser Faktor schon seinen Ursprung im Wildfell des Vorfahren unserer heutigen Rassetiere. Seine Existenz ist auch durch Kreuzungen, Kombinationen, vielleicht nicht einmal durch Mutationen gänzlich verloren gegangen. Das kleine unscheinbare y „lebt" im Verborgenen und hat die Eigenschaft hier und da doch eine bestimmte Wirkungskraft sichtbar werden zu lassen. Aber denken wir da in die richtige Richtung? Können wir von einem rezessiven Faktor reden und ihm zugestehen, wenn er die Stärke besitzt, sich auch in der schwächsten Form konstant im Erbgut zu behaupten? Ich will kein Revolutionär sein, aber ich denke, die Rotverstärkung ist dominanter als wir vermuten und hängt mit der Wirkungsweise des Phäomelanin zusammen.

Es darf davon ausgegangen werden, dass in allen roten und gelben Kaninchenfellfarben eine Spur y enthalten ist oder eben doch die Farben mehr oder weniger intensiv gestaltet.

Wenn beispielsweise die Hasenfarbe beschrieben wurde, die symbolisch mit der Erbformel der so genannten Grauen identisch ist, so wirkt hier ein Rot, das sich intensiver als das Hasengrau beweist. Beobachten wir einmal nur eine gelbe Rasse aufmerksam, können wir feststellen, dass Tiere unter ein und demselben Rassenamen nicht selten ein unterschiedliches, intensives oder mattes Gelb aufweisen können. Es ist kein Fehler, aber ein Hinweis dafür, dass die Farbbrillanz bei gleicher Erbanlage eine Ergänzung erfahren muss. Auch das Lohkaninchen konnte schon als Paradebeispiel dienen, verglich man in unterschiedlichen Landesteilen einmal den feinen graduellen Unterschied der Lohe. Japanerkaninchen und japanerfarbige Holländer gewinnen an Farbgüte, wenn ein sattes Gelb und Schwarz die Zeichnung bilden. Auch hier wirkt der Rotverstärkerfaktor, richtiger die Rotverstärkerfaktoren, denn erst ihre Häufigkeit, durch eigene Addition (y + y + y ...) erworbene Wirkungskraft bringt sie uns sichtbar nah.

Eigene Erfahrungen bei der Neuzucht der Holländerkaninchen, japanerfarbig blau-gelb-weiß, unterstreichen diese Aussage. Ein in der Zuchtfolge blass werdendes Gelb lässt sich durch Rückverpaarung zu

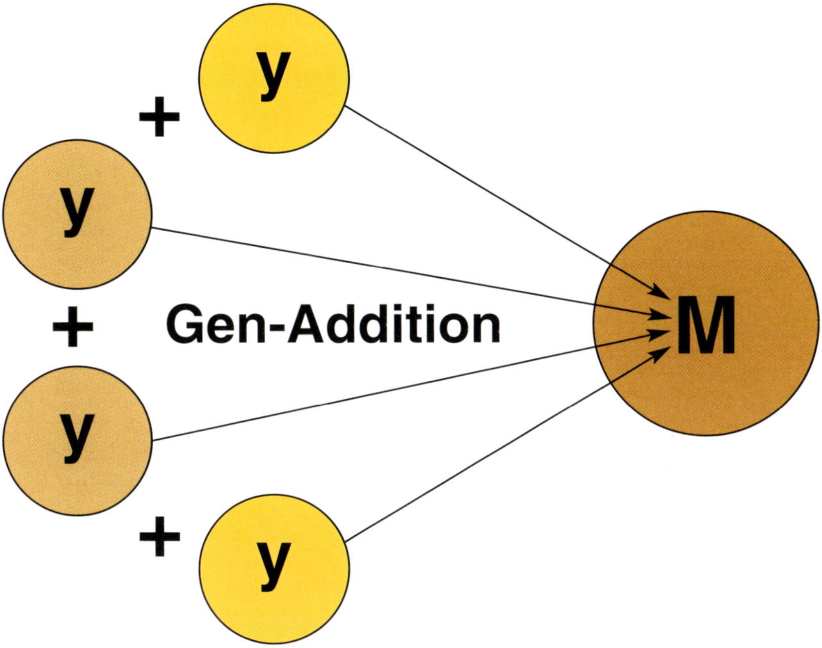

japanerfarbig weißen Holländern gut auffrischen, weshalb in der Phase der Neuzüchtung auch spalterbige japanerfarbig weiße Holländer (Ab^{j}CDgs/Ab^{j}Cdgs) mit sehr kräftigen Farben und körperlichen Vorzügen in der Zucht belassen werden.

Eine Frage, ob bei einer Herauszüchtung einer roten Scheckenrasse der y-Faktor die Zeichnung beeinträchtigt, darf mit Sicherheit verneint werden. Nur der Rotverstärker kann bei einer solchen Herauszüchtung leiden. Denn durch das Kreuzen von Farbvarianten, deren y-Anlagen geringer sind, verliert der stärkste Rotverstärker an Kraft. Korrekter gesagt, er wird reduziert und wieder in die Verborgenheit verwiesen.

Der Japanerfaktor

Unter Einbeziehung des Japanerfaktors b^j entstand der wohl anschaulichste Mutationstyp – das Japanerkaninchen. Kreative Züchter nutzten für die Herauszüchtung zweier weiterer Rassen diese veränderte Form des Faktors B zu b^j und es gelang ihnen, das Rhönkaninchen und die Rheinische Schecke, die uns als augenscheinliche Beispiele dienen sollen, zu schaffen. Alle drei Rassen werden immer wieder gern bewundert. Ihre speziellen Farb- und Zeichnungsmerkmale können aber nicht nur begeistern, denn von der Schwierigkeit, standardgerechte Tiere präsentieren zu können, kann so mancher Zuchtfreund der genannten Rassen ein Liedchen singen.

Die erstaunlich anmutende Fähigkeit der Natur bietet mit dem Japanerfaktor immer eine Basis für Streitgespräche und verlangt viel Sachkenntnis und Fingerspitzengefühl bei Selektion (Auslese), Zuchtwahl und Beurteilung.

Die Rassenerweiterung durch Neuzüchtung unter Nutzung des b^j-Faktors scheint trotz aller Schwierigkeiten keinen kreativen Züchter abzuschrecken.

Das Japanerkaninchen

In seinem Buch „Rassekaninchenzucht“ schreibt Dr. Dorn, dass die erstmals 1889 in Paris anlässlich einer Weltausstellung gezeigten Japaner ein rußiges Fell mit grauen, gelben und grau-weißen Flecken gehabt haben sollen.

Mit der Festigung der Rasse, durch Auslese mit Blick auf den heutigen Trend wurde das Farbbild in der Verteilung schwarzer und gelber Flächen im Haarkleid konkreter. Die Intensität der Farben beschränkte sich jedoch noch auf unterschiedlichste Tönungen.

Auch heute finden sich in den Ausstellungen noch Japanerkaninchen, die neben der guten Flächenverteilung der Farben Gelb und Schwarz auch noch leichte grau-weiße Tönungen in ihrem Zeichnungsbild tragen. Diese sind vornehmlich an den äußeren Hinterläufen oder/und auf der Blumenunterseite zu finden. Weiße Flecken/Stellen an den Innenseiten der Läufe oder im Bereich des Bauches sind keine Seltenheit, selbst angedeutete Schoßflecken, die nun gar nicht zum Japaner gehören, habe ich schon gesehen.

Selbst Holländer-Züchter, die in den Anfängen ihrer Zucht des japanerfarbenen Schlages standen, werden bestätigen, dass die Zeich-

Japanerkaninchen. *Foto: Eknigk*

nungsbilder nicht selten solche Fehler aufweisen, wie grau-weiße Durchsetzungen im Schwarzbereich der Hinterpartie des Tieres, weiße Blumenspitze. Es soll nicht verschwiegen sein, auch ich gehörte zu den Anfängern, die das Problem durchlebt haben.

Bei den Japanerzüchtern gibt es noch das scheinbar unlösbare Problem „Weiß am Bauch". Der Wildfarbigkeitsfaktor ist hartnäckig und das ist irgendwie doch verständlich. Wenn er krass in Erscheinung tritt, fallen am Kopf neben einer blassen Gelbtönung leichte weiße Naseneinfassungen und/oder angedeutete Augenringe auf. Solche Weißerscheinungen können Ausdruck vorhandener Wildfarbigkeit G sein.

Die erstmals in Paris gezeigten Japanerkaninchen dürften nach alten Farbbeschreibungen die Erbanlage $Ab^{j}CDG/Ab^{j}CDG$ verkörpert haben und gelten als der Mutationstyp. Angestrebt wird aber eine Japanerfarbigkeit ohne Wildfarbigkeit nach dem Erbschema $Ab^{j}CDg/Ab^{j}CDg$. Ich will nicht sagen, dieses Ziel sei gar nicht erreicht. Nein, passend zum vorherigen Thema der „roten Rassen" wird hier bewiesen, wie intensiv und hartnäckig G neben einem gleich lautenden Allelenpaar g/g als Gen mit einfachem Chromosomensatz (haploid) bestehen und mitwirken kann. Von erfahrenen Züchtern, die seit Jahren, ja Jahrzehnten Japanerkaninchen erfolgreich züchten, weiß ich, diese Schwierigkeit kann auch in Linienzuchten immer einmal auftreten. Meist bestätigt sich auch, Tiere, deren Farbverteilung überwiegend zum helleren Gelb oder zum so genannten Geblümt tendiert, beweisen in einer Folgezucht Anzeichen für das Vorhandensein des G-Faktors. Tiere mit klaren, satten schwarzen und gelben, gegebenenfalls auch mit satten geblümten Farbfeldern werden daher bevorzugt in die Folgezucht gestellt. Wenn auch das Zeichnungsbild idealerweise einem schwarz-gelben Schachbrettmuster gleichen soll, so bestimmt hier der Züchter anhand von körperlichen wie auch für die Zucht effizienten Vorzügen, inwieweit diese so genannten geblümten Rassevertreter für die Zucht geeignet sind.

In einem Beitrag „Kleine Genetikschule" im DKZ[13] nannte ich die Fehler, welche zum Ausschluss bei den Japanern führen. Ich belasse es dabei, um neuen Zuchtfreunden nicht den Mut zu nehmen, sollte der eine oder andere Interessent sich für die Japanerzucht entschieden haben. Doch vielleicht hilft es der Rassewerbung, wenn ich hinzufüge: Es gibt unter unseren Rassekaninchen keine absolut züchterisch „leichte" Rasse. In einer ernsthaft betriebenen Zucht kristallisieren sich immer positive wie negative Erscheinungen heraus. Wir haben es nun mal nicht mit Retorten-Individuen zu tun, sondern mit einer ganz natürlichen Mischung im Rahmen der Vererbung.

Auch dies muss gesagt werden: Theorie und Praxis sind niemals so leicht auf einen Nenner zu bringen, wie es je in Formelvergleichen dargestellt wird. Das fällt uns meistens erst so richtig auf, wenn wir Fälle erleben, bei denen es auf Dominanzwirkungen bereits mutierter (veränderter) Grundfaktoren ankommt. Beispiele dafür sind ebensolche Dinge wie hier die Dominanz(mit)wirkung von G bei den Japanern oder bei den roten Rassen beschrieben.

Die Funktion des b^j-Faktors besteht hauptsächlich darin, wieder so etwas wie eine Brücke von dunklem Pigment B und dem einheitlichen Gelb (g) zu schlagen und dabei die Farben Schwarz und Gelb strikt zu trennen. Dieser Faktor der ersten Mutationsstufe in der B-Serie nimmt folglich eine solche Mittelstellung ein, wie wir sie bereits mit anderem Wirkungsergebnis beim Lohfaktor kennen lernten.

Zum besseren Verständnis sollen die Unterschiede der Merkmale beider Stufen der B-Serie gegenübergestellt werden.

Bei dem einfarbigen Gelb (bg/bg, Thüringerfarbe) erstreckt sich die gelbe/gelbrote Deckfarbe über den gesamten Tierkörper. Die nicht scharf abgrenzende Unterfarbe bestätigt die Einfarbigkeit. Rußige Abzeichen und dunkle Grannen überziehen die Decke. Die Möglichkeit der Bildung schwarzer beziehungsweise rußiger Haare bleibt durch die b-Mutation unangefochten, denn die noch immer stark wirkenden Bestandteile Schwarz (C) und die Dichte der Schwarzeinlagerung (D) sind uneingeschränkt.

Das reine Gelb (bg/bg, die bekannte Thüringerfarbe) ist aber bei b^j noch nicht erreicht. Das dunkle Pigment – so unsinnig das beim Betrachten eines Japanerkaninchens auch klingen mag – ist bereits in seiner Kraft reduziert. Lax gesagt, kann sich das von dem Mutationsschritt unbetroffene Schwarz C aber nicht ungehemmt über das Gelb ausbreiten.

Ausgehend von der Kraft der Wirkungsweise der Faktoren C und D bei dem Farbbeispiel der Thüringer, bleiben C und D auch bei der Stufe Japanerfaktor von der neuen Konstellation innerhalb der B-Serie unangetastet. Nur bekommen sie in dieser veränderten Form b^j jeweils ihren besonderen Platz zugewiesen. Das Klein-b^j liefert sozusagen gewisse Trennungsinformationen an die Farbgebungen Schwarz und Gelb, welche diese beiden Farben dann auch umsetzen. Das heißt, beide Farben sind schon der Einfarbigkeit zuzuordnen und bleiben nebeneinander, eigenständig und diese Flächen bildend wirksam.

Diese Tatsache unterstreicht auch das zuvor Gesagte, den Wildfarbigkeitsfaktor betreffend. Denn eine nicht unwesentliche Rolle spielt gerade bei der Farb- und Zeichnungsgestaltung der Japanerkaninchen (auch bei dem gleichnamigen Farbenschlag der Holländer) der eigentlich verborgene, zurücktretende Faktor g. Eine spannende Geschichte: Wie gelingt es Klein-g, eine starke Mannschaft (g/g) zu bilden und gegen einen möglichen, heimlich im Hintergrund wirkenden, aber nicht selten in einfacher (haploider) Form vorhandenen Dominanzfaktor G anzutreten? Die Natur macht es möglich, dass auch der kleine Mann zum Zuge kommt, ein Faktorenkampf in der Biologie sozusagen. Auch zurücktretende, nicht in Erscheinung tretende, rezessive Faktoren können einem vorherrschenden Gen die Kraft und damit dessen Wirkung beschränken oder gar ausschalten. Solche bislang in einer Erbinformation vorhandene, aber verdrängte Klein-g müssen sich folglich addieren, anhäufen, Allelepaare bilden, um gegen mögliche dominante Faktoren wirkungsvoll anzutreten.

Bezogen auf den oben genannten, heimtückisch wirkenden Gegenspieler in den Japanerzuchten – den Wildfarbigkeitsfaktor G – wäre zu sagen: Bekommen die Faktoren g/g die genetische Unterstützung, eine G-Mitwirkung weitestgehend zu unterbinden, dann sind diese beiden Farbflächen Schwarz und Gelb auch klar, kräftig und sauber zu erwarten.

In den Fällen, da der Wildfarbigkeitsfaktor noch mitwirken darf oder kann, ist das Additionsverhältnis von g/g zu gering und es kommt zu diesen weißen bis grau-schwarzen Nebenerscheinungen vornehmlich in den Bereichen der sonstigen beim Wildtyp genannten Körperzonierungen.

Der theoretische Weg für diese G-Verdrängung wäre, in den Japanerzuchten vorrangig – zur Merzung des Übels G – farblich intensive Tiere in die Zucht zu stellen. Klar, es ist leichter gesagt als getan, weil eben in diesen Zuchten (H und J) neben der Farbintensität gleichzeitig mehrere Zuchtziele beachtet werden müssen. Einmal sind dies die Anzahl der Felder sowie das möglichst kreuzweise, schwarz-gelbe schachbrettartig angeordnete Zeichnungsbild (geht man dabei vom angestrebten Ideal aus). Hinzu kommen die standardisierten Anforderungen an die Konstitutionen der einschlägigen Rassen Japaner- und Holländerkaninchen.

Ich möchte eine Lanze für die Züchter von Japanerkaninchen brechen. Und sollten Sie, verehrte Zuchtfreunde und Leser, einmal eine weniger gut bewertete Kollektion dieser Tiere in den Ausstellungen sehen, urteilen Sie nicht negativ, sondern achten Sie des Züchters Fleiß und Ausdauer, die gleichfalls für die Liebe zum Tier sprechen dürften.

Die aufgezeigten Schwierigkeiten machen das Züchten nicht leicht, und man ist geradezu froh, wenn Weiß nur im Rahmen des Erlaubten auftritt. Verständlich, ein Züchter ist nicht glücklich darüber, wenn in den Ställen viele schöne Japanerkaninchen sitzen, die er dann nicht in Ausstellungen präsentieren kann, weil sie gewisse weiße Fehler tragen. Doch es muss auch gesagt werden, dass die Einschränkungen im 97er-Standard hinsichtlich der Position 5 – Rumpfzeichnung, letzter Satz „Am Bauch, an der Innenseite der Läufe und der Unterseite der Blume sind weiße Stellen gestattet“[14] keinem Züchter helfen, von dem seit Jahrzehnten vermaledeiten Weiß wegzukommen.

Züchterische Erleichterung bringt das mit Sicherheit nicht, denn dies fördert eine Addition weißer Ursachen, die einmal der erbbiologischen Geschichte der Japaner zu Grunde liegen (Durchdringen der Wildfarbigkeit neben dem gewünschten g/g).

„... Weiße Flecken an den sichtbaren oberen Körperteilen; weiße Abzeichen an der Nase oder an den Zehen. ... farblose Krallen“[15] sind gemäß dem 97er-Richtwerk namens Standard „schwere Fehler“, die schon bei ersten, geringen Anzeichen gemerzt werden müssen. Das hat aber meines Erachtens weniger mit dem Wildfarbigkeitsfaktor zu tun als mit der Möglichkeit, hier hat der Holländerfaktor, wie teilweise auch bei einfarbigen Tieren, sein Wirkungsfeld gefunden (siehe Abschnitt „Unerwünschter Holländerfaktor“).

Laufen wir doch nicht mit Scheuklappen durch die Ausstellungen. Wie viele gute bis sehr gute Tiere treffen wir doch an, deren nicht kreuzweise geteilte Kopf-Ohren-Zeichnung, durchsetzte Farbfelder oder fast einfarbige Brustfarben mit Punktabzügen quittiert werden, obwohl viele solcher Tiere, rein farblich betrachtet, eine vorzügliche Farbintensität ohne Weißvorkommen besitzen. Der Preisrichter beurteilt nach dem Regelwerk, ihm ist kein Unvermögen anzulasten. Aber ist es nicht schade, wenn Tiere mit dem Hang zum „Blümchen“ im Fellkleid hinter die Gestreiften mit Weißvorkommen im erlaubten Bereich zurücktreten müssen?

Gestandene Japaner-Züchter wissen, dass auch die „Hippies der Japaner-Kaninchen“ ihre Vorzüge haben und in den Zuchten gebraucht werden.

Das Rhönkaninchen

Bei der Rasse „Rhönkaninchen“ treffen wir erneut auf den Faktor b^j. Er ist das Instrument, welches die Farben im Haarkleid unserer Hobbytiere zu teilen vermag. In der Kombination Japaner- und Chinchillakaninchen waren zunächst die jeweils reinerbigen Faktorenpaare b^j und a^{chi} die farb- und zeichnungsbestimmenden Grundvoraussetzungen zur Schaffung dieser äußerst interessanten Kaninchenrasse mit einem eigenwilligen Erscheinungsbild. Die Zielstellung des Herauszüchters Karl Becker aus Stadtlengsfeld bestand darin, ein aufgelockertes, dennoch kontrastreiches Zeichnungsbild zu erhalten. Nicht die angestrebte, regelmäßige Flächenaufteilung in klaren Streifen des Japanerkaninchens war das Züchtungsziel, sondern eine Zeichnung aus schwarzen und grau-weißen Streifen, Flecken und Spritzern sowie teilweise Flecken à la chin auf weißer Grundfarbe. Bekannt wurde das muntere Zeichnungsbild unter der vergleichsweisen Vorstellung

0,1 Rhönkaninchen (H.-H. Böger, Langen). *Foto: B & S Fotostudio*

einer dem Birkenstamm ähnlichen Farbverteilung. Die Zeichnungsfarbe soll den gesamten Körper – einbezogen sind Kopf, Ohren und Läufe – erfassen, wobei eine Anlehnung der Streifen an das klare Zeichnungsbild unserer Japanerkaninchen verpönt ist. Die Blume kann einfarbig weiß oder auch schwarzgrau sein. Die schachbrettartige Flächenbildung, die uns im Idealfall bei den Japanerkaninchen zur Freude gereicht, ist bei dem Rhönkaninchen unerwünscht.

Die Geschichte der Herauszüchtung spielt oftmals eine wesentliche Rolle in der späteren Zucht. Nach Aussagen des Zuchtfreundes Reiner Becker jun. bildeten vorrangig japanerfarbige Kaninchen mit einer aufgelockerten und geblümten gelb-schwarzen Farbaufteilung und Chinchilla die Basis für die Herauszüchtung.

Zweimal Japanerfaktor und trotzdem verschiedene Vorstellungen zu den Farb- und Zeichnungsbildern? Was brauchen wir also an genetischen Grundlagen, um die Rhönfarbe zu erhalten?

Zuerst wieder einmal die unumgänglichen Formeln als bildliche Darstellung, was da im erbbiologischen Sinn geschehen beziehungsweise passiert ist:

Chinchilla:	$a^{chi}BCDG/a^{chi}BCDG$
Japaner:	$Ab^{j}CDg/Ab^{j}CDg$
Rhönkaninchen:	$a^{chi}b^{j}CDG/a^{chi}b^{j}CDg$, angestrebt wird
	$a^{chi}b^{j}CDg/a^{chi}b^{j}CDg$

Da die beiden Ausgangsrassen Japaner und Chinchilla dieses neue genetische Farbbild bestimmen, schnell einen Blick zurück zu der Besonderheit der Wirkungsweise des Mutationsfaktors a^{chi}. Hier haben wir uns die Eselsbrücke „Wildfell minus Gelb“ geschaffen, jegliches Gelb im Kaninchenfell wird zum Weiß. Als Zweites benötigen wir die „Teilungsinformation“ des b^{j}-Faktors, der beim Japanerkaninchen die gelben und schwarzen Farben in Flächen aufteilt. Beim Zusammentreffen b^{j} und a^{chi} wird das Ganze zu einem schwarz-weißen Flächengebilde. Damit aber nicht die exakte und ungewollt klare Flächenaufteilung wie bei den Japanerkaninchen erzielt wird, muss m. E. hier nicht die absolute Einfarbigkeit $a^{chi}b^{j}CDg/a^{chi}b^{j}CDg$ angestrebt werden, wie bei der Übersicht der Erbgrundlagen dargestellt ist.

Wir haben es bei den Japanerkaninchen erfahren, wie klar die Farbfelder erscheinen können, wenn eine möglichst hohe Reinerbigkeit im Bereich g/g erreicht ist. Diesen Vorzug brauchen die Rhönkaninchen nicht, denn hier ist „Unordnung“ im Zeichnungsbild gewollt. Die bringt der Wildfarbigkeitsfaktor G mit sich, folglich müsste die anzustrebende Erbgrundlage $a^{chi}b^{j}CDG/a^{chi}b^{j}CDg$ (spalterbig bezüglich der Anlage für Wildfarbigkeit) optimal sein.

Dieser Überlegung steht die Erfahrung und Praxis der Rhönkaninchen-Züchter entgegen. Reiner Becker jun. ist überzeugt, dass eine Festlegung, welche Form der Wildfarbigkeits-Serie G → g^0 → g speziell das Rassebild beeinflusst, für das Zeichnungsbild unbedeutend sei.

Magpie Harlequins

Gehen wir davon aus, dass die von Alfred Franke in einer Lehrschrift zum Thema „Rhönkaninchen" des VKSK erwähnte englische Rasse Magpie, die in der Übersetzung „Elster" heißt, die Erbformel $a^{chi}b^{j}CDg/a^{chi}b^{j}CDg$ trägt. Folglich müsste sie eher klare schwarze und weiße Farbfelder, entsprechend der Zeichnungsmerkmale bei Japanerkaninchen aufweisen.

Meine Vermutung bestätigte sich beim Besuch entsprechender Internet-Seiten nur teilweise. Ich wurde unter anderem bei den Clubs „American Harlequin Rabbit Club" und „Holland Lop Rabbit Speciality Club" fündig. Die „Magpie Harlequins" gibt es beispielsweise in Lilac, Chocolate, Black and Withe und Blue. Die Farbverteilungen entsprechen denen der Japanerkaninchen mit einer klaren Felderbildung, kreuzweise angeordnet. Es sind auch Tiere zu sehen, die geblümte Zeichnungsmerkmale und Zeichnungsmerkmale der Rhönkaninchen präsentieren.

Auch diese Tatsache bestärkt mich in der Schlussfolgerung, dass die Rhönkaninchen nicht konstant die Erbformel $a^{chi}b^{j}CDg/a^{chi}b^{j}CDg$ analog der „black and withe Magpie" tragen, sondern es hier zur gelegentlichen Mitwirkung der Wildfarbigkeit kommen muss, und auch das Heraushalten einer leichten Scheckung bleibt logisch, damit sich bei den Rhönkaninchen keine absolute Gradlinigkeit in der Zeichnung durchsetzen kann.

Die Rheinische Schecke

Eine dritte Rasse, bei der der b^{j}-Faktor eine die Zeichnung prägende Rolle spielt, ist die Rheinische Schecke.

Ihre Erbanlage lautet $Ab^{j}CDgk/Ab^{j}CDgK$.

Während wir beim Japanerkaninchen vorrangig schwarze und gelbe Streifen und abgesehen von der Farbgrundlage beim Rhönkaninchen Spritzer, Flecken und aufgelockerte Streifen am gesamten Körper vorfinden, scheint sich das dritte Beispiel nahezu als Außenseiter darzustellen. Wir erkennen in der Formel die neuen Buchstaben k/K. Sie sind Ausdruck für die Wirkungsweise der so genannten Punktscheckung, die wir genauer im nächsten Kapitel besprechen werden.

Herausgezüchtet wurde die Rheinische Schecke zu Beginn des 20. Jahrhunderts, wie es der Name sagt, im Rheinland. In der ehemaligen DDR wurde die Rasse der „sozialistischen Namensgebung" unterzogen und hieß bis zum Erscheinen des Einheitsstandards „Dreifarbenschecke“. Der genetischen Herkunft war damit allerdings kein Abbruch getan, die laut Dr. Dorn in der Kreuzung schwarz-weißer Kaninchen, Japanerkaninchen und leuzistisch weißer Tiere begründet war. In seinem Buch „Rassekaninchenzucht“ beschreibt Dr. Dorn, wie umstritten das Zeichnungsbild der Rheinischen Schecke gewesen sei. Die ersten Tiere sollen noch eine „Mantelzeichnung“ gehabt haben. Einen weiteren Streitpunkt bildete dann die Frage: Soll es im Endergebnis die Zeichnung der Deutschen Riesen-Schecke oder die Kettenzeichnung der Englischen Schecke sein? Anzumerken ist, alle drei Zeichnungsbilder, Mantel-, Ketten- und Riesen-Schecken-Zeichnung, unterliegen der Punktscheckung k/K. Der erste Sächsische Züchterclub, der sich 1910 gründete, widmete sich dieser Rasse in ihren Anfängen und gestaltete sie so, wie wir sie als standardisierte Rheinische Schecke heute kennen.

Und wie setzt sich nun der Mix dieser neuen Schöpfung „RhSch“ zusammen?

„Schwarz-weiße Kaninchen“ sind eine Aussage für das Vorhandensein einer Scheckung. Um welche Scheckung es sich damals handelte, sagt uns Dr. Dorn mit dem Hinweis, die ersten Rheinischen Schecken hätten eine Mantelzeichnung getragen. Das heißt, sie unterlagen der Punktscheckung k/K. Wir haben für den Cocktail nun schon das Schwarz (g/g) und die k/K-Anlage, fehlt noch der Faktor b^j, der von den Japanerkaninchen erbracht wird:

ABCDgk/ABCDgK = schwarz-weiß, gescheckt
Ab^jCDg/Ab^jCDg = japanerfarbig
Ab^jCDgk/Ab^jCDgK = japanerfarbig, gescheckt (Rheinische Schecke).

Die Vererbung der Rheinischen Schecke erfolgt, wie beim Marderkaninchen beschrieben, nach dem intermediären Erbgang, dem Spaltungsgesetz, und das bedeutet, der ausstellungsfähige Typ der Rheinischen Schecke ist eine Bastardform. Daneben fallen reinerbige, japanerfarbige, nicht gescheckte Nachkommen und reinerbige Jungtiere, die in der Punktscheckenzucht „Weißling“ beziehungsweise „Chaplin““ genannt werden. Auch dazu mehr im einschlägigen Thema.

Ein Vergleich zwischen Japanerkaninchen und Rheinischer Schecke ergibt also, dass beide Rassen bei der Farbgebung der Behaarung der B-Zwischenstufe „b^j“ unterliegen.

Mit der Rheinischen Schecke verfolgte man den Zweck, die Japanerfarbe und -zeichnung so weit zu dezimieren, dass sowohl schwarze und gelbe Punkte die Seitenzeichnung bilden und sich die typischen schwarz-gelben Farben auch in den weiteren Zeichnungsfeldern (Schmetterling, Backenpunkte, Augeneinfassung, Ohren) der Schecke wiederfinden.

Die Punkt- oder Fleckenscheckung

Es muss ein Kaninchenmuffel sein, wer den Scheckenrassen nicht ihre spezielle Schönheit bestätigt. Nun gut, über Geschmack lässt sich bekanntlich nicht streiten, doch Scheckenzucht ist eine interessante Zuchtrichtung.

Betrachtet man die Scheckenrassen insgesamt einmal genauer, fallen vier verschiedene Zeichnungs-„Spezialitäten“ auf:
- Die robuste Zeichnung der Deutschen Riesen-Schecke,
- die feine „klassische“ Zeichnung der Englischen Schecke,
- die geschlossene Mantelzeichnung der Mecklenburger Schecke und das „Nur-Punkte-Bild“ der Dalmatiner-Scheckung.

Die Rassenpalette und die Scheckungsbilder sind breit. Die Besonderheiten der Zeichnungen sind rassespezifisch standardisiert. Be-

1,0 Klein-Schecken, blau-weiß (J. Braun, Neuhausen). *Foto: B & S Fotostudio*

geben wir uns auf einen Streifzug: Die Mecklenburger Schecke ist eine junge Rasse, während die Punktscheckung in Mantelform selbst eine lange Geschichte hat, also schon bei Gehegekaninchen vorkam. Der Name sagt es, der Scheckungsfaktor gestattet der jeweiligen Zeichnungsfarbe, sich wie ein Mantel über das Tier auszubreiten und die weiße Grundfarbe nur minimal in Erscheinung treten zu lassen.

Die Englische Schecke gehört dagegen zu den ältesten Scheckenrassen, die in England aus gescheckten Landkaninchen entstand, um 1900 nach Deutschland kam und hier schnell ihre Liebhaber fand. Die fein strukturierten Zeichnungsmerkmale und dabei das klare Zeichnungsbild auf weißem Grund erscheinen ausgewogen und ausgereift zur kleinen Rasse „Englische Schecke" passend.

Josef Heintz aus Grevenbroich/Rheinland schuf die dreifarbige Schönheit – die schon erwähnte Rheinische Schecke. Sie gilt seit 1905 als anerkannt. Eine attraktive und zugleich spannende Rasse, was ihre erbbiologische Grundlage für die Farbbildung betrifft. Dreifarbig ist sie deshalb, weil hier Schwarz und Gelb scheinbar wahllos, auf Punkte, Aalstrich, Schmetterling und Ohren verteilt, die weiße Grundfarbe durchbrechen.

Nur drei Jahre jünger als die Schönheit aus dem Rheinland ist die ebenfalls interessante Rasse Deutsche Riesen-Schecke. Das Scheckungsbild passt zu der Größe und lässt diesen Riesen nahezu elegant

 1,0 Mecklenburger Schecken, schwarz-weiß (W. Ackermann, Weißenstadt).
Foto: B & S Fotostudio

wirken. 1908 wurde sie, von Todt aus Mühlheim herausgezüchtet, als Rasse anerkannt. Die Grundlage für diese Rassebildung sollen belgische Landkaninchen und gescheckte Riesen gebildet haben.

Und dann ist da noch ein kleiner Rassevertreter mit einer nicht so edlen Punktscheckung, wie wir sie von der zarten, aparten Englischen Schecke kennen. Es ist die Klein-Schecke, in der ehemaligen DDR als Tschechische Schecke gezüchtet, die mit einer vergleichsweise gröberen Zeichnung ausgestattet ist, aber den Typ der kleinen kompakten Rasse durchaus passend unterstreicht.

Im Bereich der Farbgenetik werden diese fünf Beispielsrassen gar nicht mehr so unterschiedlich zu betrachten sein. Denn aus genetischer Sicht gilt für alle Rassen der Rubrik „Punkt-Schecken“ die jeweilige Erbformel für die Farben der analogen Kaninchenrassen.

Auch hier wieder Beispiele:

- Deutsche Riesen-Schecke, schwarz-weiß
  ABCDg/ABCDg (schwarz) + Scheckung k/K =
  ABCDgk/ABCDgK (schwarz-weiß)
- Rheinische Schecke, erscheint schwarz-weiß-gelb
  $Ab^{j}CDg/Ab^{j}CDg$ (japanerfarbig) + Scheckung k/K =
  $Ab^{j}CDgk/Ab^{j}CDgK$ (schwarz-weiß-gelb)
- Englische Schecke, madagaskarfarbig-weiß (thüringerfarbig-weiß)
  AbCDg/AbCDg (thüringerfarbig) + Scheckung k/K =
  AbCDgk/AbCDgK (thüringerfarbig-weiß)
- Deutsche Widder, grau-weiß
  ABCDG/ABCDG (schwarzwildfarbig bzw. grau) + Scheckung k/K =
  ABCDGk/ABCDGK (grau-weiß)
- Klein-Schecke, havannafarbig-weiß
  ABcDg/ABcDg (havannafarbig) + Scheckung k/K =
  ABcDgk/AbcDgK (havannafarbig-weiß)

Das Farbenspiel der Gescheckten ist somit in allen reinen Kaninchenfarben möglich, bleibt jedoch auf die jeweilig zugelassenen Farbenschläge der einzelnen Rassen beschränkt. Bei der Auslese und Beurteilung muss die entsprechende Farbe der jeweiligen „ganz gefärbten Rasse“ zu Grunde gelegt werden. Das heißt, anhand des Beispiels der Rheinischen Schecke, gelbe und schwarze Punkte in der Seitenzeichnung sind nicht nur zu erwarten, sondern gefordert. Wir erkennen und akzeptieren dies, während der Aalstrich gelb-schwarz, die Ohren auch mal geblümt und der Schmetterling in der Flügelfarbe einschließlich des Dorns den Japanerfarbcharakter erkennen lässt. Auch die Augenringe müssen nicht identisch gelb oder schwarz, sondern können beispielsweise rechts gelb und links schwarz gefärbt sein.

Dagegen ist bei der Englischen Schecke, ausgehend vom Beispiel thüringerfarbig-weiß, ein dunkler Schmetterling, ein gelb-rußiger Aalstrich zu erwarten, während die Seitenzeichnung (Kette) durchaus in Gelb mit geringem Ruß zu erwarten ist.

Bei Schecken in den Farbenschlägen Blau-Weiß, Havannafarbig-Weiß oder Schwarz-Weiß sind die Zeichnungsmerkmale in den klaren Farben gefordert. Eine Durchsetzung durch weiße oder anders gefärbte Haare ist nicht das Zuchtziel.

Wie entsteht die Zeichnung?

In den bereits als Beispiel dargestellten Erbformeln erkennen wir die neuen symbolisierenden Buchstaben K und k, wobei hier K als der Scheckungsfaktor anzusehen ist. Er ist wieder ein zusätzlicher, dominanter und verändernder Faktor im Themenbereich Fellfarbe. Seine Wirkungsweise besteht im eigentlichen Sinne darin, in der Nichtscheckung eine Bildung von Farbe flächenartig zu verhindern. Das heißt, die Anlage für eine am gesamten Tier durchgängig gefärbte Behaarung wird gestört. Das Außergewöhnliche bei der Punktscheckung (die mancherorts auch Flecken- oder englische Scheckung genannt wird) ist, dass sie konsequent über die Farbausbildung dominiert. Obwohl der K-Faktor dominant ist, benötigt er doch zur Entstehung der so genannten Typschecken seinen kleinen Bruder k. Diese Form der Zeichnung entsteht im Sinne der gesetzmäßigen Spalterbigkeit, entsprechend der zweiten Regel nach Mendel. Sie wird auch intermediäre (ein Zwischenglied bildende) Vererbung genannt, wie sie bereits bei den Marderkaninchen beschrieben ist. Dabei ist es ganz gleich, welche reinerbige Farbe das Zeichnungsbild aufweist, die Spalterbigkeit (Heterozygotie) bezieht sich ganz allein auf die Ausbildung der Scheckung. Bezüglich der jeweiligen Farbe einer Scheckenrasse muss dann unbedingt die Reinerbigkeit vorausgesetzt werden.

Nehmen wir als Formelbeispiel die Englische Schecke, schwarz-weiß = ABCDgk/ABCDgK. Geht man von der Farbanlage aus, wird erkennbar, es handelt sich um ein schwarzes Tier ABCDg/ABCDg. Die Paarung k/K sagt aus, die Anlage für Scheckung ist mit Groß-K nur einmal gegeben. Das wäre (vorausgesetzt, die standardisierte Zeichnung wäre vollkommen) die so genannte typische Schecke (Typschecke), wie wir sie in den Ausstellungen sehen. Sie ist aber auch mit dem Scheckungsfaktorenpaar k/K das spalterbige Produkt der Züchtung.

Verpaaren wir nun zwei Typvertreter eines schwarzen Farbenschlags miteinander ABCDgK/ABCDgk, dann erhalten wir in der F_1-Generation rein theoretisch
- einen Teil (25 %) reinerbige Schecken (K/K) ABCDgK/ABCDgK
- zwei Teile (50 %) spalterbige Typschecken (K/k) ABCDgK/ABCDgk

und
- einen Teil (25 %) reinerbige, ungescheckte, schwarze Tiere (k/k) ABCDgk/ABCDgk.
- Was von der prozentualen Aufspaltung in der Theorie zu halten ist, erklärte ich bereits auf den ersten Seiten bei der Abhandlung Eisengrau (vgl. „Merksatz“).

Die Spalterbigkeit im Bereich der Scheckung ist gesetzmäßig. Diese Gesetzmäßigkeit verläuft dann in gewisser Weise auch in einer Art der Reinerbigkeit. Das heißt, die Scheckung nimmt weder Einfluss auf die Farbentwicklung noch wird aus einem punktierten Zeichnungsbild von ganz allein eine Mantelzeichnung. „Von ganz allein“ heißt, dass in einer rassereinen Zucht nur die Punkte/Flecken durch eine andere Scheckungsform verändert werden können, wenn der Mensch, der Züchter, eine andere Scheckungsform ins züchterische Spiel einbringt.

Die Besonderheit der spalterbigen Scheckungsvererbung ist erforderlich. Die Reinerbigkeit der Punktscheckung hat nämlich Folgen.

Einmal weisen Tiere mit der reinerbigen Anlage K/K nur noch geringe Farbanteile auf, die Zeichnung selbst ist im hohen Maße unterdrückt. Man nennt diese K/K-Träger in der Züchtersprache „Weißling“ oder „Chaplin“. Andererseits gelten diese Weißlinge als wenig bis gar nicht lebensfähig.

Die ungescheckten (voll ausgefärbten) und mit 25 Prozent angegebenen schwarzen Nachkommen aus dem Beispiel sind reinerbig. Untereinander verpaart, sind sie nur in der Lage, weiterhin schwarze, ungescheckte Nachkommen zu zeugen. Trotzdem muss nicht jedes schwarze Produkt in die Pfanne. Deshalb bleiben wir noch bei dem Rechenbeispiel, nach dem der Weg, aus der ersten Nachzuchtgeneration nur Typschecken zu erhalten, durchaus möglich wäre. Dazu verpaart man ein solches reinerbiges, einfarbig schwarzes Tier (k/k) der Beispiels-F_1 mit einem so genannten Weißling (K/K) dieser Generation.

K/K Weißling (mit der Farbanlage schwarz)	×	k/k schwarzes Tier (aus der Scheckungzucht gewonnen)

Das ergibt eine Nachzucht von 100 Prozent schwarz-weißen Typschecken = K/k.

Wäre ja einfach, mag mancher sagen, der nicht in der Materie steht. Doch ein erfahrener Züchter lehnt die Verwendung von Weißlingen in der Zucht ab, weil generell die Meinung herrscht, Chaplins seien nicht lebens- und zuchtfähig. Das resultiert daraus, der dominante Scheckungsfaktor K ist mit einem so genannten Letalfaktor (durch eine Gen-, Genom- oder Chromosomenmutation entstandene, krankhafte

Erbanlage, die zum Ausfall einer lebenswichtigen Funktion und daher bereits in der Entwicklung zum Tode des betroffenen Lebewesens führt) gekoppelt.

Man versteht global unter Letalfaktoren „mendelnde“, nach den Vererbungsregeln Mendels in Erscheinung tretende, folglich aufspaltende Erbeinheiten, die zum Tode des Trägerlebewesens führen können, bevor dies die Geschlechtreife erlangt hat.[16]

Aber, verehrte Zuchtfreunde, nichts ist in der Genetik der Fauna für einen Laien, wie wir Züchter es im Rahmen der riesigen Thematik eben sind, absolut berechenbar.

Erbkrankheiten, wie die Letale, sind in den meisten Fällen monogen, das heißt, sie werden meist von einem Gen beeinflusst beziehungsweise durch ein Gen verursacht. Es gibt zudem Gene, die nur an wenige Genorte gebunden sind. Der Scheckenfaktor K ist so ein Gen, das die Wissenschaftler Oligogen nennen. Zitat: „Erbkrankheiten sind in den meisten Fällen monogen oder durch Oligogene an nur wenige Loci (Orte, Stellen, umschriebene Bereiche, H. E.) bedingt, die sich in der Regel ohne zusätzliche exogene (außen stehende, außen wirkende, umweltbedingte; H. E.) Einflüsse manifestieren und eine diskontinuierliche (aussetzende, unterbrochene, zusammenhanglose) Variation bewirken.“[17]

Ein Oligogen ist nach dieser Erklärung ein Hauptgen mit qualitativer Wirkung, das seinen Wert durch zahlreiche, unselbstständige, sich häufende Nebengene (Modifikationsgene) quantitativ (mengenmäßig) verändern kann. Das wiederum kann heißen: Mit den Erbinformationen erhält jedes Individuum auch eine genetische Information, wonach bestimmte Merkmale erst durch entsprechende Umweltbedingungen ausgebildet werden können.

Einem Beispiel sind wir bereits begegnet; dem Kältereiz bei den Russenkaninchen. Ein weiteres Beispiel wären die Wachstumsgene. Sie bewirken nichts, wenn die Umwelt sie nicht fordert (Hunger).

Die quantitative Wirkung der Modifikationsgene kann ein bestimmtes Merkmal verstärken, abschwächen oder gar völlig unterdrücken. Wovon das abhängig ist? Jawohl, vom mengenmäßigen Vorhandensein solcher verändernden Gene und/oder von der Abhängigkeit entsprechender Umwelteinflüsse.

Und so finden wir diese Ergebnisse aus der erbbiologischen Forschung auch in unserem Züchteralltag bei dem Faktor K wieder. Diese Scheckungsart sei in einer krankhaften Veränderung im Enzymhaushalt der betreffenden Tiere begründet. Unter dem Suchwort „Letalfaktoren“ sind im Internet unterschiedlichste Angaben zu letalen Erbanlagen zu finden, die bei vielen Tieren (Wellensittichen, Meerschweinchen, Hunden, Kaninchen) und sogar beim Menschen vorkommen. Festzustellen war dabei, dass es nicht nur den einen Letalfaktor geben muss, sondern unterschiedliche Wirkungsformen wie beispielsweise geschlechtsgebundene oder auch „diabetesassoziierte“ (in der Humanbiologie: an die Krankheit Diabetes gebundene) Letalfaktoren. Bemerkenswert fand ich eine Internet-Headline eines Beitrags von Manuela Adler: Viele haben davon gehört, kaum einer kennt ihn: den Letalfaktor.

So erscheinen solche Aussagen durchaus bewiesen, die besagen, die tödlichen Ausgänge beim Vorhandensein der Scheckungsanlage K/K sind ebenfalls vom Wert der Wirkungskraft möglicher Nebengene abhängig. Somit lassen sich diese Genwirkungen durchaus in „Wirkungsklassen“ einteilen. Man spricht in der Fachliteratur von

- Letalfaktoren im strengen Sinn, wenn alle befallenen Tiere sterben,
- subletaler Wirkung, wenn mehr als 90 Prozent verenden,
- Semiletalfaktoren, wenn noch 50 Prozent der Jungen nicht die Geschlechtsreife erreichen,
- subvitalem Einfluss, wenn die Sterberate unter 50 Prozent beträgt.

Folglich muss nicht jeder Weißling/Chaplin dem Tode geweiht sein. Ist die Sterblichkeit dieser K/K-Träger, reiner Scheckentyp, in einer Population18 beispielsweise sehr gering, liegt möglicherweise weit unter diesen genannten 50 Prozent, bietet es sich sicherlich an, solche Weißlinge und die einfarbigen, ungescheckten Tiere aus der reinen Scheckenzucht wieder in die Zucht einzustellen. Mit dem Einzug der einfarbig schwarzen Nachzuchttiere würde einmal erreicht, dass bestimmte körperliche Vorzüge erhalten oder verbessert werden können, andererseits müsste diese Praxis zur Abschwächung bis hin zur Verdrängung der letalen Wirkungen beitragen. Diese Meinung mag umstritten sein, ich vertrete sie dennoch, denn positive wie negative Eigenschaften lassen sich einerseits züchterisch verdrängen oder hervorheben und andererseits sind bestimmte mutierte Eigenschaften sogar reparabel.

Inwieweit sich die so gewonnene Typschecke dann noch als standardisierte Vertreterin erweist, ist abhängig von der Durchsetzung der stabilen Anlage für ein exaktes Zeichnungsbild in der betreffenden Zucht. Und so lasse ich dieses Thema im Raum stehen, da wir am Kaninchenstall keine Erbforschung, sondern erstrangig eine vorbildliche Zucht betreiben wollen.

Tierschutz und Scheckenzucht

Der Tierschutz und die Scheckenzucht müssen sich nicht beißen. Als die Punktschecken, die alle auf der Grundlage der englischen Scheckung im Sinne intermediärer Aufspaltung (K/K, K/k, k/k) gezüchtet werden, einmal als Rasse anerkannt wurden[19] und die Züchterherzen höher schlagen ließen, weinte niemand um die so genannten Weißlinge, die das Alter der Geschlechts- oder Schlachtreife nicht erreichten. Es wurden schöne und interessante Rassen geschaffen, deren Herauszüchtern alle Ehre gebührt.

Natürlich ist mit dieser Punktscheckung (K/K) in der reinerbigen Form die Problematik der unterschiedlichen Wirkungsweise eines Letalfaktors verbunden, bei dem Prof. Nachtsheim von einer „Minderung der Lebensfähigkeit“, keinesfalls von einer absoluten Sterblichkeit, spricht. Auch andere Forscher Deutschlands publizierten sehr anschaulich, dass nicht jeder Weißling oder auch Chaplin mit seiner Geburt zum Tode verurteilt ist, weil diese Letale in unterschiedlichen Stärken im Genmaterial der Tiere enthalten sein können. Es ist deshalb nicht verständlich, wenn die Zuchten nach neuen Schemen aufgebaut werden, die unsere Scheckenzuchten ins Aus führen können, weil nach und nach die Züchter die Flinte ins Korn werfen werden. Die vorgeschriebenen Paarungen der in der Scheckenzucht fallenden einfarbigen Tiere (k/k) mit den so genannten Typschecken (Ausstellungstiere mit der Scheckenanlage K/k) wird ins Fiasko führen.

Begründung: Die Zeichnungsmerkmale werden sicherlich angehäuft, aber klare Zeichnungsbilder verschwinden. Wie lange das in einer Zucht dauern wird und in welchem Maße die ideale Zeichnung verschwindet, kann ohne lange praktische Erfahrung nicht vorausgesagt werden. Aber es wird so eintreten. Hier ist die Tierschutzgemeinschaft angehalten, von Wissenschaftlern und Züchtern zu lernen. Wir haben viele (Punkt-)Scheckenzüchter, die wieder Weißlinge in die Zucht einstellen, indem sie diese mit den einfarbigen Tieren aus ihrer Zucht verpaaren und ausstellungsfähige Typschecken erhalten. Zudem darf den Tierschützern gesagt werden, nicht in jedem Wurf einer Scheckenzucht befinden sich diese 25 Prozent Weißlinge. Es sind theoretische Ergebnisse aus Mendels Spaltungsregeln, die sich auf die Anzahl aller gezeugten Nachzuchttiere im Leben eines Kaninchenpaares beziehen. Unsere Scheckenzüchter praktizieren überwiegend eine Zuchtwahl der wechselnden Zuchtpaarzusammenstellung. Das bedeutet, die Weißlinge aus solchen Zuchten müssen nicht der höchsten Mortalität durch Letale unterliegen. Es ist m. E. für unsere Zuchten schon bedenklich, wenn Tierschützer über Dinge befinden und Gesetze erwirken, die unsere alten Rassen in ihrem Fortbestand gefährden.

Die Mantelscheckung

Worin begründet sich der sichtbare Unterschied der „klassischen" Schecken und der Mantelscheckung?

Nehmen wir auch wieder die aparte Englische Schecke und ein mantelgeschecktes Deutsches-Widder-Kaninchen. Mit Sicherheit wissen wir, beide Rassenvertreter vereint eins, nein, nicht die Größe, sondern: ABCDgK/ABCDgk, die Erbanlagen für die Farbe Schwarz und für die Scheckung.

Und doch ist das Aussehen beider Rassenvertreter sehr unterschiedlich. Da ist die zierliche Engländerin mit ihren feinen Zeichnungsmerkmalen an Kopf und Rumpf, während bei der Mantelzeichnung der Widderkopf überwiegend schwarz ist, manchmal ein „Schimmer" Blesse als Erinnerung an die Scheckung gesucht werden muss. Die Rumpfzeichnung gab der Scheckenart den Namen, denn wie ein Mantel legt sich die Zeichnungsfarbe auf die Körperdecke des Tieres. Die „Unterseite" des Tieres (Brust, Bauch, Läufe) bleibt überwiegend weiß und dokumentiert gleichzeitig die unterschiedliche Wirkungsweise des K-Faktors. Ich erwähnte, dass K über die Farbausbreitung dominiert, folglich wenig Farbanteile in der weißen Grundfarbe zulässt. Bei der Mantelzeichnung hingegen erkennen wir einen scheinbaren Widerspruch zu dieser Aussage. An anderen Stellen, wie beispielsweise anhand des rezessiven Rotverstärkerfaktors Klein-y, erklärte ich die Möglichkeit, dass sich verdrängte, verborgene, untergeordnete (also rezessive) Faktoren anhäufen können und so mit wachsender Durchsetzungskraft eine Dominanz erzwingen können. Bei der Mantelzeichnung ist das von mir bereits oftmals genannte Durchsetzungvermögen rezessiver Erbanlagen gegenüber einem Dominanzfaktor am sichtbarsten. Das Klein-k der Farbgestaltung hat sich addiert, verstärkt, um Zeichnungsfarbe zu erhalten und zu bewahren. In der reinen Zucht wird diese Mantelzeichnung immer ihre wiederkehrende Form beibehalten. Das prüfende Auge wird hinsichtlich der Zeichnungsmerkmale Unterschiede finden, die in diesem Fall meistens mit einer Auflockerung des Zeichnungsbildes einhergehen. Das aber ist ein Schwerpunkt in jeder Zucht, nämlich das Auslesen nach Schönheit.

Die Holländerscheckung

Die Holländer-, Gürtel- oder auch Plattenscheckung ist die älteste Mutationsform, die beim Wildtyp stattgefunden hat und durch frühere Gehegehaltung unbewusst gefestigt wurde. Die plötzliche Genveränderung fand nicht im Bereich der fünf Grundfaktoren für Entwicklung der Fellfarben statt, sondern auch hier gesellte sich ein Faktor (Klein-s) in das Erbgeschehen. Wir sehen, es ist kein Dominanzfaktor. Wir können davon ausgehen, dass der eigentliche Mutationstyp ein graues Kaninchen war: ABCDGs/ABCDGs = grau-weiß.

Leider weiß ich die Quelle nicht mehr, in der ich die widersprüchliche Angabe darüber fand, der gelbwildfarbige Holländer (AbCDGs/AbCDGs) sei der Mutationstyp für den Holländer-Faktor. Das kann ich bezüglich der Plattenscheckung auf keinen Fall bejahen, denn in der Geschichte und auf alten Bildern werden vorwiegend graue Tiere mit einer groben Scheckung benannt und dargestellt, die auf die Holländerscheckung verweisen. Spricht man beim gelb-weißen Holländer vom Mutationstyp, so trifft das meines Erachtens nur hinsichtlich der gelben Fellfarbe zu. Selbst die anderen Holländer-Farbenschläge sind keine reinen Mutationstypen, sondern durch Kombinationszuchten entstanden.

Aber was uns da der Zufall geschaffen hat, ist mit Blick auf die Rasse in ihrer Farbenvielfalt doch recht imposant. Die Kopf- und Rumpfzeichnungen, die das Hauptrassemerkmal darstellen, entlocken so manchem Betrachter ein anerkennendes „Ach guck mal“. Das Züchten dieser Rasse ist spannend und immer interessant. An die Ausprägung der Zeichnung insgesamt sind hohe Anforderungen geknüpft. Um die Kopfzeichnung, die Rumpfzeichnung sowie die Manschetten an den Hinterläufen „maßgerecht“ und fast erbfest zu halten, ist schon ein schönes Stück Arbeit erforderlich. Alle Zeichnungsmerkmale sollten von der weißen Grundfarbe scharf abgrenzen. Deshalb muss ich hier ein Wort zur Haarlänge sagen. Sie ist mittellang. Eine kürzere Behaarung unterstützt die markante Grenze des Zeichnungsbildes nicht, wie manche Züchter behaupten. Es ist die reichlich lange Granne, die den Übergang von Weiß zur jeweiligen Zeichnungsfarbe verschwommen wirken lässt. Eine sehr gute Haardichte ist wie bei allen Rassen, so auch beim Holländer, ein Qualitätsplus und bewirkt die Farbbrillanz.

Viele Farbenschläge fanden in der Holländerzucht ihre Anerkennung, die hinsichtlich der Farbe wie Tiere der jeweiligen Farbrassen zu beurteilen sind. Die Erbformeln bei den Holländerfarbenschlägen basieren auf den Erbanlagen der reinen Kaninchenrassen (der reinen Farben) mit dem Hinweis des kleinen s für die Plattenscheckung. Der gelbe Holländer „AbCDGs/AbCDGs" ist ein *gelbwildfarbiger* Typ, zu dem einfach die weißen Wildfarbigkeitsmerkmale gehören. Die Blumenunterseite, die Innenseiten der Läufe, die Bauchdeckfarbe sind weiß. Ein Hauch von Weiß findet sich als Merkmal der Wildfarbigkeit als Augenring wieder. Die Unterfarbe ist analog der Unterfarbe der Kleinsilber gelb. Andere Farbtöne würden darauf verweisen, dass hier andere Faktoren ins Spiel geraten sind.

Des gelb-weißen Holländers rein gelbes Gegenüber „AbCDgs/AbCDgs" ist nämlich der thüringerfarbige Typ. Bei ihm ist die Forderung nach einem geschlossenen Ring am Bauch berechtigt.

Wir haben im Laufe der gesamten Farbgenetik erkannt: rezessive (untergeordnete, verdeckte) Faktoren müssen stets paarig – von den Eltern vererbt – vorhanden sein, um wirken zu können. Oftmals genügt es aber nicht, wenn sie in einfacher Paarungsform (s/s) auftreten. Die Kraft eines solchen einfachen Genpaares reicht noch nicht aus, die daneben wirkende Dominanzform (S/S) in ihrer Eigenschaft zu verändern oder gar zu schwächen, das heißt, eine Vorherrschaft gegenüber dem wirklich dominanteren Gen zu erlangen. Rezessive Faktoren, wie diese, welche die Holländerscheckung bewirken, müssen sich in eigener Gestalt anhäufen beziehungsweise summieren.

Ich erinnere an das Beispiel der Additionsweise des Gelbverstärkers y (y_1, y_2, y_3 ...) gegenüber dem Dominanzfaktor Y als „kein Gelbverstärker".

Auch der Holländerscheckungsfaktor s benötigt zur Gestaltung der Plattenscheckung nicht nur einen, sondern viele Faktoren seinesgleichen. Und doch gibt es noch zwischen der Anhäufung der Faktoren y... und s... einen gravierenden Unterschied. Wirken zunehmende y-Faktoren, wird dies sichtbar in der Rotverstärkung im Fell. Das Zeichnungsbild unserer Holländer hingegen entsteht regelrecht schrittweise, es wird wie ein Mosaik gebildet.

Der schrittweise Pigmentverlust

Nehmen wir beispielsweise ein schwarzes Tier, das eine weiße Nasenspitze aufweist, so können wir davon ausgehen, hier wirkt der Faktor s/s. Nun kommen in Fortsetzung des Beispiels hinzu

- weiße Zehen am Vorderlauf = s_1/s_1,
- leichte Blessenbildung = s_2/s_2, dann hieße das Formelbeispiel = $s,s_1,s_2/s,s_1,s_2$.

Und so könnte man das Beispiel fortsetzen: weißer Halsring s_3, Manschette s_8 ... , wie in der Skizze als frei erfundene Erklärung dargestellt.

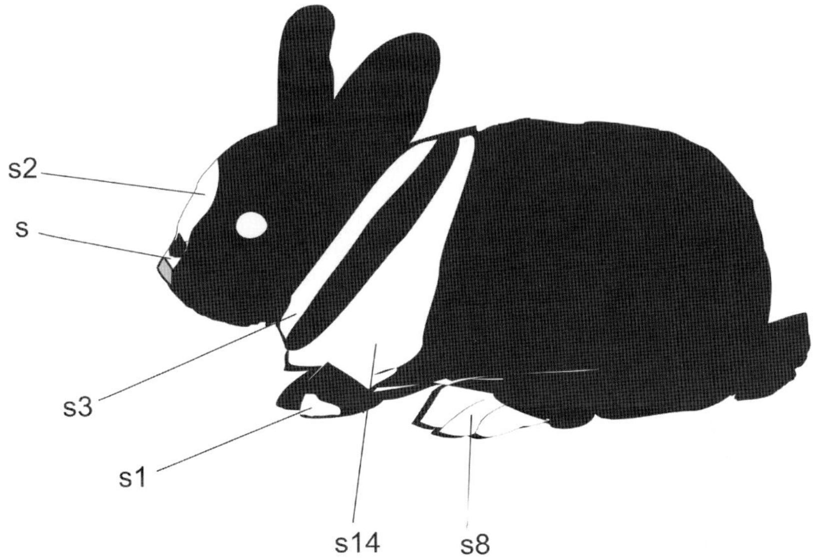

Zeichnungsentwicklung der Holländer.

In diesem „Schema der Zeichnungsentwicklung zur Formel“ wird die Zeichnungsbildung durch paarige Anordnung von Genen demonstriert. Es wird erkennbar, es gibt nicht nur einen s-Faktor schlechthin, sondern es wirken hier viele die unterschiedlichen Flächen bestimmende Faktoren s. Sähe die Formel zum Tier laut Schema bezüglich der Plattenscheckung wie folgt aus: $s,s_1,s_2,S,s_8,s_{14}/s,S,s_2,s_3,s_8,s_{14}$, würden in unserem Bild laut Dominanzregel die Merkmale weiße Zehen am Vorderlauf (gemäß s_1/S) und der weiße Halsring (gemäß S/s^3) fehlen. Sie erschienen dann natürlich entsprechend farbig.

Wäre dies alles tatsächlich so einfach berechenbar und wüssten wir genau, welche s-Faktoren in welchen Bereichen wirken, hätte so mancher Holländerzüchter ein viel leichteres Arbeiten. Zitat: „Ließen sich die Scheckungsfaktoren nach Zahl und Art fixieren, und wüsste man, welche Faktoren die ideale Scheckung ergeben, dann wäre man eher in der Lage, diese Faktoren rein zu züchten, so schwierig dies bei der geringen Differenzierung der einzelnen Faktoren auch wäre; dann wäre die Holländer-Zucht ihres größten Problems, sicher auch ihres größten Anreizes ledig.“[20]

In der allgemeinen Erbformel für Holländerkaninchen kennzeichnen wir die Anzahl möglicher s-Faktoren nicht. Wie viel und welche dieser aneinander gereihten Klein-s für die Bildung einer standardnahen Holländerzeichnung erforderlich sind, werden wir niemals erfahren. Sicher ist, die Zeichnungsbildung bei den Holländerrassen unterliegt einer ständigen Spalterbigkeit.

Diesen mosaikartigen Zeichnungsaufbau durch mehrere gleiche Gene zu einem Merkmal finden wir im Begriff der Polygenie[21] begründet und mit den mendelschen Regeln nicht fassbar.

Ist ein Holländer ein Teilalbino?

Die Wirkung aller (uns nicht bekannten) rezessiven Faktoren der Holländerscheckung kann bis zum endgültigen Farbverlust führen. Mit dem äußersten Scheckungsgrad würde ein weißes Kaninchen mit blauen Augen entstehen.

Wenn ich betone, die Plattenscheckung bedeutet Farbverlust, dann müsste man davon ausgehen können, dass es richtiger wäre, das Weiß der Behaarung als Zeichnungsfarbe und den beispielhaften Schwarzanteil als Grundfarbe zu bezeichnen. Ich begründe dies damit, weil erst die Scheckung die weiße Zeichnung in die vorhandene Farbe bringt. Ich will kein Revolutionär sein und halte mich an die gegebene Variante und gebräuchliche Auffassung: Grundfarbe = weiß, Zeichnungsfarbe = schwarz, wie wir es von den Punktschecken kennen.

In der 1979 erschienenen Broschüre „Das Holländerkaninchen", aus der ich bereits zitierte, las ich ebenfalls: „Das Holländerkaninchen ist ein Teilalbino." Zitatende. Diese Aussage ist mit Sicherheit falsch, weil die Farbveränderungen durch das Einwirken der Holländerscheckungsfaktoren s.../s... hervorgerufen werden.

Sind das Holländerweiß und das leuzistische Weiß erbverwandt?

Bei Dr. Dorn fand ich einen interessanten Hinweis, der besagt: „Der Weiße Wiener stellt keinen Holländer-Mutationstyp, sondern einen selbstständigen Mutationstyp dar; der vielleicht in einem Stamm Holländer zuerst aufgetreten ist." Ich suchte nach weiteren Hinweisen zu einer möglichen Verbindung von Holländer und Leuzismus.

Erklärend muss ich einflechten, dass meinem Mann und mir (beide Holländer-Fans) dieses Thema[22] „Pigmentverlust und Blauäugigkeit bei Holländern" schon lange vor dem Erscheinen meines ersten Artikels im Jahr 1991 auf den Nägeln brannte. Wir hatten Literatur gesichtet, einige Versuche gestartet, mit Zuchtfreunden diskutiert, denn meine Vermutung bestand darin, der Pigmentverlust bei den Holländerrassen steht in einer Beziehung zum Leuzismus (teilweiser Pigmentverlust bewirkt farbloses Haar, aber blau gefärbte Iris), auf dessen

Grundlage die Weißen Wiener gezüchtet werden. Die Annahme erhärtete sich, als ich mich mit dem Thema „Akrobatenmutation" befasste,[23] die in einem französischen Kaninchenstamm (Holländer) beobachtet wurde. Von dieser Erkrankung wusste ich bis dahin nur, dass sie bei Weißen Wienern gekoppelt mit dem leuzistischen Faktor x auftreten kann. Sicher war nun die Verbindung Holländer × Weißer Wiener. Parallel dazu verglichen wir unsere praktischen Erfahrungen. Daraus ergab sich die Sicherheit, es ist richtig: Je mehr Farbe verdrängt wird, umso intensiver wird auch das blaue Auge ausgebildet. Heinrich Niehaus belegt bildlich die schrittweise „Aufhellung des Haarkleides" und sagt: „Sind nur wenige Holländerfaktoren vorhanden, so macht sich das durch weiße Krallen und/oder weiße Büschel an der Stirn, Nase oder anderen Körperstellen bemerkbar. Bei vermehrter Anwesenheit findet eine Ausdehnung der weißen Flecken statt, die in extremen Fällen über zahlreiche Zwischenstufen bis zu fast weißen Tieren führt. Vermutlich spielen bei der Ausprägung auch Modifikationsgene eine wesentliche Rolle."[24] Aber welche Modifikationsgene hat er wohl im Sinn gehabt?

Eine weitere Bestätigung für meine Erklärung bezüglich der Gemeinsamkeit von x und s fand ich, als ich mich an die Herauszüchtungsgeschichte der Weißen Wiener erinnerte. In irgendeiner Fachzeitung las ich während meiner Preisrichterausbildung, WW seien aus Holländern herausgezüchtet worden. Wilhelm Mucke aus Wien gelang

 Pigmentverlust bei zunehmender Holländerscheckung.

es demnach nach 15-jähriger Arbeit, das Pigment bei blau-weißen Holländern zu verdrängen, um weiße, blauäugige Kaninchen zu züchten. Offen bleibt die Frage, ob während der Herauszüchtung die Mutation zum Leuzismus hinzukam oder Holländer beide Erbanlagen – x und s – vereint tragen.

Fazit: Holländerkaninchen sind auf gar keinen Fall Teilalbinos, da für deren Art des Farbverlustes die A-Serie keinen Raum bietet. Die Farbgebung ist also nicht durch eine Veränderung des Farbfaktors A beeinträchtigt.

Es ist am weißen Fell zwar nicht erkennbar, welcher Faktor diese oder jene Scheckungsfläche begünstigt. Da bei den privaten Versuchen, welches Ausmaß die Farbverdrängung in welcher Zeit annehmen kann, plötzlich auch wieder Tiere mit einer sehr guten standardgerechten Holländerzeichnung fielen. Die blauen Augen blieben weiterhin ein Übel. Nach diesen Erfahrungen bleibt anzunehmen, der leuzistische Faktor x bestimmt, wo eine Scheckung auftreten kann. Das würde bedeuten, x ist dominanter als s. Neue Recherchen brachten mich nicht weiter und es bleibt unklar, ob x und s im Erbgut der Holländerkaninchen gekoppelt sind. Das herauszufinden erfordert eine wissenschaftliche Arbeit, die ein Züchter oder eine sehr breite Züchtergemeinschaft nicht bewältigen kann. Bestenfalls ließe sich die Theorie festigen oder mindern.

Dem Unberechenbaren in der Zucht begegnen

Das Zuchtziel zur absolut reinerbigen Holländerzeichnung bleibt eine Lebensaufgabe, da die Spaltungsbereitschaft der Zeichnung in vielen Variationen gegeben ist. Der Blauäugigkeit oder wenigstens dem marmorierten Auge kann man in der Zucht begegnen, indem konsequentes Auslesen zum züchterischen Gesetz wird. Eine Zucht, aus der ausschließlich reinerbige oder besser gesagt nur Ausstellungtiere hervorgehen, gibt es bei Holländerkaninchen nicht. Hier ist eine geschlossene Zucht (Linienzucht) empfehlenswert. Manchmal hat man Glück und trifft bei einem Zukauf eines neuen Tieres ein genetisch gleich gestelltes, welches auf Anhieb in die vorhandene Zucht passt. In solchen Fällen spricht man auch von „Passertieren“.

Von einer „Passerpaarung“ ist immer dann die Rede, wenn ein viel versprechender Typ gekauft und probeweise in die Zucht gestellt wird. Solche Paarungsversuche sind eigentlich Grundstein für den Zuchtaufbau bei allen Rassen, nicht allein bei Holländern.

Aber auch die Ehrlichkeit eines Züchters muss bei der Weitergabe von Tieren gewahrt bleiben. Tiere, bei denen ein Übel vermutet werden darf, sollten in ihrer Abstammung auch den entsprechenden Hinweis tragen. Verständlich, jeder Züchter möchte gut und besser sein, da passen „Pannen“ nicht ins Klischee und werden ungern offen dargelegt.

Doch, sehr geehrte Kaninchenfreunde, genetisch bedingte Probleme gehören zum Zuchtgeschehen und damit auch in die Diskussion. Wenn ich ein Tier erwerbe, dessen Vorfahren oder engere Verwandten neben vielen Vorzügen einen biologischen Makel wiederkehrend aufwiesen, dann sollte das vom verkaufenden Züchter oder Zuchtfreund nicht verschwiegen werden. Mir ist die Möglichkeit gegeben, dieses Tier gezielter zu verwenden. Das kann mit einer schon erwähnten Passerpaarung beginnen. Auf keinen Fall werde ich so nicht unbewusst zerstören, was mühevoll aufgebaut wurde.

Unerwünschter Holländerfaktor

„Was dem einen sin Uhl, ist dem andern sin Nachtigall“, könnte man im „wunderschönen“ Deutsch zum Holländerfaktor sagen. Die Negativeigenschaften des Holländerfaktors s sind Züchtern einfarbiger Rassen ein Graus. Ich ließ es beim Thema Weißdurchsetzungen bereits anklingen. Hartnäckig und heimtückisch entwickelt der kleine s-Faktor seine wachsende Kraft, indem er sich zuerst als so genannte Weißdurchsetzung in Form einzelner weißer Haare bemerkbar macht. Auf Grund seines Vermögens, sich stetig anzuhäufen, sich zu summieren, kann die Wirkungsweise über das so genannte weiße Büschel und die weiße Kralle bis hin zu der typischen Weißbildung à la Gürtel- oder Plattenscheckung führen. Vielleicht nicht ganz so schnell und nicht ganz so sprunghaft, wie hier nachfolgend im Bild vorgestellt, aber im Anzeichen mit Sicherheit deutlich.

Nun da wir die möglichen Aktivitäten der Holländerfaktoren kennen, muss uns klar sein, dass weiße Vorkommen im einfarbigen Kaninchenfell (Haare, Flecken, Büschel, Krallen) bereits s-Anlagen sein können. Wird diesen Fehlern keine Bedeutung beigemessen und werden beispielsweise zwei einfarbige (schwarze), stark weiß durchsetzte Tiere miteinander gepaart, so festigt sich die im Erbgut vorhandene s-Anlage und nimmt schon in der F_1 eine andere, ja neue Gestalt an.

Das bedeutet, nicht allein die sichtbaren Makel werden von den Eltern auf die Nachzucht übertragen, sondern auch für die vorhandenen, nicht sichtbaren s-Anlagen bietet sich nun im Erbgang die Chance zur Bildung neuer „Holländermuster“. Jener s-Paare also, die gemeinsam mit den (sichtbar) wirkenden Faktoren ihre Talente für den weiteren Ausbau der sichtbar werdenden Holländer-Scheckungs-Merkmale „benötigt“ werden. In welcher Form das geschieht, ist auf Grund der unberechenbaren Eigenschaften der Holländerscheckung insgesamt nicht vorauszusehen und vorauszusagen. – Das bleibt noch immer schlichtweg das „Geheimnis“ dieser doch züchterisch sehr interessanten Scheckungsvariante.

Und auch hier gibt es für alle Zuchtfreundinnen und Zuchtfreunde, die absolut kein Weiß im Fellkleid ihrer Lieblinge dulden sollten und wollen, eine „Eselsbrücke“: „Vom weißen Haar zum weißen Fleck, von diesem zur weißen Kralle ... zur weißen Nasenspitze = Holländer-, Platten- oder Gürtelscheckung.“

Die Kombination Platten- und Punktscheckung

Es kann ja nur eine Frau gewesen sein, die ihren Sinn für das Schöne in die Herauszüchtung einer so „eleganten" Kaninchenrasse übertragen hat. Die Rede ist von Madame Bernard aus Hotot-en-Ange in Frankreich und von den Weißen Hotot, die sie einst schuf.

Das Rassemerkmal ist die Zeichnung, bestehend aus einem schlichten, schmalen, etwa drei bis fünf Millimeter breiten, tiefschwarzen Augenring. Ein rein weißes Fellkleid, braune Augen, weiße Krallen komplettieren das Aussehen dieser aparten Weißen.

Wie bekam Madame Bernard nur dieses tolle Augen-Make-up so passend zu dem weißen Fellkleid? Den Ursprung bei der Entwicklung der Rasse soll ein schwarz-weiß geschecktes Kaninchen gebildet haben.

Bauen wir uns die Erbformel schrittweise auf: ABCDgK/ABCDgk = schwarz-weiß (gescheckt). Und nun der Weg der Herauszüchtung in groben Zügen: Nehmen wir nun an, Madame Bernard nahm ein hell geschecktes (wenig gefärbtes) Tier mit der K/k-Scheckung, bei der Klein-k noch von Groß-K stark beherrscht wurde. Man weiß aus Literaturnachweisen, es war eine Punktschecke, die als Zuchtbasis diente. Diese Punktschecke verpaarte sie mit einem Holländerkaninchen, schwarz-weiß. Das Holländerkaninchen wies ebenfalls nur wenig Zeichnungsfarbe auf, folglich besaß es einen sehr hohen Wirkungsgrad von s-Faktoren. Zur Erinnerung – K unterbindet die Farbausbreitung, Klein-s (der Holländerfaktor) hat zwar die gleiche Aufgabe, nämlich Farbe zu verdrängen, muss sich aber gegen die Farbdominanz behaupten. Demzufolge benötigt die Holländerscheckung auch hier viele kleine s, die sich addieren, anhäufen. Eine Vielzahl der additiven Genwirkungen (s_1, s_2, s_3, s_4 ...) war nötig, um massiv gegen die aus der K-Scheckung verbliebenen und für die Entstehung der Weißen Hotot nicht benötigten Farbvorkommen anzutreten und diese Farbanteile zu verdrängen. So in groben Zügen der Vererbungsweg der Hototkaninchen mit der interessanten Erbanlage im Buchstabenbild: ABCDgKs/ABCDgks.

Erinnert sei an den Altmeister Friedrich Joppich, der diese Rasse viele Jahre lang züchtete und von ihr sagte: „... ist eine Schecke, bei der das Holländerkaninchen eine wesentliche Rolle spielt, weil mit der s-Scheckung die Zeichnung der K-Scheckung unterbunden wird."

Der Schmetterling und der Dorn sind beispielsweise bei der Punktschecke ein typisches Zeichnungsmerkmal, wobei es hier nicht auf die korrekte Form ankommen soll. Dieses Zeichnungsmerkmal geht überwiegend in der reinen Scheckenzucht nur bei Weißlingen/Chaplins

1,0 Weiße Hotot (B. Glutting, Nürnberg) *Foto: Wolters*

teilweise bis gänzlich verloren. Nehmen wir nun ein Holländerkaninchen in die Kreuzung, das in diesem Bereich ja die weiße Blesse besitzt, so wird theoretisch die farbige Nasen- und Schnauzpartie der Punktschecke verdrängt. In welcher Qualität sei dahingestellt, aber dies entspricht der Theorie des Zusammenspiels und der Wirkungsweisen beider Scheckungsarten für die Bildung der Hototzeichnung. Andererseits wird die Darstellung des Augenringes durch eine zweifache Möglichkeit der Bildung desselben konstant gehalten. Ein irres Spiel in der Erbbiologie, doch auch ein schönes, wenn man weiß, mit welchem Produkt Madame Bernard für ihr Wirken belohnt wurde.

Dass beide Scheckungsanlagen K und s für das Aussehen der „weißen Schönheit" in vereinten Kräften tätig sind, beweist außerdem die Tatsache, dass in der Nachzucht aus Hototwürfen auch Tierchen mit Flecken der Punktscheckung, Farbflächen gemäß der Holländerscheckung, blauen Augen und Weißlinge entsprechend der Vorherrschaft der reinerbigen Scheckung (K/K) vorkommen. Das ist natürlich, wenn man die Wege der Erbbiologie und trotz der rassereinen Zucht stets bedenkt, dass Nachkommen zweier Individuen immer das Ergebnis einer Kreuzung genetischer Anlagen bleiben.

Sprunghafte Genveränderung – die Mutation

Was sagt schon eine Hand voll Gene aus?

Manchmal stehen wir in unseren Zuchten Problemen gegenüber, wo wir uns fragen, ob sich der gute, alte Johann Gregor Mendel nicht doch etwa geirrt hat.

Er hat sich nicht geirrt, denn seine Theorie baute sich auf der Bastardisierungsforschung auf. Exakt und Schritt für Schritt erarbeitete sich Mendel seine Theorien, indem er sich in seinen Prüfungen nur jeweils einem Merkmal zuwendete. Trotzdem galten seine Ergebnisse eine gewisse Zeit als umstritten.

Als belegt gelten heute Mendels Theorien und Forschungsergebnisse, denn ohne diese Arbeiten näher zu kennen, haben Wissenschaftler diese Theorien wieder entdeckt. Der Holländer Hugo de Vries (1848–1935), der Deutsche Carl Correns (1834–1933), der Österreicher Erich von Tschermak (1872–1962) und der englische Botaniker Bateson (1861–1926), um nur einige zu nennen, hatten rund 35 Jahre später, völlig unabhängig voneinander die gleichen Gesetzmäßigkeiten in der Vererbung von Merkmalen entdeckt und somit Mendels Regeln bestätigt.

Wenn für uns in der täglichen Zucht Erbvorgänge unüberschaubar werden, dann ist dies damit zu begründen, dass wir (bezogen auf die Vererbung der Fellfarben) nur die fünf Grundfaktoren und deren Mutationsformen beachten und deren Vorherrschaft oder untergeordnetes Verhalten bereits für das Gros der Vererbung halten. Zum anderen lernen und erleben wir im Zuchtalltag nur diese einseitige Gesetzmäßigkeit. Unbeachtet bleiben dadurch die vielen Vorgänge im Organismus, die den genetischen Wert eigentlich bestimmen.

Niemand spricht im Stall über klassische Genlokalisationen in den Chromosomen, über chemische und molekulare Erbträgerfunktion oder von den verschiedensten Blut- und Proteineigenschaften, die in die Vererbungsmechanismen eingreifen können. Nur am Rande seien die Desoxyribonukleinsäure (DNS) und die Ribonukleinsäure (RNS) als entscheidende genetische Substanzen erwähnt, die in der Vererbung eine beachtliche Rolle spielen.

Es gibt Genzahlschätzungen, die aussagen, dass bei niederen Lebewesen in einem Chromosom etwa ein bis mehrere Tausend Gene und bei höher entwickelten Lebewesen 10 000 bis mehrere Millionen Gene enthalten sind. Bedenken wir, dass unser Kaninchen über 44 Chromosomen verfügt, die es je zur Hälfte vom Vater- und Muttertier erhält, und zu den höher entwickelten Lebewesen gerechnet werden darf, dann dürfte uns klar sein: Fünf Grundfaktoren, deren Mutationsformen und eine Hand voll uns bekannter Modifikationsgene (verändernde Gene) gestatten immer nur eine dürftige Aussage zur Fellfarbenentwicklung. Gerade bei Neuzüchtungen und bei Tierkäufen sollte daran gedacht werden, dass ein Einzeltier immer nur einen Bruchteil, ja oftmals fast gar nichts, über die eigentlichen Erbinformationen aussagen kann. Erwähnenswert ist auf jeden Fall auch die Tatsache, unsere Kaninchen sind Lebewesen, die durch Domestikation des Wildkaninchens zum Haus- und Rassekaninchen eine erbbiologische Bereitschaft für Mutationen nicht verloren haben.

Die Bereitschaft für Teilmutationen sind in der genetischen Anlage der Kaninchen ein Relikt. Das bedeutet, schon im kleinen Wildkaninchen als Ausgangstier unserer Rassetiere sind die erbbiologischen Anlagen für Mutationen, somit auch für Veränderungen der Fellfarbe, grundlegend gegeben. Ein Beispiel dafür ist die Form der Rotverstärkung, die wir als rezessives Gen „Klein-y“ besprachen. Auch dieser unscheinbare Faktor ist ein Teil solcher ruhenden, genetischen Anlagen.

Einige Auswirkungen der Mutationen

Auswirkungen von Mutationen bei zuvor reinerbigen Genen können sich verschieden zeigen:

1. Sie bleiben neben einem Dominanzfaktor rezessiv (verborgen und werden nicht sichtbar).
2. Sie verursachen eine intermediäre Anlage, bilden also Zwischenformen analog der Marder- oder K-Scheckenerbgänge und ähneln später wieder dem Ausgangstier/den Ausgangstieren.
3. Sie erreichen durch Anhäufung eine Dominanz zum bereits vorhandenen dominanten Normalallel.
4. Sie wirken auf bestimmte einzelne Merkmale schwächend oder verstärkend oder
5. es können völlig neue Wirkungsweisen und damit neue Mutationstypen ausgebildet werden.

Einige Wirkungsweisen, die durch Mutation entstanden sind, begegnen uns in der Rassekaninchenzucht und bildeten bereits die Grundlage für Herauszüchtungen neuer Rassen.

Wie funktioniert nun eine solche Mutation?

Die Möglichkeit der Mutationsfähigkeit soll laut Fachberichten je Genort (die Genlage im Chromosom) ein bis zwei pro Generation betragen. Das wurde sowohl beim Menschen als auch bei der Maus erforscht und auf Säugetiere bezogen berechnet. Die Bereitschaft für Genveränderungen hängt aber auch von der Beschaffenheit bestimmter Gene ab. Mit dieser Aussage bezieht sich die Wissenschaft auf ein Vorkommen von labilen und stabilen Genen. Sie spricht in diesem Zusammenhang auch von Primär- und Sekundärmutationen, die abhängig und unabhängig das Erscheinungsbild des Individuums verändern können. Aber auch so genannte Rückmutationen sind nicht auszuschließen. Das bedeutet, infolge einer Mutation kann ein ursprünglicher Zustand so verändert werden, dass ein neuer Typus entsteht und in einer weiteren Vermehrung in einer Rückmutation wird wieder der Urtyp erreicht.

Das alles erwähne ich hier nur, um einmal solche Augenblicke zu begründen, in denen wir beispielsweise den so genannten Fehlfarben begegnen, die wir uns in der strengsten Reinzucht nicht erklären können. Oder wenn wir mit einem Rechenschema bei der Kreuzungsberechnung, unter Beachtung aller Dominanzregeln und Vorherrschaftsreihenfolgen, total schief liegen, wie uns dann das im Nest liegende Resultat verkündet.

Auch solche Möglichkeiten hatte Johann Gregor Mendel in seiner Forschung herausgefunden, wie er in seinen uns hinterlassenen Regeln dokumentierte. In der dritten mendelschen Regel beinhaltet die Unabhängigkeitstheorie die Vererbungsvorgänge bei mehrfach zurücktretenden, nicht in Erscheinung tretenden Eigenschaften.

Ich gebe zu, auch mir war diese Unabhängigkeitstheorie sehr lange ein Buch mit sieben Siegeln. Man schenkt dieser Theorie nur wenig Aufmerksamkeit, wenn immer nur eine absolute Reinzucht betrieben wird und nur geringe Mängel zur Auslese der Nachzuchten führen.

Aber auch in der rassereinen, ja sogar in der geschlossenen Zucht bleibt jede Verpaarung trotz äußerlicher viel versprechender genetischer Ähnlichkeit der Elterntiere immer eine Kreuzung. Das Bild der gewonnenen Nachzucht stellt immer eine Mischung väterlicher und mütterlicher Erbanlagen dar. Es wird niemals möglich sein, von zwei augenscheinlich 100-prozentigen „Idealtieren“ (wenn es das überhaupt gäbe) auch eine 100-prozentige, ideale Nachzucht zu erhalten. Die Begründung dafür ist eben die Tatsache, das ideale äußere Erscheinungsbild (der Phänotyp) trägt neben den guten Erbeigenschaften im Verborgenen auch weniger gute bis gänzlich unerwünschte Eigenschaften. Und was einmal ruhend vorhanden ist, kann jederzeit wieder durch Stabilisierung oder Summierung der „ruhenden Kräfte“ zu neuer, eben negativer Informationsgabe geweckt werden.

So bleibt uns Züchtern immer die Gewissheit, mit der verwandten Ähnlichkeit in einer Linienzucht festigen wir bei konsequenter Auslese des Negativen die positiven Merkmale der gerade gezüchteten Rasse. Mit der viel gepriesenen „Blutauffrischung“ geben wir den lange ruhenden, verborgenen, negativen Eigenschaften die Chance, wieder sichtbar zu werden, was sogar bei nachlässiger Zuchtauslese zu einer Negativ-Dominanz im Bestand führen kann.

Die Pflanzenzüchter sind da weit besser gestellt, denn sie kennen den Weg, gleichwertige Erbinformationen und Merkmalsausprägungen einer sehr guten Mutterpflanze auf die Nachkommenschaft zu übertragen. Es gibt die so genannte Klonbildung, wenn alle Nachkommen den gleichen Erbwert besitzen, was nur durch Weiterzucht von Zellen und Zellverbänden zur Gewinnung von Jungpflanzen möglich wird.

Ob das Züchten von Rassekaninchen aber noch so richtig spannend wäre, wüssten die Züchter mit Sicherheit, was 30 Tage nach einer Paarung im Nest zu finden ist?

Qualitative und quantitative Merkmale

Kurz auch ein Wort zu den qualitativen und quantitativen Merkmalen, die auch in der rassereinen Zucht keine geringe Rolle spielen.

Die Fellfarbe wird als qualitatives Merkmal bezeichnet, alle quantitativen Eigenschaften hingegen sind mess-, zähl- und wägbar. Betrachtet man die Rassen aus genetischer Sicht genauer, wage ich aber die Feststellung, es gibt unbedingt ein Ineinandergreifen beider Merkmale.

Beispiel: Kälteschwärzung beim Russenkaninchen oder eben bei den Rassen mit der Anlage a^n/a^n. Die qualitative Eigenschaft „Farbe" kommt nicht zum Tragen, wenn nur eine sehr geringe Erbinformation für die Reaktion auf den Kältereiz gegeben ist und nicht zusätzlich noch Umweltfaktoren die Erbinformation stützen.

So gesehen kann man ohne weiteres bei der Auslese und auch bei der Beurteilung von Rassen mit dem Merkmal „Russenfaktor" sagen: Tieren, die bei niedrigen Temperaturen und Haltung im Außenstall noch helle, melierte und verschwommene Abzeichen ausgebildet haben, fehlt eine optimale genetische Anlage zur Umsetzung des Umweltreizes „Kälte". Im Vergleich zur messbaren quantitativen Farbverteilung könnte das heißen: Der Farbtopf ist also gefüllt, nur der Maler nimmt den kleinen Pinsel oder verdünnt die Farbe für sein Bild. Zusammenfassend addieren wir die benötigten Faktoren, die für das Outfit der russenartigen Rassen verantwortlich sind:

- genetische Anlage für die Farbe,
- erbbiologische Faktoren für das Empfinden auf Umweltreize,
- den Umweltreiz/-einfluss direkt.

Ich denke, es ist ausreichend erklärt, dass sich qualitative und quantitative Eigenschaften nur schwer trennen lassen. Dadurch entsteht oftmals der Eindruck, alle sichtbaren Fehler wären erbbiologisch begründet.

Nicht immer muss ein solches Tier, das für ein perfektes Aussehen diese drei genannten Faktoren benötigt, in die Pfanne. Es gilt abzuwägen, welche körperlichen Vorzüge sind neben der Farbqualität erhaltenswert, mit welcher Linie oder in welcher Zuchtzusammenstellung könnte man diese Körperform oder diese Farbfragen nutzbringend kombinieren. Dazu muss man seine Tiere mit allen Fehlern und positiven Eigenschaften einigermaßen kennen. Denn leider ist es ja so, dass sich nicht allein positive Eigenschaften anhäufen können, sondern daneben auch negative, lange schlummernde Merkmale in der Lage sind, dominante Wirkungsweisen zu entfalten.

Ein weiteres Beispiel zum Thema wäre: Aus einer erprobten geschlossenen Zucht werden einem Wurf zwei sich sehr ähnliche Jungtiere im Absetzalter entnommen. Auszugehen wäre von einer sehr hohen genetischen Ähnlichkeit. Der Körperbau, das Gewicht und die Konstitution sind bei beiden Probanden identisch. Die Voraussetzung: Würden nun diese beiden Tiere getrennt, eines würde artgerecht gehalten und gefüttert, dem anderen Tier ginge es nicht so gut, es müsste sich beispielsweise großhungern. Was geschieht da wohl? Natürlich, das Tier, welches sich unter den schlechten Umweltverhältnissen zu einem erwachsenen Tier entwickeln konnte, würde kaum ein Züchter eines Blickes würdigen. Es hatte infolge miserabler Umwelteinflüsse (Futter, Haltung) keine Chance, ererbte sichtbar werdende Vorzüge auszubilden. Das Geschwistertier hingegen bekam in diesem Beispiel die erforderlichen Umweltbedingungen, um erwartungsgemäß bestens zu einem ansprechenden Tier heranzuwachsen. Natürlich würde dies einen Interessenten zum Erwerb desselben veranlassen.

Vor- und Nachteile der Inzucht

Inzucht – das ist ein sehr umstrittenes Thema, dem hier einmal nachgegangen werden soll. Ein breites Thema, das durchaus immer wieder neue Fragen aufwerfen wird.

Heute, im Zeitalter mit einem hohen Erkenntnisstand in allen Zweigen der Wissenschaften und der Möglichkeit der Anwendung modernster Techniken, löst der Begriff „Inzucht" bei vielen Menschen, die sich mit der Zucht unterschiedlicher Tierarten befassen, Angst und Schrecken aus. Ja, es gibt sogar heute noch Menschen, die erstaunt fragen: „Kann man denn Kaninchen aus der Inzucht stammend noch essen?"

Weshalb diese Abneigung? – Nun, in der frühen Geschichte und im Glauben der Menschen war Inzucht etwas Unnatürliches, gar Verwerfliches. Viele Züchter haben auch nach jahrelanger Züchterpraxis noch Angst vor so genannten auftretenden Inzuchtschäden. Diese Angst ist wohl berechtigt, wenn eine geschlossene Zucht planlos verläuft. Gegenteilig können solche Bedenken jedoch abgebaut werden, denn gerade durch das gleich gelagerte Genpotenzial der miteinander zu paarenden, verwandten Tiere können sowohl die negativen als auch die positiven Merkmale ohne großen Umweg gehäuft an die Nachkommen weitergegeben werden. Das bedeutet einfach erklärt, verfügen die Eltern überwiegend über wünschenswerte Eigenschaften, tragen die Nachzuchttiere auch diese gehäuften Merkmale zur Schau und umgekehrt passiert das Gleiche mit den negativen, vielleicht auch krank machenden Eigenschaften. Inzuchtfolgen, die sich als negative bis hin zu degenerativen Inzuchtschäden fester ins Gedankengut der Menschen einprägten, begründen jetzt noch dieses alte Vorurteil: Hände weg von der Züchtung mit blutsverwandten Tieren.

Für den menschlichen Bereich – der in der weiteren Abhandlung dieses Themas unberührt bleiben wird – sollen der Glaubensursprung und die moralische Frage Gesetz bleiben.

Aus der Tierzucht, und dies lehren uns wissenschaftliche Erkenntnisse, konkrete sowie belegte Forschungsergebnisse, ist Inzucht (auch „geschlossene Zucht" genannt) kaum noch wegzudenken. Bietet dieses Verfahren, das Verpaaren von mehr oder weniger miteinander verwandten Tieren (Inzucht in unterschiedlichen Graden), doch erst die Möglichkeit, Aufschluss über die vorhandene Erbkraft bestimmter Tiere in den Tierproduktionen wie in der privaten Hobbytierzucht zu erlangen. Für die eigene, intensive Zuchtarbeit der Rassekaninchenzüchter heißt das: Auf kürzerem Weg vorhandenes Tiermaterial in seinen genetischen Anlagen kennen lernen, gewünschte Erbeigenschaften festigen und für den Rasseerhalt in der jeweiligen Zucht nutzen, Stabilisierung der Reinerbigkeit der gezüchteten Rasse.

Für den Aufbau von Linienzuchten, einer von Züchtern schon angewendeten Form der Inzucht, ist es günstig, blutsverwandte Tiere einzusetzen. Je enger der Verwandtschaftsgrad, umso ähnlicher werden sich die Tiere auch hinsichtlich ihres erbbiologischen Vermögens. Studien der verschiedenen Fortpflanzungsarten und Vergleiche der Nachkommen untereinander und mit ihren Vorfahren führten zu zwei wesentlichen Beobachtungen und lassen die als sicher geltenden Schlussfolgerungen zu. Nachkommen sind ihren Eltern und Geschwistern untereinander weitaus ähnlicher als nicht verwandte Tiere. Diese Ähnlichkeit ist auf keinen Fall mit einer Gleichheit zu verwechseln. Diese starke Ähnlichkeit drückt sich darin aus, dass mehr gleiche und sehr ähnlich ausgebildete Erbeigenschaften zwischen eng verwandten Tieren nachzuweisen sind als bei entfernteren oder gar nicht verwandten Individuen. Das betrifft beispielsweise die Merkmale der Kennzeichnung des Lebewesens und Eigenschaften des Körperbaus, des Verhaltens und der Lebensfunktionen.[25] Diese starke Ähnlichkeit ist dann auch eine günstige Voraussetzung für die Zuchtwahl.

Was bedeuten Inzucht und Inzuchtgrade?

Inzucht ist eine Methode zur Fortpflanzung, bei der enger verwandte Tiere als die der übrigen durchschnittlichen Population (Gesamtheit der Lebewesen einer Art oder Rasse in einem bestimmten Gebiet) eingesetzt werden und miteinander Nachkommen zeugen.

Folgende Inzuchtverfahren können zur Anwendung kommen.

Mäßige Inzucht	die Tiere sind entferntere Verwandte	Verwandtschaftsgrad 5–9
Enge Inzucht	Verpaarungen zwischen Nichte × Onkel, Cousine × Cousin oder Tante × Neffe, Geschwister	Verwandtschaftsgrad 2–4
Engste Inzucht (Inzest)	Eltern × Kinder, Großeltern × Enkel	Verwandtschaftsgrad 1

Der hier als „Verwandtschaftsgrad“ bezeichnete Verwandtschaftskoeffizient verweist auf die blutsverwandte Nähe/Weite der zur Inzucht verwendeten Tiere.

Vorteile der Inzucht

Inzucht ist meines Erachtens in der Rassezucht eine Vorteilsmethode. Sie kann im günstigen Fall, ausgehend von einer Kreuzung von Tieren im ersten und zweiten Verwandtschaftsgrad, einen positiven Effekt insofern bewirken, dass wertvolle, manchmal auch selten gewordene Erbanlagen erhalten oder gar intensiviert werden können. Es summieren sich also in der Nachzucht positive, die Leistung und den Typ beeinflussende Merkmale. Inzucht, manchmal auch der Inzest, sind Zuchtwahlmethoden, die sich durchaus zum Aufbau von Linienzuchten gut eignen. Bestimmte gewünschte Erbeigenschaften werden hier weiterhin gefestigt, diese neue Generation entwickelt in der Linie wiederum einen neuen, von den Ausgangstieren in seiner Erbfähigkeit und in seinen körperlichen Merkmalen abweichenden Typus. Das kann sowohl die Gesamtheit der Erbmöglichkeiten (den Genotypen) als auch den Idiotypen (Gesamtheit aller Erbanlagen und die Auswirkung des Milieus) der Tiere betreffen. In diesem Fall sind

Erbmöglichkeit	die genetische Anlage, bestimmte (Einzel-)Merkmale variabel auf die Nachzucht zu übertragen und
Erbanlage	die wirkende Erbkraft auf den gesamten Typ des Individuums.

Bezüglich der Durchführung der Inzucht publizierten Prof. Klaus Löhle und Dr. Ulf D. Wenzel einmal: „Es ist eine Zunahme der Homozygotie und Abnahme der Heterozygotie zu verzeichnen“[26] (Homozygotie = Reinerbigkeit, Heterozygotie = Spalterbigkeit).

Wie wertvoll die Inzucht in der Tierproduktion sein kann, belegen viele Ergebnisse. Oft auch in der einschlägigen Forschung umstritten, bemerken dazu die Autoren weiter: „Es steht aber außer Zweifel, dass ihr Einsatz bedeutend zur Leistungsverbesserung auch der Kaninchen ... beigetragen hat.“

Es gibt unterschiedliche Motive, die Züchter zum Aufbau einer Inzuchtlinie veranlassen. Es kann zum Zweck der Ausnutzung des Heterosiseffektes sein. Die Heterosis bedeutet: üppiges Wachstum der Tochtergeneration. Sie ist in der Kaninchenzucht nachweislich ein Effekt, bei dem die Nachkommen von verhältnismäßig erbfesten, durchgezüchteten Eltern höhere Leistungen aufweisen. „So sind vor allem Fruchtbarkeit und Vitalität betroffen. Dies hat auch für die herkömmliche Kaninchenzucht Bedeutung ... Ohne Zweifel sind bei günstigen Voraussetzungen züchterische Fortschritte zu erwarten, die in einer Festigung erwünschter Erbanlagen bestehen können.“[27]

Maßgeblich kann bei einer Linienzucht davon ausgegangen werden, dass hier vornehmlich Erbfaktoren mit einem sonst geringen Erblichkeitsgrad aktiviert, also solche Gene zu neuer Kraft erweckt werden, die zwar in der Erbsubstanz enthalten sind, aber von stärkeren, dominanteren Genen in eine ruhende, verborgene Position gedrängt bleiben.

Erinnert sei an die mendelsche Erblehre, denn nichts anderes als der intermediäre Erbgang tritt hier ein, der die Nachzucht zweier Elterntiere (mit welchen Erbmerkmalen auch immer) zu einem Medium werden lässt. Bestimmte Erbeigenschaften der Eltern sind in der Nachzucht vereint und lassen diese Nachzucht zu einem „Zwischenglied" der Eltern werden. Das wiederum heißt, ähnliche Anlagen finden sich zu einem neuen Gefüge und bilden in unterschiedlichen Graden neue geno- und phänotypische Individuen (Phänotyp = das von Erbanlagen und Umwelt geprägte äußere Erscheinungsbild des Lebewesens und Genotyp = die Gesamtheit der Erbmöglichkeiten eines Einzelwesens).

Wertvoll sollte dieser Hinweis noch sein: Die effektivste Form der Inzucht ist der Inzest. Die starke genetische Ähnlichkeit der Elterntiere garantiert einen schnelleren Überblick über deren Erbkraft. Bereits die Tochtergeneration weist anschaulich sowohl ein positives wie negatives Erbgut der Ausgangsgeneration nach. Je weiter der Verwandtschaftsgrad der miteinander verpaarten Tiere ist, umso größer ist auch die Möglichkeit, dass beispielsweise latente Erbeigenschaften weiter „schlummern" und den Nachweis über die Erbeigenschaften der Elterntiere verringern.

Sind es wirklich Nachteile der Inzucht?

Schön wäre es wohl, könnte es sich ein Zuchtfreund so einfach machen: Er nimmt zwei hervorragende Geschwistertiere eines Wurfes, verpaart sie miteinander und hofft auf alle Vorteile, die bei diesem Inzuchtverfahren auftreten können. Seine Begründung lautet möglicherweise: „Die *blutsfremden* Eltern hatten bislang eine leistungsstarke, ja fast makellose Nachzucht, die mir in Ausstellungen einen guten Ruf brachte. Niemals hatte ich nennenswerte Schwierigkeiten, nur ...", und hier würden einzelne Wünsche – die dann ja auch Zuchtziele darstellen – folgen, die dieser Beispielszuchtfreund anführen könnte.

Bereits an dieser Stelle muss der Hinweis kommen, der so hoffende Züchter wird eine herbe Enttäuschung hinnehmen müssen, wenn er einen wichtigen Umstand vergisst: Das Erbgut der Geschwistertiere ist nur annähernd gleich, beide für die Inzucht auserwählten Tiere können einen Gencode in sich tragen, mit dem positive (erwünschte) wie negative (unerwünschte) Eigenschaften auf die Nachzucht übertragen werden. Konnten die unerwünschten Eigenschaften bislang nicht in Erscheinung treten, weil stets die so genannte blutsfremde Zucht mit einem ständigen Zuchttierwechsel betrieben wurde, so blieben diese doch in der Erbinformation erhalten. Treffen nun die rezessiven Negativ-Eigenschaften im Erbgeschehen der Nachzucht aus der im Beispiel genannten Geschwisterpaarung aufeinander, können sich eben diese negativen Erbinformationen ergänzen und summieren. Das züchterische Chaos ist perfekt, wenn wir hier nur die überwiegend unerwünschten Ausprägungen berücksichtigen. An dieser Stelle das beispielhafte Dilemma der negativen Inzuchtfolge: Besagter Zuchtfreund findet im Nest wohl eine Filialgeneration (F_1), schlimmsten Falles nur einen kleinen Wurf, der ihm wenig Spielraum für eine Selektion nach erkennbar veränderten, erwünschten Eigenschaften gestatten würde. Noch kann er auf Grund einer geringen Wurfzahl parentale (elterliche) Vorzüge wiedererkennen. In den einzelnen Entwicklungsstadien der Jungtiere werden negative Merkmale, die nie zuvor im Zuchtbestand des erfahrenen Züchters auftraten, sichtbar. Die Jungen könnten beispielsweise nicht frohwüchsig sein, ihre Vitalität ist gegenüber den anderen Jungtieren aus den herkömmlichen Paarungen wesentlich geringer, Fellschäden, Zahnanomalien treten auf ... Der „Horror" ließe sich an solchen Beispielen fortsetzen, die als degenerative Erscheinung infolge der Inzucht bekannt sind und „Inzuchtdepressionen" genannt werden.

„Die Entwicklung von Inzuchtlinien ist mit Inzuchtdepressionen verbunden, die sich zumeist auf Eigenschaften beziehen, die niedrige Heritabilität aufweisen".[28] Das heißt, Merkmale mit einem niedrigen Erblichkeitsgrad, zum Beispiel die Gesundheit, Vitalität, Fruchtbarkeit sind hiervon betroffen.

Die Art und Häufigkeit des Auftretens der gefürchteten Inzuchtschäden ist von einigen Kriterien abhängig. Einmal spielt die genetische Beschaffenheit der Tiere, die für den Aufbau einer Inzuchtlinie Verwendung finden sollen, eine Rolle. Die Ausgangstiere sollten durchgezüchtete Rassevertreter sein und dem Züchter in der vorangegangenen Zucht bereits Aufschluss über ein gewisses Potenzial ihrer Erbfestigkeit nachgewiesen haben. Nur bei guter Beobachtung des Rassenbestandes, mit dem im Zuchtgeschehen unerlässlichen Aufwand der (noch nach Jahren) exakten aussagekräftigen und über das Maß der formellen Eintragungen hinausgehenden Zuchtbuchführung, kann ein ernsthafter Züchter davon ausgehen, dass er seine Tiere hinsichtlich ihres „genetischen Codes" einigermaßen kennt. Das ist schon erforderlich, denn jede Erbinformation im genetischen Vorgang unterliegt einem Gesetz. Überwiegend ist dies in der rassereinen Zucht der intermediäre Erbgang, der nicht nur auf Zeichnungen, Augenfarbe und andere Rassemerkmale zutrifft. Nein, auch die Gestaltbildung (körperliche Merkmale), die Anpassungsfähigkeit an die Umwelt, die Vitalität, die Leistung und der Frohwuchs unterliegen definitiven Erbanlagen. Selbst bestimmte Wesensmerkmale werden vererbt, wenn wir einmal davon absehen, wie viel Umwelteinfluss ein Zwergkaninchen schnell zu einem Beißer werden lässt. Selbst diese Bereitschaft zur Abwehr unterliegt dem Naturgesetz namens Erbbiologie. Allerdings unterscheidet sich die wirkliche Vererbung von dem, was die Schulbiologie über die mendelschen Gesetze lehrt und lehrte. Nicht allein die paarigen A, B, C, D, G und deren Mutationsformen für die Ausbildung der Fellfarbe unserer Rassekaninchen und die in Buchstaben gefassten Schönheitsfaktoren für Silberung, Scheckungsvarianten, so genannte Farbverstärker sind im Gencode enthalten und so dargestellt, als seien sie berechenbar. Nichts ist in der Natur absolut, weil der Mensch nur einen Teil der Erbvorgänge erkennt, ja erst durch harte, intensive und ausdauernde Zucht und durch das Begreifen gewisser Forschungsergebnisse kennen lernt.

Für den ernsthaften Züchter kann deshalb der Misserfolg bei einer begonnenen Inzuchtlinie kein ausschließlicher Nachteil sein oder gar ein Scheitern bedeuten. Das Sichtbarwerden degenerativer Erscheinungen erleichtert die Entscheidung, sich einmal von solchen Vererbern und andererseits auch von deren Nachkommen zu trennen. Es sollen ja gute Merkmale verbessert und gefestigt sowie seltene Eigenschaften erhalten werden.

Mit der Entscheidung für die Zuchtform „Inzuchtlinie" stellt sich der Rassekaninchenzüchter eine anspruchsvolle Aufgabe, die ihm eine Portion Fachwissen, viel Engagement, Lust und Liebe zur ernsthaften und nicht zur nur kommerziellen Rassekaninchenzucht sowie Konsequenz und Ausdauer abverlangen.

Der Heterosiseffekt

Heterosis – ist sie eine Zauberformel? Verbirgt sich hinter dem oft hoch gepriesenen und erhofften „Wachstum der Tochtergeneration" nicht doch eine herbe Enttäuschung? Wann tritt dieser Effekt, der Wundersames verspricht, überhaupt ein?

„Hetero" bedeutet ungleich, anders, fremd. Den Begriff „Heterozygotie" kennen alle Zuchtfreunde, er beschreibt spalterbige Anlagen wie spalterbige Erscheinungen in Nachzuchtgenerationen, die sich also ebenfalls *anders, fremd, ungleich* zu den Eltern/Ausgangstieren verhalten und in ihrer Erbanlage dann wiederum verbreitet aufspalten. Dies verhält sich ganz so, wie es bei Individuen immer vererbungsbedingte Aufspaltungen geben wird. – Aber bitte nicht vergessen: Nicht jede Spalterbigkeit/spalterbige Anlage wird sichtbar.

Unerwünschte Spalterbigkeit

Unerwünschte Spalterbigkeit ist dort anzutreffen, wo eigentlich die Durchsetzung der in einer Zucht weit reichenden Reinerbigkeit Vorrang hat. Das betrifft alle Kaninchenrassen. Am verständlichsten sind für die Darstellung/Erklärung der Spalterbigkeit die Farbmerkmale, obwohl ebenfalls alle körperlichen Merkmale, die Konstitution oder die Wesensarten an die Vererbungsregeln gebunden sind und wie die Farbvererbung der Spaltungsmöglichkeit unterliegen.

Charakteristisch ist für eine Reinerbigkeit im Fellfarbenbereich das paarige Vorhandensein und die gemeinsame Wirkung von Allelpartnern, zum Beispiel ABCDG/ABCDG = schwarzwildfarbig (in der Züchtersprache: grau). In der Spalterbigkeit dagegen stehen die Merkmale ihrem jeweiligen Allelpartner (Allel = Zustandsform einer Erbanlage) verändert gegenüber. ABCDG/ABCDg = schwarzwildfarbiges Erscheinungsbild mit der spalterbigen Anlage für Schwarz. Beispiel: Käme zu dem mutierten (veränderten) Genpartner „g" noch ein Klein-b hinzu: AbCDG/ABCDg, dann erscheint dieses Farbbild des Haarkleides schwarzwildfarbig (grau), ist aber spalterbig für die schwarze und gelbe Fellfarbe. Das Verhängnis ist das Nicht-Sichtbarwerden der spaltenden Anlagen in der F_1. Bei einer weiteren Zucht mit solchen Tieren wundert sich der Züchter dann eines Tages über die sprichwörtliche „bunte Katze im dritten Wurf". Oder denken wir an den ja fast böswilligen Faktor G in der Japanerzucht, der lange Zeit nicht sichtbar neben seinen Kontrahenten g/g dahinmendelt, bis er sich doch eines Tages bemerkbar macht. Das sind unerwünschte Spalterbigkeiten.

Erwünschte Spalterbigkeit

Daneben gibt es Rassen, von denen nur auf der intermediären Grundlage der „erwünschten" Spalterbigkeit standardisierte Nachzucht und Ausstellungstiere zu erwarten sind: Wir besprachen sie, die Punktschecken beispielsweise, die in ihrer Vererbung dem Scheckungsfaktor „K" folgen (K/k = Typschecke, spalterbig, K/K = Weißling, reinerbig, k/k = einfarbige Nachzucht im entsprechenden Farbenschlag, reinerbig). Oder die Marderrassen, deren Farbgebung in Mutationsvarianten der A-Serie a^m/a^m (Dunkelmarder, reinerbig), a^m/a^n (ausstellungsfähiger Typmarder, spalterbig), a^n/a^n (Russenfaktor, reinerbig) gesetzmäßig begründet ist.

„Hetero ..." weist also auf Veränderungen in den Genstrukturen einer Nachzucht hin, die in der F_1 sichtbar werden. Das Gegenteil der Heterozygotie ist die Reinerbigkeit (Homozygotie). „Heterosis" unterliegt folglich der Spalterbigkeit und ist auch ein Ergebnis der Spalterbigkeit, wenn wiederholt der Hinweis erlaubt sei, dass es in der geschlechtlichen Vermehrung sowieso nur eine relative Reinerbigkeit gibt, die aber bitte auf der „erbfesten Ähnlichkeit" basiert.

Wem nutzt die Heterosis im Züchtungsverfahren?

Einmal gab es in der ehemaligen DDR viele Kaninchenhalter und auch Züchter, die den Heterosiseffekt nutzten, um frohwüchsige Nachzuchttiere zu gewinnen, die dann in den Handel gingen. Es wurden Tiere unterschiedlicher Rassen miteinander gepaart und auf den Erfolg gehofft ... Natürlich hatte nicht jeder, der sich mit dem Thema dieses Zuchtverfahrens theoretisch auseinander setzte, offen die Missgeschicke benannt, die er im praktischen Versuch erlitt. Publik wurden immer nur die positiven Ergebnisse der damals so gepriesenen „Weißfleischproduktion". Es entwickelte sich im Bewusstsein der „ottonormalen" Kaninchenhalter der phantastische Effekt namens Heterosis zu einem Wunderwerk.

Im Sinn der *Reinzucht* ist die Wirkungsweise des Heterosiseffektes nicht absolut vom Inzuchtgeschehen zu trennen, denn hier gewinnt er an Bedeutung, wenn

- allgemein Wachstumsmerkmale verbessert werden sollen,
- wichtige Merkmale des Körperbaus in Zuchten, die auf Grund minimaler Populationen zu den so genannten „seltenen Rassen" zu zählen wären, zu erhalten sind und/oder
- Inzuchtlinien[29] sich erschöpfen und Linien-Kreuzungen beziehungsweise Umstellungen der Linie erforderlich werden.

Inzucht und Heterosis in der Rassezucht

Der von Züchtern nicht gern gehörte Begriff „Kreuzung“ gehört zum Aufbau und erst recht zur kontinuierlichen Weiterführung von Inzuchtlinien und somit zum Sprachschatz eines Kaninchenzüchters. Inzucht kann zweckmäßig sein, um Heterosiseffekte überhaupt zu erzielen, weil davon ausgegangen werden darf, dass die Nachzucht einen höheren Leistungs- und Wachstumswert aufweist als deren durchgezüchtete Eltern. In einschlägiger Literatur wird ausgesagt, Heterosis trete besonders bei Merkmalen auf, die durch niedrige Heritabilität (Erblichkeitsgrad)[30] gekennzeichnet sind. Bei einer Nachzucht aus Paarungen von Genotypen (die Gesamtheit der Erbmöglichkeiten eines Einzelwesens), die in ihrer Vererbung stark voneinander abweichen, kann ebenfalls mit positiven Effekten gerechnet werden. Nur darf niemals vergessen werden, das Gegenstück der Heterosis heißt „Inzuchtdepression“.

Für den Aufbau einer Linienzucht werden zunächst aus reinen bisher blutsfremden Zuchten einer Rasse Elterntiere ausgewählt, die in so genannten Passerpaarungen[31] „erprobt“ wurden. Je nach Erfolg, der sich dadurch auszeichnet, dass das gewünschte, zum Zuchtziel gesetzte Erscheinungsbild erkennbar wird, entscheidet der Züchter, wie eng die Inzucht gehalten wird. Das Paarungssystem (in welchem Verwandtschaftsverhältnis die Linienzucht geführt und beibehalten werden soll) und das Vorgehen für eine Inzuchtentscheidung sind allein dem Züchter überlassen, denn hierzu kann unbesehen kein Hinweis erfolgen. Das jeweilige Zuchtziel ist entscheidend. Folgerichtig wird entschieden, wenn niemals alle den Wert einer Rasse mindernden Merkmale gleichzeitig verbessert werden sollen. Ein kontinuierliches Vorgehen und die einzelnen Schritte planen sind zwei wichtige Kriterien.

Damit eine „Inzuchtmüdigkeit“ so gering wie nur möglich gehalten wird, erfolgt zu gegebener Zeit (etwa nach vier bis maximal sechs Generationen) ein neuer Linienaufbau, am besten aus parallel geführten Linien heraus. Diesen Vorgang nannte Karl Dorn „Linienzuchtkreuzung“. Er bekräftigt: „So entstehen Zuchtstämme innerhalb der Rassen, die ‚aus einem Guss‘ sind.“ Von ihrer hohen sichtbaren wie erbbiologischen Ähnlichkeit (Reinerbigkeit für besondere Merkmale), die sie bis zum Zeitpunkt der Linienkreuzung unter Beweis gestellt haben müssten, ist dann auszugehen, wenn sich die entsprechenden Anlagen dominant verhalten. Und hier ist dann auch der Zeitpunkt gekommen, zu dem ein Züchter auf das Mitwirken des Heterosiseffektes hoffen darf.

1. Heterosis ist immer dann zu erwarten, wenn die Ausgangstiere über eine feste, von positiven Eigenschaften dominierende Erbsubstanz verfügen.

2. Auch krass in der genetischen Struktur abweichende Rassevertreter lassen eine Heterosis zu.

Wie geschieht das?
Es manifestieren sich auf Grund der Familienzucht und der gekonnten Selektion durch den Züchter die starken, positiv wirkenden Gene der Eltern in den Nachkommen. Das bleibt im Laufe der Zeit auch so, weil gleichfalls alle nicht gewünschten Auswirkungen mit der Tierauslese im Bestand ausgeschaltet werden. Die genetische Substanz der Population erfährt dementsprechend eine wachsende, sich stabilisierende Ähnlichkeit und annähernde genetische Gleichheit. Der Züchter hat mit seiner Auslese sichergestellt, dass die sichtbar weniger guten Erbträger seines Bestandes keine Chance zur Weitervererbung bekamen. Sorgsam wurden dadurch gleichzeitig alle weiterhin im Erbgut vorhandenen Negativmerkmale in den Zustand des „latenten Daseins“ verbannt. Das heißt, die weiteren Liniennachkommen unterscheiden sich in ihren genotypischen und phänotypischen (äußerlichen) Merkmalen wesentlich von den Eltern und Ausgangstieren, mit denen die Linien- und Familienzucht gestartet wurde.

Und da ist es wieder, das Wort „Inzuchtmüdigkeit“. Erklärung: Der Eintritt einer Inzuchtmüdigkeit ist abhängig vom System, das heißt, von der Enge oder Weite der geführten Inzucht. Je enger das Verwandtschaftsverhältnis der zu verpaarenden Tiere gehalten wird, desto geringer wird die Generationenzeit vor den möglichen Stadien der Inzuchtmüdigkeit und der Inzuchtdepression.

Da die Natur wie so oft andere Wege geht, als der Mensch zu denken vermag, erreichen die ingezüchteten Tiere nach einigen Generationen diese gewisse Inzuchtmüdigkeit, die gerade in der engen Zucht und der einseitigen Auslese ihre Begründung findet. Das klingt widersprüchlich. Doch bedenken wir bitte: Das genetische Potenzial ist erschöpft, die ersten Mängel (zumeist das Wachstum und die Leistungsfähigkeit betreffend) treten auf. Vernachlässigte Selektionskriterien fordern nun ihren Tribut. Die bisherige Auslese innerhalb der geschlossenen Zucht war einseitig und speziell auf die Verbesserung und Reinerbigkeit bestimmter Rassemerkmale ausgerichtet.

Was tun? – Das Zusammenführen von Tieren aus zwei parallel geführten Linien wird erforderlich. Das bedeutet, die Linienkreuzung oder wie Karl Dorn es nannte Linienzuchtkreuzung wird fällig. Vorteil dieser Handhabung ist der Erhalt sowie das Mischen des erzüchteten Erbgutes beider Linien im neu entstehenden Liniensystem. Obwohl, wenn die Zucht und Auslese doch recht fachlich erfolgte, erfahrungsgemäß nur geringere Schwierigkeiten bei der Neuzusammenstellung der Linie zu erwarten sind, wollen wir auch darüber reden, dass die Linienkreuzung wieder neue Spannung verspricht. Zwei Möglichkeiten lässt dieser Vorgang offen. Das wäre einmal die negative Variante, die

Auswirkung von Fehlermerkmalen infolge der im Erbgut „gespeicherten“ aber verdrängten und beispielsweise unerwünschten Erbinformationen. Begründung: Es werden wieder zwei Tiere zu einer neuen Linie zusammengeführt, die aus unterschiedlichen Populationen nach unterschiedlichen Zucht- und Auslesekriterien stammen.

In der positiven Eventualität wäre eine unkompliziertere Weiterführung der begonnenen Zucht gegeben. Unkompliziert dann, wenn die genetische Chemie beider Ausgangstiere weitgehend stimmt. Gleiche Ergebnisse wären auch zu erwarten, wenn zwei Züchter Tiere aus ihren Linien gleicher Rasse austauschen.

Auf die Heterosis als ein die gesamte Zucht verbesserndes Element sollte auf keinen Fall gesetzt werden, denn erst die F_2 ist das „Kind des Weisen“. In dieser Generation erfolgt das eigentliche Aufspalten und damit die natürliche Trennung der Spreu vom züchterischen Weizen. Wie weit die Linien ausgebaut werden, hängt aber nicht allein von den auserwählten Tieren ab. Neben der bereits erwähnten Planung für das züchterische Vorgehen müssen die benötigte Stallkapazität, eine ausreichende Futtergrundlage sowie die bewiesene Erbfestigkeit der Partner berücksichtigt werden. Nicht zuletzt spielen die Gesundheit, Vitalität und die größtmögliche Ähnlichkeit der auszuwählenden Tiere eine wesentliche Rolle, wenn die aufwändige Arbeit eines Zuchtfreundes von Erfolg gekrönt sein soll.

Gefahren beim Kauf neuer Zuchttiere

Einmal raus aus dem heimischen Stall, rein ins Treffen der riesigen Züchterfamilie. Wir sprechen von dem Besuch und der Beteiligung an Ausstellungen. Einen ganz speziellen Reiz haben dabei die Schauen auf Landes- oder Bundesebene. Für „alte Hasen" ist es die Chance, den eigenen Tierbestand mit dem Zuchtstand anderer Zuchtfreunde zu vergleichen, zu den Namhaften zu gehören oder mit Freunden zu fachsimpeln. Für den Neuling bedeutet es ganz einfach Schule oder wird von ihm als beste Gelegenheit für den Tierkauf angesehen. Großschauen sind eine wertvolle Informationsquelle. Darüber hinaus bieten sie ein breites Spektrum an Tieren, sodass gerade für den neuen Zuchtfreund hier die beste Gelegenheit gegeben ist, Tiere der für ihn in Betracht kommenden Rasse in puncto rassespezifischer Merkmale und züchterischer Schwerpunkte miteinander zu vergleichen. Dem Unschlüssigen bieten sich hier Möglichkeiten, Rassen, die er bislang nur aus der vielfältigen Literatur kennt, in Augenschein zu nehmen. Erste Kontakte zu gleich gesinnten Gesprächspartnern bahnen sich an. Viele Gemütsbewegungen, die hier aufleben oder ausgelebt werden, verstärken das Flair dieser alljährlich wiederkehrenden Hochzeit der Züchterschar. Der „Neue" gerät in den Sog der Gemeinschaft, lernt Freunde und züchterische Tricks kennen, reiht sich langsam in den Wettkampf ein, bis auch er schließlich seine „Züchterfamilie" findet.

Es gehört zum Leben eines Züchters, prägt Freundschaften, bringt Abwechslung in den Alltag, bewahrt nicht zuletzt Menschen vor einer gewissen Einsamkeit. So gesehen sind der hohen Zeit der Rassekaninchenschauen wie dem Vereinsleben jedenfalls auch erfreuliche emotionale Merkmale zuzuschreiben. Es hat zwar nichts mit Genetik zu tun, baut aber wieder auf, wenn es mal mit der Genetik im Stall nicht so klappte.

Manchmal ist der Weg bis zur Freude über einen ersten Erfolg uneben und sehr, sehr weit. Oft wird man so arg auf die Probe gestellt, muss Niederschläge erleben und wegstecken, muss von vorn beginnen...

Wie man es nicht machen sollte

In Ausstellungen halten sehr viele Besucher Ausschau nach Tieren zum Zweck der Erweiterung, der Verbesserung oder für den Beginn ihrer Hobbyzucht. Wie man es jedoch nicht machen sollte, sehen wir uns einmal beim Züchter Heinrich – ein fiktives Beispiel – an: Nichts ist dem alten Hasen für seine Rassekaninchenzucht zu teuer oder zu viel, kein Jahr vergeht ohne Heinrichs zahlreiche Besuche großer Kaninchenschauen. Er ist kein Aussteller, nein, Heinrich kauft. Eheweib Else weiß dabei längst: Es beginnt ein Leidensweg wie in all den Jahren zuvor, der mit Heinrichs erneutem Kaninchenkaufwillen im nächsten Jahr endet und gleichfalls neu beginnt ...

Katalog gekauft, die Rasse herausgesucht: „Donnerwetter, dat issa, der Rammler mit siemunneunzigkommafünf, gucke ma, Else, den koof ma." Else kommt nicht zum „Guckema" in den Katalog, weil Heinrich längst dem Objekt seiner Begierde entgegenrennt. Heinrich kauft unbesehen, Else dagegen guckt sich „den neuen Fresser" für den heimatlichen Stall in der ihr verbleibenden Ruhe genauer an. Bis auf den halben Punkt mehr auf der Bewertungskarte dieses Favoriten erkennt sie keinen Unterschied zu dem Vorjahrestier, das nun zu Hause nichts von seinem grausigen Ende ahnt, aber „bloß nischt sagen, sonst kriselt's wieder"; sie kennt doch ihren Heinrich – den Züchter, der fleißig das Geld für tägliche Brötchen und Kaninchenkäufe verdient, während Else alle Jahre wieder das Dilemma im Stall erlebt.

Kauf nach Katalog, hier ein fiktives Beispiel, aber ich habe es in ähnlicher Art zigmal miterlebt. Die Folgen solcher Spontankäufe sind nicht fremd. In einer Ausstellung stehen erwartungsgemäß die besten Tiere, die vom Züchter eigens für bestimmte Ausstellungen auserlesen wurden. Erfahrene Züchter wissen längst, wie Tiere (ohne dabei unerlaubte Handlungen zu begehen) herausgeputzt, das heißt schaufertig gemacht, und so die Schönheit des jeweiligen Tieres unterstrichen wird. Konditionsfördernde Haltungsbedingungen tun ein Übriges, gezielte Fellpflege und bestimmte Futterzusätze beeinflussen den Zustand und den Glanz der Behaarung positiv. Nicht zuletzt dressieren erfahrene Züchter ihre Tiere für den Bewertungstisch. Dagegen ist nichts einzuwenden, denn es gehören nur gepflegte und gesunde Kaninchen in eine Ausstellung. Wenn diese sich zusätzlich nicht vor der Preisrichterhand ducken, wild oder scheu verhalten, sondern sich in Positur setzen, hat der Züchter sehr gute Arbeit geleistet.

Ein solches Tier hat unser Heinrich eben gekauft, um wieder einmal von vorn zu beginnen. Nie hatte Heinrich Glück, obwohl er bei den zahlreichen Käufen dem Urteil des Preisrichters traute.

Hat Heinrich da was falsch gemacht?

Im ersten Augenblick hat er nichts falsch gemacht, denn wer nicht den Blick für den Rassewert eines Tieres hat, sollte sich bei einer Entscheidung ruhig von Beurteilungen des erfahrenen Preisrichters ein wenig leiten lassen. Aber (!) ein Preisrichter beurteilt mit fachlicher Kompetenz immer nur Einzeltiere einer ausgestellten Sammlung in ihrer Entwicklung, Kondition, Konstitution, Rassespezifik, nicht deren ungesehene Ahnen, auch nicht die Geschwister, die möglicherweise fehlerstrotzend auf der Schlachtliste des Ausstellers stehen. Das ist nicht übertrieben, weil – und seien wir doch mal objektiv – uns bei bestimmten (Zeichnungs-)Rassen oft schon trotz des Sachverstandes das Glück sehr hold sein muss, damit wir eine ausgeglichene Sammlung ausstellen können.

Den Preisrichter trifft keine Schuld, wenn Heinrich erneut in seiner züchterischen Arbeit eine Schlappe erleben muss. Dem Züchter muss Heinrich ebenfalls nicht grollen. Wir setzen voraus, der Züchter kennt sein Tiermaterial, die Erbkraft der Tiere ist erprobt und er hat bereits einen guten Namen in der Branche.

Unserem Heinrich muss allerdings angelastet werden, er erwartet „fertige Arbeit", wenn er sich nach dem Zukauf und von dem Einsatz eines neuen Zuchtrammlers sofort erfolgreiche Nachzucht mit grundsätzlicher Ähnlichkeit des Vatertieres verspricht. Nicht bloß des Vaters äußere (sichtbar werdende) Merkmale werden vererbt! Da sind verborgene, negative Erbanlagen, die, wenn sie auch im Gencode von Mutter Kaninchen enthalten sind, sichtbare negative Folgen bewirken können. Ein wenig arbeiten muss unser Heinrich da, um herauszufinden, welche positiven und negativen Merkmale er da mit seinem neuen „Siemunneunzigkommafünfer" eingekauft hat.

Welchen Gefahren hatte sich Heinrich denn nun mit seinen vielen Neukäufen ausgesetzt?

1. Vorrangig sind es genetische Probleme, die sich Heinrich „alljährlich kauft".
2. Hinzu kommen die Gefahren des Einschleppens von Krankheiten.

Das größte Handikap ist also das Verschleiern und Vermischen von Erbanlagen, sodass nicht gleich der erste Wurf eine Aussage über die Güte der neuen Verpaarung zulässt.

Heinrich hat mit einer Zucht begonnen, aber der Erfolg bleibt aus. Die Jungtiere kommen im Wachstum nicht voran, ihre Körperbeschaffenheit (Konstitution) und Skelettbildung lassen Wünsche offen, ihr junges Fellchen weicht vom Längenverhältnis der gegebenen Rasse ab und/oder weist Fehlfarben auf, die Silberung ist flockig (ungleichmäßig oder in Büscheln). Gegebenenfalls treten Zahn- oder Geschlechtsanomalien auf, obwohl keine blutsnahe Zuchtmethode praktiziert wird und degenerative Momente in Betracht zu ziehen wären. Bei den Nachkommen verändern sich Wesensmerkmale, zum Beispiel können Bissigkeit, Wildheit oder enorme Scheu solche Wesensveränderungen sein. Diese Negativbeispiele sollten genügen. Absichtlich wollte ich hier jene Vererbungsgrundlagen mit einem Schuss Übertriebenheit anklingen lassen, die in der Züchtersprache leider noch keinen hohen Stellenwert haben, dabei jedoch in der Vererbung eine wichtige Rolle spielen (können). Mit diesen Beispielen ist dieses Thema zwar nicht erschöpft, weil nicht alle Fehler und niemals so grundsätzlich in einem ersten Wurf auftreten. Andererseits können sich diese Eventualitäten zunächst ins Positive kehren und erst in der zweiten Generation alle Glücksträume vernichten. Erinnert sei an die Fähigkeit der sich summierenden Gene (additive Gewirkungen), welche Rolle die DNS im Erbgeschehen spielt oder an die Möglichkeit der Heterosis bei der Zusammenstellung. Erfahrungsgemäß interessiert dies nur einzelne Zuchtfreunde, sodass ich die Erwähnung von Möglichkeiten als ausreichend erachte.

Fazit: Heinrich bedenkt bei seinen zahlreichen Neuanfängen durch Zukauf von Zuchttieren nicht, dass er seine Rechnung ohne die Kraft der Natur macht. Diese nämlich hat Gesetze, die es zu erkennen und ein ganz klein wenig zu verstehen gilt.

Was wäre unserem Heinrich zu raten?

Statt der vielen Rammlerkäufe nach Bewertungspunkten wäre es ratsam, dass ein Züchter wie Heinrich einmal einen erfahrenen Züchter gleicher Rasse konsultiert. Es könnte ja auch der Besitzer des „Siemunneunzigkommafünfers“ sein, mit dem er Probleme und Erfahrungswerte austauscht und sich von dessen Tiermaterial an Ort und Stelle ein Bild macht. Ehrlich sollten Probleme in der Zucht schon miteinander besprochen werden, damit Heinrich nicht eines Tages auf Grund seiner Unwissenheit kapitulieren muss und der Verband möglicherweise einen offensichtlich interessierten Züchter verliert.

Aus eigener Erfahrung weiß ich, dass viele Zuchtfreunde gern Züchterbesuche empfangen, ihre Ställe und Tiere präsentieren. Anhand einzelner Tiere kommt es dann immer zu lehrreichen Fachgesprächen im Stall. Ich denke gern an meine ersten Schritte zurück, die von erfahrenen Züchtern und Zuchtrichterkollegen begleitet wurden.

Gefahren des Einschleppens von Krankheiten

Gefahren des Einschleppens von Krankheiten sehe ich einmal in der Genetik begründet, denn viele Erkrankungen (Lähmungen der Gliedmaßen, krankhafte Haarbildungen, die allgemeine Bereitschaft zur Erkrankung durch veränderte Immunität) haben einen erbbiologischen Ursprung.

Viren, Bakterien, Parasiten und Mykosen (niedere Pilze) sind die andere Seite der Gefahren, die mit dem Kauf von Zuchttieren zu berücksichtigen sind.

Gegen RHD und Myxomatose sind die ausgestellten Tiere geimpft, aber da könnten beispielsweise Schnupfen, Pilze oder Ungeziefer „mitgekauft" werden. Folglich gehören zugekaufte Tiere grundsätzlich in eine Quarantäne. Die Zeiten von einer Ansteckung bis zum Ausbruch einer Krankheit (Inkubationszeit) sind unterschiedlich lang. Das bedeutet, das neue Tier ist putzmunter, der Ausbruch der Erkrankung im eigenen Stall verläuft vorerst „schleichend" weiter. Mykosen sind nicht gleich sichtbar, Parasiten oft nicht mit bloßem Auge erkennbar, sodass bereits ein Bestand angesteckt sein kann, ehe das gekaufte Tier sichtbare Wirkungen trägt. Nicht allein die schlimmen Auswirkungen im Stall sind das Verwerfliche, sondern eine ganze Reihe der Tierkrankheiten können auch auf den Menschen übertragen werden. Deshalb wird im Allgemeinen angeraten, den Neuzugang in einer vierwöchigen Quarantäne zu belassen, erst danach in den Bestand zu setzen.

Diese Hinweise sollten bitte nur als Ratschläge dienen; ich möchte weder einem verkaufenden Zuchtfreund mit bösen Unterstellungen zu nahe treten noch Angst besonders bei neuen Züchtern auslösen. Aber das Einschleppen von Krankheiten oder parasitären Unannehmlichkeiten gehört zu den Gefahren eines Tierkaufes.

Passerpaarung und Reinerbigkeitsprüfung

Passerpaarungen und auch Reinerbigkeitsprüfungen sind sehr zeitaufwändige Arbeiten. Sie dienen einmal dazu, alle nicht in ein Rassebild passenden Momente (eventuelle sichtbare Spalterbigkeiten) zu lokalisieren. Andererseits kann man so herausfinden, ob bestimmte Tiere tatsächlich mit ihrer Erbkraft in einen vorhandenen Bestand passen. In einem vielleicht gar kleinen Zuchtbestand mit geringer Stallkapazität ein zermürbendes Unterfangen. Ist der betreffende Züchter zudem eher auf schnellen Erfolg aus, dann ist das Ergebnis zweifelhaft. Ist er dagegen bedacht, einen eigenen Stamm zuverlässiger Vererber seiner Wunschrasse zu erhalten, wird er gern auf Ausstellungsbeteiligungen verzichten und sich erstrangig diesem/seinem wertvolleren Ziel zuwenden, denn harte Arbeit wird eines Tages auch Früchte tragen.

Für die Durchführung einer Passerpaarung entscheidet man sich, wenn neue Tiere in den Bestand geholt wurden oder ein Linienaufbau vorgenommen werden soll.

Für die Reinerbigkeitsprüfung wird man sich entscheiden, wenn plötzlich und seit dem Einsatz eines neuen Tieres unerwünschte Eigenschaften bei Nachkommen einer bislang intakten Zucht auftreten. Beispielsweise sind dies solche Anlässe wie Zeichnungsprobleme, Weißdurchsetzungen oder Fehler in der Haarstruktur.

Beziehen sich die negativen Eigenschaften beispielsweise auf Körperformen und auf den Körperbau, sollte abgewogen werden, inwieweit die betreffenden Tiere einer gesonderten Prüfung unterzogen werden, da solche Erbmerkmale vielfach gekoppelt in Erscheinung treten können und sich auch in dieser Koppelung gemeinsam vererben.

1. Beispiel: Die Anlage für einen gestreckten Körper kann ein längeres Ohrenwachstum begünstigen. Wir treffen auf zwei Gene, die sich wie *ein* Gen verhalten. Dieses lange Ohr wiederum besitzt eine genetische Koppelung für eine labile Ohrstruktur (als ein drittes Gen), die weiterhin Raum für eine weitere Merkmalskoppelung, zum Beispiel der faltigen Ohrknorpelbildung, im Züchterdeutsch *faltiges Ohr,* bietet.

2. Beispiel: Die farbgenetischen Genkoppelungen, die beispielsweise bei schwarzfelligen Kaninchenrassen eine hellbraune Iris bewirken und mit einer entsprechend aufgehellten Unterfarbe einhergehen.

3. Beispiel: Dünn behaarte Ohren und Behänge der Kaninchen sind oft aussagekräftig für ein gering ausgebildetes Unterhaar (so genannte Unterwolldichte).

Es ist nicht ausgeschlossen, dass solche Faktoren auf Grund vorangegangenen Unbewusstseins, vielleicht auch durch Unkenntnis, in der Zuchtauslese im Erbgut des neu eingesetzten Tieres latent enthalten sind. Hat der neue Besitzer des Tieres nun in seiner Zucht, bei seinen Tieren ebenfalls solche oder einzeln auftretende Merkmale übersehen oder „für nicht so gravierend" gehalten, konnten sich schlimmstenfalls auch hier passende Gene addieren. Und dies geschieht dann so lange, bis sie in einem Chromosom (Träger der Erbanlagen) vereint als so genannte Kette angelegt sind. Dann kommt der Knall in die Vererbungsgeschichte, nämlich in Form einer wahren Kettenreaktion, alle Negativgene können ungehindert wirken und zeigen dann am Neugeborenen ihr schändliches Können. Bleiben wir noch bei unseren Beispielen, könnte dieses Ergebnis dann folgende Eigenschaften entwickeln: gestreckte Körperform, lange, wenig behaarte, faltige Ohren, etwas oder gar zu helles, dünnes Unterhaar, helles Auge.

Angemerkt sei andererseits auch, dass es sich genau umgekehrt zutragen könnte. Dann würden die positiven Faktoren beider Ausgangstiere verstärkt gewünschte Merkmale ausbilden. Aber, es darf nicht vergessen werden, erst die zweite Generation beweist, ob eine gestärkte Genwirkung oder eine Heterosis eine blendende Nachzucht der F_1 verursacht hatte.

Deshalb der Fingerzeig: Tiere beobachten, Vorzüge und Nachteile bestimmter Tiere notieren. Das ist empfehlenswert, denn bei Auftreten einer Vielzahl von Fehlern kann es ganz schnell zu spät für eine optimale Auslese sein, denn viele Fehler lassen sich nicht in ein paar Nachzuchten bleibend minimieren. Kontinuierliches Merzen von Fehlern und immer nur das hauptsächliche Zuchtziel auf ein Merkmal beschränken, haben bei der Auslese höchste Priorität. Man kann nicht alle Fehler gleichzeitig korrigieren, ohne neuen Fehlern Chancen zu eröffnen.

Die Reinerbigkeitsprüfung

Wenn sich der Langhaarfaktor ins Geschehen schleicht

Für eine Reinerbigkeitsprüfung wird sich ein Züchter immer dann entscheiden, wenn er am Äußeren des betreffenden, neu in die Zucht gestellten Tieres keine gravierenden Fehler erkennt, aber dessen Nachkommen plötzliche Fehler aufweisen, die zuvor im Bestand nicht vorkamen. Das beliebteste Beispiel für die Erläuterung fremder Rassemerkmale in einem Bestand ist das Gegenüberstellen der Haarstrukturen „Normalhaar“ und „Angorafell“. Mit anderen Züchterworten gesprochen, fallen in einer Rasse mit Normalhaar so genannte „Pudel“. Das sind Tiere mit einem wesentlich längeren Haarwuchs. Dieses Haar/Fellkleid ist mit einer Zwischenform von Normalhaar und Angorahaar vergleichbar. Aber man darf sich auch bei einem solchen Vorkommnis fragen:

1. Handelt es sich wirklich um den Angorafaktor „v“?
2. Liegt eine Langhaarigkeit im Normalhaar vor, wie sie beim Fuchskaninchen mit dem Faktor „fu“ die Haarstruktur bestimmt?
3. Bewirken Umwelteinflüsse eine derartige Reaktionsnorm?

Die Prüfung und damit die Spaltungsmöglichkeiten unterliegen dem intermediären Erbgang.

Beispiel: An der Struktur des Haares wäre erkennbar, dass hier der Angorafaktor einwirkt. Eine feine Kräuselung ist beispielsweise gegeben, die Länge des gesamten Haarkleides liegt über dem Standard der jeweiligen Normalhaarrasse. Das spricht gegen eine Fuchsbehaarung, da „fu“ keine Kräuselung besitzen darf, weitestgehend auch in dieser Eigenschaft erbfest ist.

Der Faktor für Angoralanghaar ist gegenüber dem Normalhaar rezessiv und kann, wenn er einmal im Erbgut enthalten ist, latent vererbt werden. Wie er in die Vererbung der Normalhaarigen gelangt ist? Es darf davon ausgegangen werden, dass es Züchter gab, die mit dem Einkreuzen der wuschlig-dichten Struktur das normale Haar einer Rasse positiv beeinflussen wollten. Es gelingt sogar, doch es muss hier wieder der mahnende Finger erhoben werden: Jede Kreuzung rächt sich früher oder später.

Wenn also ein solcher Pudel plötzlich den Bestand ziert, darf mit an Sicherheit grenzender Wahrscheinlichkeit davon ausgegangen werden, der Fehler steckt schon ganz gering in der Normalhaarzucht. Das Symbol Klein-v beweist die untergeordnete Rolle, wenn man für das Normalhaar den Faktor V dagegensetzt.

Es gilt, sich für den gangbarsten Weg der Reinerbigkeitsprüfung zu entscheiden.

1. Kreuzung der/des betroffenen Jungtiere/s mit einem reinerbigen Angora,
2. Rückpaarung der betroffenen Nachzucht mit dem verdächtigen Elterntier oder gar (je nach Platzkapazität) Rückpaarung der Jungtiere mit beiden Eltern.

Der kürzeste Weg wäre die Paarung mit einem Angora. Als Ausgangstiere wären Angora (vv) × betroffenes Jungtier (Vv), dem man auch je nach Grad der pudeligen Eigenschaft eine Reinerbigkeit für das Angorahaar mit einem rezessivem Hang zur Normalhaarigkeit unterstellen darf = vv (V). Diese Möglichkeit des rezessiven Verhaltens eines sonst dominanten Faktors lernten wir bereits bei der Wildfarbigkeit G speziell bei Japanerkaninchen oder den roten Rassen kennen. Wäre nämlich der Faktor V für Normalhaar so dominant, wie man es ihm entsprechend der Schreibweise nachsagt oder von ihm erwartet, käme keine Pudel-Zwischenform zustande.

Prüfungsvariante 1: Angorahaar, reinerbig vv/vv und Normal-Angorabehaarung, spalterbig Vv/vv.

Mit einer jeweils 50-prozentigen Wahrscheinlichkeit müssten reinerbige Angora vv/vv und die spalterbige Form der Normalhaar-Angora-Mischung vv/Vv im Nest liegen.

Der zweite Weg ist weniger schnell zu überschauen.

Die Paarung Verdachtstier (Vater oder Mutter) = Normal-Angorabehaarung, spalterbig Vv/vv und betroffenes Jungtier = Normal-Angorabehaarung, spalterbig Vv/vv lässt theoretisch eine Nachzucht erwarten, die nach dem intermediären Erbgang

zu 25 Prozent reinerbige Angora-Behaarung (vv) tragen,
zu 50 Prozent die spalterbige Variante (V/v) hervorbringen und
zu 25 Prozent eine reine Normalhaarstruktur (V/V) aufweisen kann.

Ich sage bewusst *kann,* um daran zu erinnern, dass die Theorie nach *einem* Wurf niemals stimmen muss.

Eine dritte Variante der Prüfung wäre die Geschwisterpaarung, die jedoch zur Verzettelung führen kann. Bedenkt man, es besteht neben der neuen eingeschleppten Spalterbigkeit schon eine bislang verborgen gebliebene im eigenen Bestand, ist diese Prüfung zwecklos.

Gemixte Farben?

Ein sehr umfangreiches Thema bietet die Reinerbigkeitsprüfung im Bereich der Fellfarbenvererbung. Grundsätzlich muss hier erwähnt werden, dass nur Abweichungen lohnend einer Reinerbigkeitsprüfung zu unterziehen sind, wenn der Verdacht auf *eine* Faktorenänderung zurückzuführen ist. An dem einfachen, aber in Unkenntnis häufig vorkommenden Beispiel „Eisengrau" sei die lohnende Probe demonstriert. Der Prüfungsweg unterliegt der zweiten Regel nach Mendel, wie bereits im Textabschnitt zum spalterbigen Eisengrau anhand der Formeldarstellung demonstriert wurde.

Zum Anlass nehmen wir: In einem Bestand treten plötzlich zwei kleine schwarze „Bastarde" auf. Der Besitzer der Tiere vermutet bei einem der Tiere die schwarze Farbanlage in spalterbiger Form. Wir vollziehen die Probepaarung nach und setzen bei den übrigen Faktoren A, C, D, G eine Reinerbigkeit voraus:

Eltern:	$B^eB \times B^eB$ =	beide Ausgangstiere sind spalterbig eisengrau, obwohl sie phänotypisch dem Farbenspiel dunkelgrau entsprechen.

Die Nachzucht der 1. Generation sieht theoretisch wie folgt aus:

50 Prozent	= B^eB (spalterbig eisengrau), Jungtiere ähneln farblich den Eltern sehr stark.
25 Prozent	= BB (reinerbig hasen- oder wildgrau), Jungtiere tragen ein helleres Grau als die Eltern.
25 Prozent	= B^eB^e (reinerbig eisengrau), Jungtiere tragen ein fast schwarzes Haarkleid.

Da die Aufspaltungstheorie ja das gesamte prozentuale Wurfergebnis eines festen Kaninchenpaares in seinem gemeinsamen Leben berücksichtigt, dürfte das Prüfungsergebnis bei Eisengrau im ersten Versuch doch aussagefähig sein. Von drei möglichen Farbvarianten dürften wenigstens zwei nachzuweisen sein, womit dann dieses Schulbeispiel belegt wäre.

Schwieriger und mühevoller wird eine Reinerbigkeitsprüfung, wenn eine wirkliche schwarze Spalterbigkeit bei schwarzwildfarbigen (grauen) Rassen vorliegt. Die Erbformel eines Elternteiles sieht am Anfang dann so aus: ABCDG/ABCDg = schwarzwildfarbig, rezessiv schwarz. Wird stets eine blutsfremde Zucht praktiziert, kommt diese Spalterbigkeit niemals ans Tageslicht, denn verpaart man nun ein solches Kreuzungsprodukt mit einem reinerbigen hasen-, wild- oder dunkelgrauen Partner, ist eine Nachzucht zu erwarten, die zu

50 Prozent die spalterbige, wildfarbene Form für Schwarz (ABCDG/ABCDg) erbt und
50 Prozent einen schwarzwildfarbigen reinen Typ (ABCDG/ABCDG) verkörpert.

Nun ändert sich der Sinn des betreffenden Züchters, er verspricht sich von einer Geschwisterpaarung eine Verbesserung eines bestimmten Merkmales, dann kann es dazu kommen, dass er gerade zwei der Bastarde (ABCDG/ABCDg) für die Zucht auswählt.

Das Ergebnis der nun gewonnenen F_2 dürfte den braven Zuchtfreund schockieren:

50 Prozent	= ABCDG/ABCDg	= schwarzwildfarbig, spalterbig schwarz,
25 Prozent	= ABCDG/ABCDG	= schwarzwildfarbig, reinerbig und
25 Prozent	= ABCDg/ABCDg	= schwarz, reinerbig.

Welches Elterntier der F_1 trug denn nun die schwarze Spalterbigkeit? Um das herauszufinden, müssten nun die schwarzspalterbigen F_1- oder F_2-Nachkommen mit ihren Eltern oder eben Großeltern Nachkommen zeugen. Aber welche sind die Schwarzspalterbigen? Alle Jungtiere sind phänotypisch grau. Das Probieren kann lange dauern. Es sei denn, der Zufall lenkt das Händchen, um zufällig die beiden spalterbigen Jungtiere (Rammler und Häsin) herauszugreifen, die dann jeweils mit Vater oder Großvater und Mutter oder Großmutter in der Rückpaarung das Rätsel lösen sollen.

Ist ein Elternteil reinerbig ABCDG/ABCDG, dann beginnt das Spiel vom Neuem, weil das Ergebnis wieder

50 Prozent	= ABCDG/ABCDg	= schwarzwildfarbig, spalterbig schwarz und
50 Prozent	= ABCDG/ABCDG	= schwarzwildfarbig, reinerbig heißen muss.

Bei dem spalterbigen Elternteil findet sich die Lösung, denn hier fallen wieder schwarze Jungtiere (theoretisch zu 25 Prozent), wie die F_2 aus der zuvor beschriebenen Geschwisterpaarung.

Eine weit längere Zeit ist nötig, wenn eine Spalterbigkeit vorliegt, die zwei, drei und mehr Farbfaktoren betrifft. Während man bei einer einfachen Spalterbigkeit von einer monohybriden Heterozygotie spricht, werden mehrfache Spalterbigkeiten, zum Beispiel zwei Faktoren = dihybrid, drei Faktoren = trihybrid und vier Faktoren = tetrahybrid genannt. Mehrfache Spalterbigkeiten treten glücklicherweise meistens auf, wenn der Schöpferwille keine Grenzen kennt und neue Herauszüchtungen geplant und in Angriff genommen werden.

Bei einer vorliegenden Spalterbigkeit im Farbbereich verwendet man idealerweise das sandfarbige Separator-Kaninchen Abcdg/Abcdg für eine Reinerbigkeitsprüfung. Dabei spielt es keine Rolle, ob die Heterozygotie auf einem Faktor beruht oder auf mehrere Faktoren zurückzuführen ist und welche Faktoren die Spalterbigkeit begünstigen. Fallen beispielsweise in einer Zucht Fehkaninchen (MF) blauverdächtige oder in schlimmerer Form gar schon blaue Jungtiere, ist in der Prüfung von einer bildlichen Formel ABCdg/Abcdg auszugehen. Kreuzen wir diese angenommene Anlage mit dem Separator, so entsteht folgende Paarungsskizze:

Separator		*Fehkaninchen (MF) spalterbig blau*		*Nachzucht F_1*		
$\frac{Abcdg}{Abcdg}$	$\times$	$\frac{ABCdg}{ABcdg}$	=	$\frac{ABCdg}{Abcdg}$	+	$\frac{ABcdg}{Abcdg}$
				=		=
				blau, spalterbig sandfarben		*fehfarbig, spalterbig sandfarben*

In der F_1 ist theoretisch eine Nachzucht zu erwarten, die zu 50 Prozent ähnlich das MF verkörpern, aber spalterbig mit der Sandfarbe ausgestattet sind. Die anderen 50 Prozent der theoretischen Berechnung ergibt eine blaue Nachzucht mit dem genetischen Hintergrund „Sandfarbe“.

Ganz gleich, welche Dominanz man bei einer Rasse vermutet, gepaart mit einem erbreinen Separatorkaninchen wird der unerwünschte Dominanzfaktor bereits in der ersten F_1 sichtbar und nach einer Geschwisterpaarung in der F_2 deutlich. Der Weg ist deshalb verhältnismäßig einfach, weil beim Separator alle Grundfaktoren auf die mutierte Form reduziert wurden. Wird einem solchen Erbgeschehen durch Prüfungskreuzung wieder ein wirklicher Grundfaktor B, C, D oder G zugeführt, darf er auch seine Rolle sichtbar spielen. In allen Fällen unterstützt der Pigmentfaktor A dann auch diese Wirkung.

Der Körperbau

Die Anatomie der Kaninchen ist bei allen Rassen identisch, denn ein Kaninchen bleibt ein Kaninchen, auch wenn die Rassen noch so bunt und unterschiedlich groß sind.

Wie bei der Fehleranhäufung beschrieben, gilt in Fragen „Auslese nach der Konstitution" Gleiches. Die Prägung der Konstitution (die allgemeine und ererbte körperliche Verfassung, der Körperbau) unterliegt der erbbiologischen Veranlagung. Wie beim Menschen werden auch beim Kaninchen Körperbau und Körperformen an die Nachkommen vererbt. Sagt ein Vater stolz: „Junior hat meine Fußballerbeine geerbt, aber Mutters große Füße", so bestätigt dies, dass die Konstitution ebenfalls in einer Vielzahl einzelner Gene vererbt wird. Um bei dem Beispiel Fußballerbeine zu bleiben, können Mutters große Füße wieder Vaters Zehennagelform aufweisen. Aber hierbei belasse ich es und komme auf unsere Lieblinge mit Fell zurück.

Die Beschaffenheit des Kaninchenkörpers ist eine erbliche Besonderheit, bei der der Grad einer eventuell früheren Mutation (gemessen an der Größe und Form des Wildkaninchens) nicht exakt abzustecken ist, da mit Sicherheit auch Züchtung, Auslese und Kombination die eigentlichen Spuren der Größenmutation verwischt haben.

Aber eines ist bei den Kaninchenrassen wie bei der menschlichen Vererbung gleich, und zwar der Vererbungsablauf bezüglich der Konstitution, die sich nicht selten innerhalb eines Wurfes zeigt. Sehen wir uns die unterschiedlichen Typen und deren Körperbau an, können wir auch hier feststellen, dass es erbliche Zusammenhänge in den Bereichen Körperbau und Wesensart gibt.

Wie bei uns Menschen gibt es auch bei unseren Rassekaninchen – und das ganz rasseunabhängig – drei Konstitutionstypen, die sich folgendermaßen gliedern:

Der schlanke Typ

Dieser Typus passt überwiegend in den jeweiligen Größenrahmen seiner Rasse, wirkt aber insgesamt dünn, schwach und ist allgemein feingliedrig. Der Brustkorb dieses Typs ist sehr schwach. Im ihrem Wesen sind diese Tiere ängstlich.

Der mittlere Typ

Breiter Brustkorb und ein breiter Schulterbereich kennzeichnen diesen Körperbautyp. Er ist wahrlich ein Athlet und als dieser vollkommen, wenn seine straffe Fellhaut ein derbes, robustes, kräftiges Skelett verbirgt.

Keine Ecken und Kanten, wie so genannte Hüftbeinhöcker, lockere Schultern oder verjüngte Körperformen, stören. Sein Wesen ist, da wir es hier mit einem Tier zu tun haben, in gewohnter Umgebung und für den gewohnten Umgang offen.

Der breitwüchsige Typ

Ein Einzelwesen, auch ein Mensch und unser Kaninchen, mit breitwüchsigem Körperbau strahlt Behäbigkeit aus. Der Körper wirkt gedrungen, doch diese Wirkung wird eher durch Fettansatz und Bauchigkeit als in einer Folge von Muskeln erzeugt. Der Brustkorb ist eher im unteren Bereich breit und verjüngt sich aufwärts zu den Schultern merklich.

Die Konstitution kann von Umwelteinflüssen, wie Fütterung, Haltung und Bewegung, in ihrer ursprünglichen Erbanlage für die allgemeine körperliche Verfassung positiv und negativ verändert oder sogar verschleiert werden. Zur Erklärung sollte das Beispiel der beiden unterschiedlich aufwachsenden Geschwister im Teil „Qualitative und quantitative Merkmale“ dienen, deren ererbte und zuvor noch erkennbare Gleichheit durch Umwelteinflüsse verloren ging.

Der Erbwert des schlecht entwickelten Tieres ist nicht mehr erkennbar, die Umwelteinflüsse haben ihren Einfluss ins Negative gekehrt. Niemand würde so ein Tier kaufen, dabei kann es durchaus ein tadelloser Vererber sein.

Das Gegenteil wäre die Möglichkeit eines „Blender“-Einkaufs, der im Phänotyp versprechend aussieht, aber in der Erbkraft (Genotyp) die größten Enttäuschungen gespeichert hat.

Die Verbesserung der körperlichen Beschaffenheit innerhalb einer Zucht ist mühsam, wenn es sich um Konstitutionstypen handelt, die schmalwüchsig sind und klar dem schlanken Typ zuzuordnen sind. Der so genannte mittlere Typ (Mesosomer) eignet sich gut als Basistier für das Herausmendeln von Konstitutionsfehlern oder -vorzügen. Ein Mischen von Erbanlagen eines breitwüchsigen mit einem mittleren Typen in der Rassekaninchenzucht würde ich nur ganz bedingt bevorzugen, sofern es um farbliche, nicht aber um körperliche Merkmale geht.

Das leidige Wammenproblem – wie ist es in den Griff zu bekommen?

Als mir von der Redaktion der Fachzeitschrift „Deutscher Kleintier-Züchter" dieses Thema zur Beschreibung vorgeschlagen wurde, musste ich lächeln, denn meine lakonische Antwort wäre: „selektieren".

Was ist eine Wamme? Eine wulstige Haut-/Fellfalte quer verlaufend im Kehlbereich des Halses in unterschiedlicher Ausprägung und Größe. Eine kleine, gut geformte Wamme ist bei Häsinnen mancher Rassen erlaubt. Standardzitat: „Die Wamme bei Häsinnen ist in der Regel unerwünscht. Soweit eine solche aber zugelassen ist, darf sie nicht groß sein. Auch muss sie eine schöne Form besitzen (sog. Schwalbennestwamme) und unmittelbar am Hals gerade anliegend. Die Ausbildung von Wammen unterliegt neben einer Erbanlage auch Umwelteinflüssen; deshalb treten sie bei älteren Häsinnen häufiger auf. Als ‚älter' gilt eine Häsin vom 13. Lebensmonat an." Zitatende. Nimmt diese Erweiterung des Felles im Alter einer Häsin zu, kann sie nicht nur unschöne Formen annehmen, sondern sich auf den gesamten Halsbereich und auf die Brust ausdehnen. Je nach Ausdehnung und Verformung sind folgende Erscheinungsformen möglich:

Das lose Brustfell bis hin zur Beinwamme, die große und schiefe Wamme, die Doppel- und Zottelwammen.

Beobachtungen und Fingerspitzengefühl

Es gehört zur Frage des Körperbaus, von dem wir erwarten, das Fell der Kaninchen solle dem Körper straff anliegen. Entgegen dieser Erwartung erlaube ich mir den folgenden Hinweis. Besonders bei großen Rassen (konkret bei Deutschen-Widder-Kaninchen) empfiehlt sich mit viel „Fingerspitzengefühl" eine gewisse konträre Billigung einer so genannten losen Fellhaut. Gerade im Jungtierstadium haben DW gegenüber den kleineren Rassen einen etwas anderen Wachstumsverlauf. Da sind das Knochengerüst (fachlich Skelett), die Organe, die Anlagen zur Fleisch- und Muskelbildung, und all das umspannt eine vergleichsweise lose Fellhaut. Leger gesagt, hat Mutter Natur dieser Rasse einen etwas großen Mantel geschenkt, in den die Tiere hineinwachsen müssen. Erst die Umwelteinflüsse, die sich ausdrücklich auf die Haltung, Bewegung und Fütterung beziehen, tragen elementar zur optimalen Entwicklung der *qualitativen* und *quantitativen* Merkmale bei. Neben der artgerechten, nicht verfettenden oder treibenden Fütterung müssen diese Jungtiere ausreichenden Bewegungsraum erhalten, damit die Anlagen zur Fleisch- und Muskelbildung tatsächlich ausgeschöpft werden. Erst dann kann man konsequente Feststellungen zur Qualität der Fellhaut treffen und verstärkt Tiere mit unerlaubter wie unschöner Wammenbildung und der losen Fellhaut wie allgemein gewohnt merzen. Wie bereits im Zitat genannt, ist die Wamme, in welcher Form sie auftreten mag, eine erblich bedingte Erscheinung. Erst an zweiter Stelle hinterlässt das Milieu seine Spuren. Nochmals möchte ich Dr. Dorn ergänzend zu Rate ziehen, der in seinem Buch bemerkt: „Das umfangreiche ‚lockere Brustfell' tritt bei besonders schnellwüchsigen, hohen Futterverwertern auf. Ältere Leistungshäsinnen sollten bei losem Brustfell nicht bestraft werden." Umstritten ist für mich der Begriff „Leistungshäsin", denn alle Entwicklungen, die eine Häsin nimmt, sind Leistungen (Wachstum, Haarung, Trächtigkeit, Aufzucht der Jungen). Unumstritten ist die Erfahrung, die mit mir wohl einige Züchter teilen. Solche gerade ausgewachsenen Häsinnen mit einer recht ausgeprägten Brustpartie, welche die Ausstellungen dann mit einem Bewertungshinweis auf ein lockeres Brustfell verlassen, wirken wenig schön, sind aber doch im Hinblick auf ihre Aufzuchtleistung tolle Muttertiere. Sollten keine gravierenden Fehler bezüglich der Rassemerkmale, des sonstigen Körperbaus und der Wesenszüge einen Einsatz in das Zuchtgeschehen vereiteln, und entstammen diese Häsinnen einer sonst stabilen Vererberlinie, ohne den Makel loses Brustfell auf ihre männlichen Nachkommen bislang vererbt zu haben, sollte eine solche Häsin unbedingt im Zuchtgeschehen bleiben.

1. Erwiesenermaßen haben diese Kaninchendamen neben dem Makel des lockeren Brustfelles oder der voll ausgeprägten Brustpartie und von runden Körperformen so ihre Vorzüge. Jawohl verehrte Herren Züchter, die Vorteile einer schönen rundlichen Frau sind analog zu sehen. Diese Häsinnen weisen eine breite Beckenpartie auf und erweisen sich meistens als gute Muttertiere. Leider wird bei solchen Häsinnen der starke, breite Kopf vermisst. Mit Recht fehlt er. Eine Häsin mit der annähernd beschriebenen Konstitution ist hormonell noch ungetrübt das weibliche Tier. Gerade, weil alle Welt auch bei den kleinen, ja zarteren Rassen (beispielsweise der Englischen Schecke) nach breiten Köpfen bei Häsinnen schreit, sollte sich der Zuchtfreund glücklich schätzen, ein gutes Muttertier mit den sonstigen Vorzügen der entsprechenden Rasse sowie einer guten, vielleicht auch bewiesenen Erbkraft in seinem Zuchtbestand zu haben. Es ist gut vorstellbar, dass diese Auffassung nicht jeden Geschmack trifft. Sicherlich wirkt ein weibliches Tier mit rundem, markantem Kopf wesentlicher besser. Doch so lange der Mensch Zuchten lenkt, die Entwicklungen der Tiere und Rassen durch künstliche Auslese beeinflusst, plädiere ich dafür, dass in der Biologie auch genetische Informationen erhalten bleiben, die natürlich sind, wenn sie auch weniger schön wirken.
2. Hormonelle Prägungen, wie der vermeintlich unproportionierte Kopf zum sonst untadeligen Körper, sind Ausdruck für eine intakte Struktur im Bereich der geschlechtsbezogenen Biologie. Was soll da-

mit gesagt sein? Eine Häsin mit einem starken Kopf mag in der weiblichen Aufgabenerwartung – Paarungsbereitschaft, Wurfleistung, Nestverhalten, Säugeleistung – noch ganz intakt erscheinen. Die Erfahrung lehrt immer wieder, dass Häsinnen mit zunehmend männlichen Köpfen auch zunehmend hormonelle Störungen zeigen. Die genannten Aufgabenerwartungen bleiben regelrecht auf der Strecke. Die Ergebnisse zeigen sich unter Umständen als kleine Würfe bis gar keine Nachzucht, geringe Säugeleistung bis unzureichende Milchproduktion und/oder spät einsetzende Nestpflege als hormonelle Instinktausprägung.

Wie ist es nun mit der Vererbung der Wamme? Die Anlagen zur Wamme sind erblich bedingt, beeinflussen erstrangig jedoch die Bildung des lockeren Brustfelles. Die Intensität der Ausprägung in den Schritten lockeres Brustfell, kleine Wamme bis hin zu den Bein- und Zottelwammen dürfte davon abhängig sein, in welchem Maß auch der Rammler die Eigenschaften zum lockeren Brustfell → Wamme in seinem Erbgut trägt. Folglich basiert dieses unschöne Erbgut auf der Rezessivität, dem Status, bei dem unerwünschte Faktoren von erwünschten verdeckt werden.

In der Praxis bleiben die Gene für diese Veranlagung allgemein durch konsequente Auslese verdeckt, das Erscheinungsbild Wamme wird unterdrückt. Auch hier gilt, bei der Zucht von Tieren ist das intensive Verdrängen noch immer die einzige Möglichkeit, Fehler konsequent zu minimieren.

Wammenlose Rammler sind ein Muss

War im vorangegangenen Text von den Vorzügen einer Häsin mit lockerem Brustfell die Rede, betrachten wir nun die Rammler. Würde ein Rammler mit dem gleichen Fehler in die Zucht eingesetzt werden, hieße das Ergebnis, keine Freude an der Nachzucht zu haben. Das Zusammenführen und Summieren der verborgenen, ruhenden Erbfaktoren für eine Wammenbildung (in welchem Grad auch immer) wäre vorprogrammiert. Die sich in der Rezessivität befindenden Gene für eine Wammenbildung würden im wahrsten Sinne des Wortes erweckt und gestärkt. Die Folge hieße, bei den Jungtieren würde unweigerlich eine Wammenbildung begünstigt. Auch hier ist das paarige Vorkommen einzelner Erbfaktoren für die zum Thema stehende Merkmalsprägung Voraussetzung. Folglich muss zur Vermeidung des Auftretens des Fehlers „unsaubere Kehle und Brust“ stets so behandelt werden, dass diese Faktoren weiterhin verdrängt werden. Sie dürfen keine Gelegenheit bekommen, ihren Genpartner zu finden oder sich in ihrem paarweisen Wirkungsfeld gar zu verstärken (zu summieren).

Die beste Lösung ist mit Schaffung des Standards eigentlich gegeben. Nach diesem werden Rammler mit einer Wamme konsequent mit dem „Nb“ bestraft. Nicht der Schönheitssinn des Gremiums hat diese Bewertungsgrundlage beeinflusst, sondern auch die Erfahrung im Zuchtgeschehen wurde hier berücksichtigt.

Ein Züchter hält durchschnittlich bei einem Bestand von ca. zehn Häsinnen ein bis zwei Rammler. Ein zweiter Rammler wird bei einer bereits gefestigten Zucht zur Notwendigkeit. Sozusagen eine „Genreserve“, um bei Verlust eines Rammlers nicht auf die Einführung des so genannten fremden Blutes zurückgreifen zu müssen, weil dies ja einem Neuanfang gleichzusetzen wäre.

Wird nun ein Deckrammler ausgewählt, werden dessen Erbfaktoren an die gemeinsamen Nachkommen mit allen Häsinnen weitergegeben.

Angenommen, bei einigen der zehn Häsinnen ist die Wammenanlage in unterschiedlicher Form sichtbar, andere sind makellos. Das Vatertier trägt Einzelfaktoren verdeckt in seinem Erbsystem, die aber dessen Phänotyp (äußeres Erscheinungsbild) nicht nachteilig beeinflussen, so können sie andererseits bei der Zeugung der Nachzucht eine Rolle spielen: Nämlich durch die Summierung rezessiver Faktoren zu einer vorherrschenden Kraft. Nach dem Motto „gemeinsam sind wir stark“ wird nun die Fehlerbildung → Wamme gestartet.

Rechnen wir einmal eine gesamte Nachzucht von 60 Jungtieren, so hätten nun alle Jungtiere eine Wiedervererbungschance im Sinne unseres Themas mit unterschiedlichen sichtbaren Wirkungen. Darunter könnten Jungtiere sein, die beispielsweise von einer weitgehend „halssauberen“ Häsin abstammen und nun aber von beiden Eltern in gewissen Graden belastet sind. Die Häufigkeit einer solchen Möglichkeit ist berechenbar, das Auftreten, das Sichtbarwerden der Erbanlagen jedoch entspricht der Berechnung des intermediären Erbganges. Folglich ist die Hoffnung „es werde schon gut gehen“ ein Frevel, das heißt, der Zuchteinsatz eines im Kehl- und Brustbereich unsauberen Rammlers wäre verwerflich, weil er neben positiven Merkmalen eben auch negative Eigenschaften auf eine breite Nachzucht vererbt.

Aus fachlicher Sicht ist dies ein einfaches, doch klassisches Beispiel der additiven Genwirkung, wie ich sie bereits vielfach anführte. Es ist eine Wirkungsweise, die nicht nur das den Körper formende, erbbiologische Schaffen der Natur anspricht, sondern betrifft in unterschiedlichen Graden alle, ja sämtliche Merkmalsprägungen im Bereich der geschlechtlichen Vererbung.

Buntes aus Theorie und Praxis

„Wenn ich thüringerfarbige Widderschecken mit grauen und grau-weißen Tieren kreuze, dann gibt es in der Nachzucht doch nur graue und grau-weiße Nachzucht ...“, begann ein Brief. Eigentlich liegt dieser Frage das Spielen mit Farben und Scheckung zu Grunde. Der Züchter bedenkt auch die nicht sichtbare Spalterbigkeit, die in der Nachzucht zu erwarten ist. Er weiß, dass alle Nachzuchttiere in der Zucht bleiben müssten, wenn man erfahren will, welche der grauen oder grau-weißen Nachkommen tatsächlich reinerbig sind.

Um es vorwegzunehmen, in der F_1 ist keines der Jungtiere reinerbig.

Antwort: Grau = schwarzwildfarbig – gehen wir davon aus, es handelt sich um das reinerbige Farbenspiel „Wildgrau“ aus der grauen Palette mit den Erbanlagen ABCDG/ABCDG. Ein grauer Kreuzungspartner des genannten Beispiels hat den Zusatz „Scheckung“, also K/k. Die Thüringerfarbe basiert auf der Genformel AbCDg/AbCDg plus Scheckung K/k.

Was ist beziehungsweise was wird also hier gemixt?

Rammler:	thüringerfarbige Schecke	$\frac{\text{AbCDgK}}{\text{AbCDgk}}$
		+
Häsin:	Wildgrau (nicht gescheckt)	$\frac{\text{ABCDG}}{\text{ABCDG}}$

Bei diesem Kreuzungsbeispiel muss die Anlage der Nichtscheckung des Muttertieres k/k berücksichtigt werden. Analog der Thüringerfarbe könnten ebenso Schwarz, Gelb oder Blau stehen, statt der Punktscheckung die Silberung (P), der rezessive Holländerfaktor (s) oder die Symbole für die unterschiedlichen Haarstrukturen, denen gegenüber das Normalhaar dominant bleibt.

Das erste theoretische Kreuzungsergebnis:

ABCDGk/AbCDgK =	50 Prozent der F_1 =	grau-weiß gescheckt, spalterbig gelb,
ABCDGk/AbCDgk =	50 Prozent der F_1 =	grau, spalterbig gelb.

Alle Nachkommen bewegen sich in der Spalterbigkeit. Inwieweit das Grau dieser Nachkommen noch dem Wildgrau des Muttertieres entspricht, ist nicht zu sagen, da für die Vererbung innerhalb der Graunuancen neben den fünf Grundfaktoren keine detaillierten Farbsymbole bekannt sind. Auch hier kann sich etwas verändern, wie wir bereits aus der Abhandlung der Schwarzwildfarbigkeit wissen.

Und nun der Weg von der spalterbigen Nachzucht zur reinerbigen Nachzucht. Ein gescheckter, spalterbiger Rammler der F_1 wird mit der reinerbigen, wildgrauen Mutter verpaart:

Rammler:	grau-weiße Schecke, heterozygot	$\frac{ABCDGk}{AbCDgK}$
		+
Häsin:	Wildgrau (nicht gescheckt), homozygot	$\frac{ABCDGk}{ABCDGk}$

Das theoretische Ergebnis der zweiten Generation nach den Ausgangstieren ergibt eine genetische Mischung, bestehend aus

50 Prozent = graue, ungescheckte Jungtiere (ABCDGk/ABCDGk), reinerbig, und
50 Prozent = grau-weiße (ABCDGk/AbCDgK), spalterbig bezüglich der gelben und schwarzen Faktoren.

Hier wiederhole ich mich nochmals, denn die Theorie und die eigentliche Praxis weichen stark voneinander ab, weil die grundlegende Theorie immer von einem Ganzen ausgeht. So ist dieser Beispielswurf noch nicht die Gesamtheit der zu erwartenden Nachkommenschaft aus dieser Paarung/dieses Paares. Das heißt, es könnten nach der Rückpaarung Mutter/Sohn ebensogut nur grau-weiße Tierchen anzutreffen sein, bei einer nächsten Paarung beider Tiere nur graue oder ein graues neben sonst gescheckten Geschwistern. Ebenso ist es möglich, dass lange ruhende Faktoren ihre Erbkraft summieren können und somit eine dominante Rolle erlangen. So ist durchaus die Wahrscheinlichkeit gegeben, dass nach wiederholten Paarungen im engeren Verwandtschaftsverhältnis schwarze, gelbwildfarbige und/oder thüringerfarbige Nachkommen uni oder gescheckt in diese Kreuzungsabhandlungen einziehen.

Gut, der Farbüberblick scheint klar zu sein, aber wie mag es nun mit den Körperformen und den Rassemerkmalen bestellt sein?

Das neu gewonnene Zeichnungsbild? Punktscheckung K/k ist nur eine vage Aussage. Wie sieht sie am Tier aus? Ist es eine feine oder grobe Scheckung, ist es die der Mantelschecken? Bei der Weitergabe der eingesetzten Scheckungsvariante darf man davon ausgehen, dass sie sehr variabel sein kann.

Erbkrankheiten – Erbfehler – Erbschäden

„Es ist wohl verständlich, dass in Züchterkreisen die Furcht vor der Vererbung von Krankheiten groß ist. Recht häufig dagegen ist die Furcht aber unbegründet, da glücklicherweise die meisten Krankheiten gar nicht erblich sind. ...“ Diese einleitende Aussage zu einem ähnlichen Kapitel ist bei Walter Burmeister[32] nachzulesen. Es liegt in der Sache der Natur, wenn Züchter an ihren Tieren Merkmale unterschiedlicher Genre entdecken, über die sie dann nicht ganz glücklich sind. Wie stark diese Abweichungen auftreten, wie intensiv sie in der Population wiederkehren und wie stark sie die betreffenden Tiere in seiner Lebensqualität beeinflussen, ist ausschlaggebend, ob der Züchter hier von Erbfehlern oder Erbkrankheiten ausgehen kann.

Viele Krankheiten, die infolge parasitärer oder bakterieller Einflüsse entstehen, sind allenfalls medikamentös behandelbar. Und genau das ist bei Burmeister auch gemeint, nämlich zu unterscheiden, sind Krankheiten auf eine Umweltbeeinflussung zurückzuführen oder liegt ein aufgetretener Mangel wie Skelettveränderungen in der genetischen Substanz begründet. Im letzteren Fall wäre zu sagen: Gegen Erbkrankheiten ist noch kein anderes „Kraut gewachsen“ als die konsequente Auslese solcher Tiere.

Als Synonyme für erblich bedingte Krankheitsformen gelten umgangssprachlich Begriffe wie „Erbfehler“, „Erbschäden“, „Missbildungen“ oder gelegentlich auch „erbliche Defekte“. Überwiegend sind diese Ausdrucksformen so etwas wie eine Aussage zum jeweils sichtbar gewordenen Grad einer Abweichung von der Normalität beziehungsweise zum Ausmaß einer ererbten Bereitschaft gegenüber Krankheiten und deren Folgen.

Es bleibt also nicht selten eine Frage der Auffassung, ob ein Tier mit einem Erbfehler oder einer Erbkrankheit behaftet ist.

Tatsächlich sind es die *Erbfehler*, die als eigentliche Ursache für das Auftreten von unerwünschten Merkmalen (sowohl den Körperbau als auch den organischen Zustand betreffend) gelten. Diese Merkmale werden im Bereich der Anomalien deutlich, dies können (um nur einige Beispiele zu nennen) unterschiedliche Formen wie Skelettmissbildungen, Zahnanomalien, Geschlechtsveränderungen oder sogar Fehler in der Haarstruktur sein. Die Möglichkeit der Auswirkung eines Fehlers hin zur Abnormität, sie ist der höchste Grad der Abweichung von der Norm ins Krankhafte, ist groß. Allgemein entstehen Missbildungen aber auch durch die Umwelt hervorgerufene Schädigungen.

Organische Defekte entstehen zumeist durch Gene, die in der Molekulargenetik eine Rolle spielen. Die Molekulargenetik erforscht die Phänomene der Vererbung im Bereich der Nukleinsäuren, die Träger der genetischen Information sind, erklärt Meyers Lexikonverlag, Lexi-ROM.

Erbschäden sind jedoch nicht allein genetisch bedingte Mängel, die das Äußere eines betroffenen Tieres verändern. Sie entstehen somit nicht nur infolge negativer Genwirkungen. Das heißt, nicht durch das Aufeinandertreffen schädigend wirkender Gene der Elterntiere werden Fehler auf die Nachzucht übertragen, sondern durch schädigende Einwirkungen auf den Fötus im Mutterleib. Derartige Folgeerscheinungen, die dann am geborenen Tier sichtbar werden, sind nicht ererbt und nicht wieder vererbbar. Sie sind somit nicht Gegenstand der direkten erbbiologischen Vorgänge, von denen hier gesprochen wird, sollten allerdings erwähnt sein, weil ein Vorkommen nie ganz auszuschließen ist. Erklärend sei gesagt: Auswirkungen solcher Keimschädigungen (embryonale Schäden), zu denen es im Anfangsstadium der Entwicklung des werdenden Lebens durch Vergiftungen, Mangelerscheinungen/Mangelerkrankungen des Muttertieres, innere Infektionen und durch andere äußerliche Einflüsse kommen kann, werden häufig gleichfalls der Rubrik „Erbkrankheit“ zugeordnet.

Fehler oder Krankheit?

Ob ein Kaninchen/Tier mit einer unbestritten als Krankheit zu wertenden Skelettveränderung tatsächlich krank ist, mag umstritten sein. Einmal vermögen Tiere mit einer körperlichen Einschränkung besser umzugehen als der denkende Mensch, der ein körperliches Handikap mit seinem (oder einem anderen) Bewusstsein erlebt. Zum anderen ist ein betroffenes Tier mit einer behindernden Skelettmissbildung selbstverständlich kein Zucht- und Ausstellungstier, muss jedoch nicht in allen Lebensvorgängen (Fressen, Verdauen, Paarung) behindert/krank sein, sodass auch die Lebensäußerung nicht von Krankheitssymptomen eingeschränkt wird. In dieser Beschreibung wird grundsätzlich von in menschlicher Obhut stehenden Tieren ausgegangen. In der Wildnis haben erbgeschädigte Tiere keine Überlebenschance.

Ein organisch gesundes Kaninchen mit einer Beinverstümmelung kann der Züchter wehleidig betrachten, sogar „mit diesem Tier leiden“. Aber das Tier kennt von Geburt an kein Laufen oder Hoppeln auf vier Läufen, ist trotzdem lebensfroh und putzmunter. Es behält theoretisch seine Lebenserwartung wie alle anderen in der Obhut des Menschen stehenden Kaninchen. Der Züchter wird sich bald von diesem Tier trennen und darüber hinaus kaum nach den Ursachen für dieses Vorkommnis suchen, gegebenenfalls mit Selektion reagieren. Anders wäre eine

Zahnmissbildung zu werten. Das außerordentliche Längenwachstum der vorderen Schneidezähne behindert das Kaninchen bei der Nahrungsaufnahme. Es erleidet Mangel an Futter, Nährstoffen und lebenswichtigen Mineralien. In der Kettenreaktion wird dadurch logischerweise auch die Lebensäußerung beeinflusst – das Tier wird krank. Somit darf die Ursache als Erbfehler betrachtet werden.

Oder wie wären Geschlechtsanomalien – Spaltpenis und die Zweigeschlechtlichkeit (Zwitter) – einzustufen? Sind es Erbkrankheiten oder Erbfehler? Es sind Erbfehler, die die Lebensvorgänge (das Paarungsverhalten) betroffener Tiere beeinträchtigen. Die Lebensäußerungen solcher Tiere bleiben unberührt. Mir ist bis heute kein einziger Fall bekannt geworden, wo ein Tier allein durch eine Geschlechtsanomalie krank wurde.

Viele ererbte Fehler oder durch sie beeinflusste krankhafte Zustände des Organismus sind bereits bei der Geburt vorhanden, treten aber erst im Laufe der Entwicklung des Tieres zutage. Hier ist nicht unbedingt abzulehnen, dass erst die Umwelteinflüsse eine krankhafte Reaktion hervorrufen. Durch genetische Veranlagung kann hier die Krankheitsbereitschaft „vorprogrammiert" sein und je nach dem Grad der Veranlagung tragen äußere Einflüsse früher oder später zum Erkranken/zum Krankwerden bei.

Im Gegensatz dazu darf bei dem so genannten Letalfaktor, am geläufigsten bei der Züchtung von Punktschecken, von einer Erbkrankheit gesprochen werden. Die reinerbigen Schecken (K/K) sind von einer unterschiedlichen Letalität betroffen. Züchter merzen solche Tierchen bereits im guten Glauben, diese seien sowieso nicht voll lebensfähig und vor Erreichen der Geschlechtsreife würden sie sterben. In einer ernsthaften Kaninchenzucht ist dies auch die richtige Entscheidung, denn hier sind Experimente fehl am Platz, wenn auch wissenschaftliche Erkenntnisse dagegen sprechen.

Erbkrankheiten sind folglich Erscheinungsformen, die das betroffene Tier tatsächlich morphologisch wie physiologisch negativ beeinflussen. Nochmals angemerkt sei noch, dass sich Erbkrankheiten auch auf organische Funktionen beziehen können, also nicht im wahrsten Sinne des Wortes sichtbar werden.

Zusammenfassend kann also gesagt werden: es gibt feine Unterschiede bei der Einstufung zu beachten.

Erbfehler: Das sind genetisch bedingte Abweichungen vom Normalen, bei deren Zustandekommen der Genotyp der Tiere eine Rolle gespielt hat.

Erbkrankheit: Dies ist eine erblich bedingte oder beeinflusste Störung der Beziehung des Organismus zu seiner Umwelt, an die er sich nicht anpassen kann.

Erbmangel: Sind die Abweichungen vom Normalen nur geringfügig und beeinflussen die Anpassung des Organismus an seine Umwelt nur gering, dann sprechen Wissenschaftler von einem Erbmangel.[33]

Ob Erbkrankheit oder -fehler, beide Vorkommnisse hemmen den zielstrebigen Zuchtfreund in seiner Arbeit, nämlich gesunde, schöne und nahezu rassevollkommene Kaninchen zu züchten.

Welche Hinweise gibt es, die auf Erbfehler/Erbkrankheiten schließen lassen? Ganz einfach beantwortet sind es alle Erscheinungen, die nicht zum üblichen Erscheinungsbild unserer Kaninchen oder der gerade gezüchteten Rasse gehören. Organisierte Züchter haben dafür einen Leitfaden, den Standard mit den Angaben zu den „leichten" und „schweren" Fehlern. Diese Bewertungsrichtlinien sind keine Schikane. Hier wurde nicht nur pro forma ein Schönheitsideal vorgegeben, sondern zusammengetragen, was wirkliche und dazu auch vererbbare Fehler sind. Dahinter stehen Erfahrungswerte, und das Werk Rassekaninchenzucht wird leichter überschaubar, sowohl im Sinne der äußeren Schönheit als auch im Interesse der Erzüchtung gesunder Tiere.

Vom Zuchtanfänger zum Spitzenzüchter

Gedanken und Planung vor einem Zuchtbeginn

Der Weg von einem Zuchtbeginn bis hin zum Spitzenzüchter, wie könnte er verlaufen? Es ist gar nicht so einfach, einem Anfänger – ohne diesen zu kennen – den Weg zu einer erfolgreichen Zucht aufzuzeigen. Theoretisch könnte das in wenigen Sätzen erledigt sein, praktisch spielen viele Aspekte eine Rolle. Erste und wohl wichtigste Voraussetzung sollte der Wille sein und die Courage, auch einmal mit Niederschlägen, die in jeder noch so intensiv und verantwortungsvoll geführten Zucht auftreten können, umzugehen. Bevor man sich für die Zucht von Rassekaninchen entscheidet, sollten grundlegende Fragen abgeklärt sein:

- Für welche Rasse entscheide ich mich?
- Wie intensiv könnte ich mich der Kaninchenzucht, den Tieren zuwenden? Habe ich Zeit, um mich regelmäßig um die Tiere zu kümmern?
- Was heißt eigentlich, sich um die Tiere kümmern?
- Sind die Futtergrundlagen (Garten, Feld und Haushalt) so, dass nicht allzu hohe zusätzliche Investitionen getätigt werden müssen?
- Wie viel Platz für den Stallbau steht zur Verfügung? Und wie muss ein Stall für die auserwählte Rasse beschaffen sein?
- Wie viel Grundwissen ist über das Nagetier „Kaninchen“ schon vorhanden?
- Wie erhalte und bewahre ich einen gesunden, ausgeglichenen Bestand, und welche Zuchtform wähle ich?
- Welche Freunde könnten mich beraten und weshalb ist eine Mitgliedschaft in einem Zuchtverein empfohlen?

Das sind erste Fragen, die sich ein Anfänger stellen sollte. Und nicht vergessen, Geduld und Ausdauer dürfen keine untergeordnete Rolle spielen.

Für welche Rasse entscheide ich mich?

Diese Frage ist mit Recht zu stellen, denn der angehende Züchter sollte nicht allein die Arbeit und den Umgang mit den Tieren als vordergründig betrachten, sondern auch Freude an seinen Tieren haben. Bei einigen Rassen ist die Zucht zudem auch mit einer gewissen Spannung verbunden, da sich die Schönheit nicht gleich im Nest zeigt, sondern mit dem Wachstum und dem Alter der Tiere einhergeht. Dies wäre beispielsweise bei den Silberrassen, hier besonders bei den Hellen Großsilber, der Fall. Auch Tiere „gelber“ Rasse bringen gern Spannung ins Züchterleben, da das Gelb häufig erst mit dem wachsenden Fellchen (ca. am dritten bis vierten Tag) sichtbar wird. Viele Rassen haben eine so genannte Blütezeit, was die Farbintensität und -wirksamkeit der Behaarung angeht (zum Beispiel Marderkaninchen). Zur „Spannung in der Zucht“ tragen vor allem Scheckenrassen bei, weiß man doch nie, wie gut es gerade die Natur mit der Umsetzung der mendelschen Regeln meint, wie viel Typschecken sich in einem Wurf befinden plus der gespannten Erwartung bezüglich der Zeichnungsbilder. Dem Anfänger muss vor Zuchtbeginn klar sein, dass es abgesehen von den Zeichnungsrassen auch keine so genannte einfach zu züchtende einfarbige Rasse gibt. Es sei denn, man macht es sich einfach, vermehrt seine Tiere und wartet dabei auf den Erfolg. Doch halt, das ist nicht die Aufgabe eines Züchters! Züchten bedeutet gesunde, schöne und leistungsfähige Tiere zu erhalten und damit dem Rasseerhalt zu dienen. Das ist ein Stück Kultur und die Fortsetzung der Geschichte der Rassekaninchenzucht.

Wie groß sollte die Zucht sein? Hier sind der zur Verfügung stehende *Platz für den Stallbau* und gleichzeitig die vorhandene Futtergrundlage ausschlaggebend. Zu bedenken ist, dass man die Tiere, die man eingesperrt hält, angemessen und so optimal wie nur möglich halten und versorgen muss, damit sie sich nicht nur wohl fühlen und gesund bleiben, sondern auch eine gesunde Nachzucht zeugen und aufziehen.

Es gibt beim Stallbau Richtmaße für die *Buchtengröße* je Rasse und es schadet nie, diese Maße größer zu wählen, um dem Tier seiner Wahl dann auch ausreichende Bewegungsmöglichkeiten einzuräumen.

Zu bedenken ist ferner die Stallkapazität für die geplante Nachzucht. Rechnete man früher pro Häsin mit einer durchschnittlichen Wurfgröße von sechs Tieren, so haben mich diese Berechnungen bei meinem Zuchtbeginn arg „hinters Licht geführt“. Mein erstes „Nestglück“ bestand aus zehn Jungtieren. Rechnet man zwei Würfe pro Jahr und Häsin, kommt man mit sechs Buchten nicht weit.

Die *Futtergrundlage:* Bei dieser Beschreibung werden sicherlich einige Faktoren nicht ausreichend angesprochen. Hierher gehören eigentlich, was ist einem Kaninchen in der Fütterung dienlich, weshalb frisst ein Kaninchen „andauernd“, die Besonderheiten bei der Verdauung der Tierart „Kaninchen“. Und es wäre gut zu wissen, ob der hier angesprochene Neueinsteiger schon eine klitzekleine Erfahrung im Umgang mit Kaninchen hat.

Es gab mal eine Faustregel, die besagte, wie viel Kaninchen pro Person von den anfallenden Küchenabfällen im Haushalt ernährt werden können. Die gebe ich hier nicht weiter, weil sie in der Fastfood-Epoche längst keine Bedeutung mehr hat. Und ist nicht für die Kaninchen mit der Pelletherstellung auch eine solche Fastfood-Zeit hereingebrochen? Ernsthaft sollte tatsächlich bedacht werden, wie viel eigene Futtermittel aus Küchenabfällen im eigenen Haushalt oder im Garten anfallen, was bringen Nachbarn und die Oma? Wo erwerbe ich Stroh, woher bekomme ich Heu, welches als das „Brot der Kaninchen“ unbedingt da sein muss. Das Futterangebot und die Absicherung der Futterreserven für die in Leistung stehenden Tiere (Häsinnen – säugend, tragend – Wachstum der Jungtiere) sowie für den Wintervorrat sind zu bedenken.

Vorzugsweise sollte naturnah gefüttert werden, es tut nicht nur den Tieren gut, sondern schont den Geldbeutel gewaltig. Die Finanzen schmelzen sowieso bei einem Kaninchenzucht-Einsteiger wie Eis auf dem Ofen. Man verlässt sich in seiner Unerfahrenheit schneller auf Tierkäufe, sucht nach „sg“-Tieren und vergisst oft, sie haben einen „sg“-Preis und unter Umständen einen „nb“-Effekt.

Der *Zeitfaktor* ist die nächste Größe, die mitentscheidet, welche Rasse es denn nun sein soll. Ist der angehende Zuchtfreund berufstätig und die Kaninchenzucht soll einen Kontrapunkt zum stressigen Alltag darstellen, sollte mit einem kleinen Zuchtbestand begonnen werden. Das ist günstig, damit die Freizeitgestaltung keine Last wird, wenn es zudem keinen Partner gibt, der das schöne Hobby teilt. In einem solchen Fall empfiehlt es sich wohl auch kaum Rassen zu wählen, die einen etwas besonderen Pflegeaufwand erfordern wie Angora- und Fuchskaninchen oder weiße Rassen.

Anschluss an einen RKZ-Verein empfehlenswert

Die Besonderheiten der Rassen, die in die engere Wahl eines Neuzüchters kommen, sollten schon bekannt sein. Bestimmte Schwierigkeiten müssen einkalkuliert werden, damit nicht eine erste Enttäuschung bereits zum Abbruch allen Anfangs führt. Deshalb ist ein Anschluss an einen RKZ-Verein empfehlenswert.

Wie gesagt, in diesem Beitrag können nur Denkanstöße gegeben werden. Eine individuelle Beratung geben Zuchtfreundinnen und Zuchtfreunde in den örtlichen Vereinen gern. Jeder Verein heißt neue Interessenten immer herzlich willkommen, und das Kennenlernen verpflichtet noch keinen zur Mitgliedschaft.

Kontakte mit Züchtern tragen dazu bei, Erfahrungen zu sammeln, manche Dinge nicht mehr durch die rosarote Brille zu sehen oder auch Lösungen zu finden, wie effektiv eine Zucht gerade in speziellen Fällen einzurichten wäre. In Tiervorträgen, bei gemeinsamen Ausstellungsbesuchen oder in guter Obhut erfahrener Zuchtfreunde kann der Zuchtanfänger viele Notwendigkeiten erfragen, erfahren, erlernen.

Auch Selektion gehört zum Zuchtgeschehen

Wie erhalte und bewahre ich einen gesunden Bestand bei meinen Rassekaninchen?

Dies sei vorweggenommen: Selektion und Objektivität bei der Einschätzung der eigenen Tiere sind das A und O im Zuchtgeschehen. Selbst ein empfindsamer Mensch muss dies lernen, wenn eine Rassekaninchenzucht erfolgreich verlaufen soll. Zugegeben, von vielen Menschen mag die Auslese als sinnloses Töten empfunden werden. Aber ist Schlachtung nicht auch eine Auslese und dabei eine Bereicherung für den Speiseplan? Rassekaninchenzucht bedeutet nicht, wahllos Tiere zu vermehren und aufzuziehen, wie bereits im ersten Teil begründet. Selbst der Tierschutz ist kein Argument gegen die Auslesepraxis. Kranke, verstümmelte oder von den Normen abweichende Tiere sind keine Grundlage für eine erfolgreiche und zufrieden stellende Zucht und entsprechen auch nicht dem Tierschutzgedanken. Es ist nicht die Aufgabe eines Züchters, auf Teufel komm raus für Nachzucht auf Kosten der Gesundheit der Tiere in der Population zu sorgen. Eine solche Vorgehensweise dient weder dem Züchter noch dem Tier, wenn Erbfehler, Erbschäden oder mindestens die Anlagen dazu durch falsche, falsch verstandene Tierliebe oder unterlassene Zuchtauslese stabilisiert werden. Ferner macht eine Zucht auch weniger Spaß und entbehrt dann jenes erwähnten Entspannungseffekts, wenn Freude in Enttäuschung umschlägt.

In der Natur werden Tiere Opfer der Umwelt oder zum Beutetier, weil sie nicht anpassungs-, lebens- und reaktionsfähig sind oder mit einem auffälligen Haar- oder Federkleid geboren wurden. Tatsächlich ist es so, dass auch Tiere in der freien Wildbahn unterschiedlichen erblichen Veränderungen unterlegen sind. Nur fällt es hier niemandem auf, denn die Selektionen in Wald und Feld unterliegen der natürlichen Auslese.

Im Stall hat der Mensch gleichermaßen für eine bestmögliche und gesunde Entwicklung seiner Tiere Sorge zu tragen – und dies ist eben die Auswahl von Tieren. In der Rassekaninchenzucht geschieht dies zumeist auf der Grundlage des Standards.

Ein angehender Züchter sollte wissen, dass er mit der Haltung von Tieren eine Verpflichtung übernimmt. Nämlich, den eingesperrten Tieren das Dasein so optimal und naturnah wie eben nur möglich zu gestalten. Eine Voraussetzung, die den Kaninchen gegeben sein muss, um von ihnen auch Leistungen erwarten zu können. Zu den Bedürfnissen der Tiere zählen unter anderen, die Einhaltung bestimmter Normen der Unterbringung, wie schon erwähnt, die Sauberkeit, die Besonderheiten der Fütterung, die Sachkenntnis über die Physiologie, Lehre von den Lebensvorgängen der Tierart Kaninchen. Erst dann sollte die spezielle Rassezucht nach Standard in Angriff genommen werden. Eines sei deutlich gesagt: Reich wird ein bestrebter Züchter durch die Zucht und den Verkauf von Kaninchen nicht. Selbst der Anschein, Rassekaninchenzucht könne sich dem Trend des Kommerziellen zuwenden, trügt. Ein guter Züchter ist derjenige, der gesunde Tiere im Bestand hat, mit Erfolg seine Ausstellungsergebnisse verbessert und nur gutes bis bestes Tiermaterial an Zuchtfreunde weitergibt. Es mag harte Arbeit sein, aber ist dies nicht Sache des Betrachters, dies zu beurteilen? Und hat ein anderes Hobby, mit Liebe und ehrlichem Interesse betrieben, nicht vergleichsweise auch die eine oder andere Tücke, birgt Enttäuschungen, kostet Geld und Zeit?

Einschlägige Literatur oder Fachzeitschriften stehen jedem Interessenten für den Zuchtbeginn zur Verfügung. Die Beiträge können hilfreiche Hinweise für angehende Zuchtfreunde sein. Und noch eins, Praxis ist der beste Lehrmeister und hat gleichsam einen hohen Schulungswert.

Nicht gleich verzweifeln, wenn mal etwas in der Zucht schief geht, sondern die Ursachen erkennen oder wenigstens nach ihnen suchen, muss die Devise lauten. In Form eines Beitrages können leider nicht alle Möglichkeiten und schon gar nicht die vielen Varianten der Anzeichen von Form- und Normabweichungen genannt werden.

Manchmal passen eben gewisse Kaninchen in ihren Erbsubstanzen nicht zusammen. Selbst wenn die Ausgangstiere noch so schön sein mögen, muss der Erfolg mit diesen Prachtexemplaren nicht vorprogrammiert sein. Wichtig ist, dass ein Züchter sich positive wie negative Vorkommnisse notiert. Bei einem Anfangsbestand mit drei Häsinnen und einem Rammler mag die Frage „wer mit wem?" noch überschaubar und zu beantworten sein. Werden nach den ersten Ergebnissen der Nachzucht schon Rückpaarungen erforderlich, sind Notizen hilfreich für spätere Entscheidungen. Und ... die Auslese nicht vergessen.

Welche Zuchtwahl (Fremd- oder Linienzucht) getroffen wird, ist von vielen (nicht zuletzt persönlichen) Voraussetzungen eines Züchters abhängig.

Jede Zucht beginnt mit dem Kauf von Ausgangstieren. Zuchttiere sollten nicht unbedingt in Ausstellungen auf Grund eines tollen Bewertungsergebnisses erworben werden. Besser ist der Kauf bei einem Züchter, weil man hier Geschwister und Eltern des im Kaufinteresse stehenden Favoriten besichtigen kann und zusätzlich noch im Gespräch wertvolle Hinweise erfährt.

Später müssen bei Zuchttierkäufen Kriterien der eigenen Zuchtziele als vorrangig angesehen werden. Und dies erst recht, wenn sich ein

Zuchtfreund entschließt, eine Linienzucht aufzubauen. Erfahrungsgemäß ist für einen Zuchtanfänger die Fremdzucht das Züchter-Abc, ohne dabei den Blick von den Normen (sprich: Standard) für die jeweilige Rasse zu wenden. Mit der erworbenen Erfahrung kommt eines Tages möglicherweise der Wunsch, eine Linienzucht aufzubauen und so vorhandenes Erbgut zu festigen. Viele Menschen haben noch Angst vor solchen Begriffen wie Inzucht und Inzest. Dies werden aber Zuchtpraktiken sein, auf die ein Züchter zurückgreift, will er eine konstante Linienzucht einrichten.

Zum Spitzenzüchter ist der Weg mit Sicherheit noch recht weit. Wie gesagt, es können in Beiträgen immer nur Richtungen und Vorgehensweisen vorgeschlagen werden. Somit bleibt eine schriftliche Abhandlung stets nur ein Schema, ein erster Schritt, den Weg geht letztendlich jeder Züchter für sich.

So könnte eine neue Rasse entstehen

Die Herauszüchtung eines Farbenschlages der Holländer, japanerfarbig blau-gelb-weiß, ist nunmehr zur Neuzucht zugelassen. Auch hierzu nun das angestrebte Formelbild: Ab^jCdgs/Ab^jCdgs. Die Züchter sprechen hier kurz von blau-gelb-weißen Holländern.

Der Weg vom schwarz-gelben zum blau-gelben Flächenmuster ist bildlich einfach darzustellen. Die praktische Zucht behält allerdings ihre Schwerpunkte, die einmal den Erhalt der Zeichnungsmerkmale unserer Holländerkaninchen und andererseits das Ziel der Farbintensität beinhalten.

Eine Ausgangsmöglichkeit bietet die Paarung Holländer, japanerfarbig, mit einem Holländer, blau = $Ab^jCDgs/Ab^jCDgs \times Ab^jCdgs/Ab^jCdgs$.

Vatertier		*Muttertier*		*Filialgeneration (F_1)*
$\frac{Ab^jCDgs}{Ab^jCDgs}$	$\times$	$\frac{ABCdgs}{ABCdgs}$	=	$\frac{ABCdgs}{Ab^jCDgs}$
Holländer, japanerfarbig		*Holländer, blau, reinerbig*		*Holländer, schwarz, spalterbig blau und japanerfarbig*

Die F_1 wird zu 100 Prozent im äußeren Erscheinungsbild das Bild der Holländer, schwarz-weiß, verkörpern. Dafür sprechen die Faktorenpaare Bd/b^jD. An dem Formelergebnis der F_1 ist ferner erkennbar, es liegen zwei ungleiche Genpaare vor. Während also hier in der F_1 der Faktor D noch über Klein-d dominiert und somit keine Farbverdünnung zu Blau möglich ist, beherrscht auch das dunkle Pigment die Szene. Es steht also auch keine flächenartige Schwarz-Gelb-Farbverteilung in Aussicht.

Im zweiten Schritt also bleibt zu überlegen, ob eine Rückpaarung eines auserwählten Rammlers (Sohn) aus dieser gewonnenen F_1 an die Mutter erfolgen sollte. Davon würde ich mich nicht abbringen lassen, wenn

1. ausschließlich die Körper- und Zeichnungsmerkmale dafür sprechen,
2. genügend Stallkapazität vorhanden ist und
3. ein Umweg zum Erhalt bestimmter Genreserven in Kauf genommen werden soll.

Berechnungsbeispiel Rückpaarung zur Mutter:

Sohn der F_1	***Muttertier***
$\dfrac{ABCdgs}{Ab^jCDgs}$	$\dfrac{ABCdgs}{ABCdgs}$
Holländer, schwarz, spalterbig blau und japanerfarbig	***Holländer, blau, reinerbig***

1.	$\dfrac{ABCdgs}{Ab^jCDgs}$	***25 % schwarz, spalterbig blau und japanerfarbig***
2.	$\dfrac{ABCdgs}{ABCdgs}$	***25 % blau, reinerbig***
3.	$\dfrac{ABCdgs}{Ab^jCDgs}$	***25 % schwarz, spalterbig blau und japanerfarbig***
4.	$\dfrac{ABCdgs}{ABCdgs}$	***25 % blau, reinerbig***

Zu jeweils 50 Prozent sind die Jungen der F_2 nach dem äußeren Erscheinungsbild Abbilder ihrer Eltern. Gleiches ist zu der Erbformel zu sagen.

Richten wir also einmal unser Augenmerk auf den nächsten Schritt – die Geschwisterpaarung.

Berechnungsbeispiel:
(Siehe Kasten auf der nächsten Seite)

Wir scheinen uns im Kreis zu drehen und erkennen bereits, so kommen wir rechnerisch nicht weiter, denn wir würden bei diesem Rechenbeispiel immer nur von den grundlegenden Dominanzen ausgehen, weil wir nicht berücksichtigen, was im inneren Erbgeschehen „still, heimlich und unberechenbar" passiert. Hierbei geschieht, was ich vielfach beschrieben habe, nämlich die Anhäufung von rezessiven Merkmalen zu einer wechselnden Kombination. Das heißt, wir müssen einen anderen Berechnungsweg gehen, um die Möglichkeit der Machbarkeit zu ermitteln und aufzuzeigen. Zur Vereinfachung des Rechenbeispiels bleiben die Faktoren für die Holländerzeichnung (s) in den Formeln unberücksichtigt. Für die Vererbung und Selektion (Auslese) hinsichtlich der Zeichnung gelten bei der Neuzüchtung die gleichen Kriterien wie bei der reinen Holländerzucht.

Rammler der F_1 — ***Häsin der F_1***

$\frac{ABCdgs}{Ab^jCDgs}$ ⟷ *$\frac{ABCdgs}{Ab^jCdgs}$*

Holländer, schwarz, spalterbig blau und japanerfarbig — ***Holländer, schwarz, spalterbig blau und japanerfarbig***

Neue Filialgeneration (F_2)

1.	$\frac{ABCdgs}{ABCdgs}$	*25 % blau, reinerbig*
2.	$\frac{Ab^jCDgs}{ABCdgs}$	*25 % schwarz, spalterbig blau und japanerfarbig*
3.	$\frac{ABCdgs}{Ab^jCDgs}$	*25 % schwarz, spalterbig blau und japanerfarbig*
4.	$\frac{Ab^jCDgs}{Ab^jCDgs}$	*25 % japanerfarbig, reinerbig*

Als weitere Vereinfachung nenne ich nur die zu erwartende Farbe/den Farbenschlag, zum Beispiel: japanerfarbig statt japanerfarbig-weiß, blau statt blau-weiß.

Übersicht zum Paarungsschema

Ziel: Holländer, blau-gelb-weiß

Ausgang:

Holländer, japanerf.:	Ab^jCDgs/Ab^jCDgs × Holländer, blau: ABCdgs/ABCdgs
F_1:	$ABCdgs/Ab^jCDgs$ = 100 % schwarz, spalterbig blau (Dd) + japanerfarbig (Bb^j)
Geschwisterpaarung:	$ABCdgs/Ab^jCDgs$ × $ABCdgs/Ab^jCDgs$ (aus F_1)

Häsin ▶ / ▼ Rammler	Bd	BD	b^jD	b^jd
Bd	❶ BBdd reinerbig blau	❷ BBDd schwarz spalterbig blau	❸ b^jBDd schwarz spalterbig blau und japanerfarbig	❺ b^jBdd blau spalterbig japaner- farbig
BD	❷ BBdD schwarz spalterbig blau	❶ BBDD reinerbig schwarz	❹ b^jBDD schwarz spalterbig japanerfarbig	❸ b^jBdD schwarz spalterbig blau und japanerfarbig
b^jD	❸ Bb^jdD schwarz spalterbig blau und japanerfarbig	❹ Bb^jDD schwarz spalterbig japanerfarbig	❶ b^jb^jDD reinerbig japanerfarbig	❻ b^jb^jdD japanerfarbig spalterbig blau
b^jd	❺ Bb^jdd blau spalterbig japanerfarbig	❸ Bb^jDd schwarz spalterbig blau und japanerfarbig	❻ b^jb^jDd japanerfarbig spalterbig blau	❶ b^jb^jdd reinerbig blau- japanerfarbig

Theoretisches Spaltungsergebnis der F_2

9 schwarze Tiere	*davon*	❶ *1 x schwarz, reinerbig*	*(6,25%)*
		❷ *2 x schwarz, spalterbig blau*	*(12,50%)*
		❸ *x schwarz, spalterbig blau und japanerfarbig*	*(25,00%)*
		❹ *x schwarz, spalterbig japanerfarbig*	*(12,50%)*
3 blaue Tiere	*davon*	❶ *x blau, reinerbig*	*(6,25%)*
		❺ *x blaue, spalterbig japanerfarbig*	*(12,50%)*
3 japanerfarbige Tiere	*davon*	❶ *x japanerfarbig, reinerbig*	*(6,25%)*
		❻ *x japanerfarbig, spalterbig blau*	*(12,50%)*
1 blau-gelb-weißes Tier		❶ ***reinerbig***	***(6,25%)***

Der nächste mögliche und nun schon besser überschaubare Schritt:

Ausgang:
Holländer, japanerf.: Ab^jCDgs/Ab^jCDgs × Holländer, blau-gelb-weiß: Ab^jCdgs/Ab^jCdgs
Daraus F_1: AB^jCdgs/AB^jCdgs = 100% japanerfarbig, spalterbig blau (Dd)
Geschwisterpaarung: Ab^jCDgs/Ab^jCdgs × Ab^jCDgs/Ab^jCdgs (F_2)

$$\frac{Ab^jCDg}{Ab^jCdg} \times \frac{Ab^jCDg}{Ab^jCdg}$$

ergibt theoretisch eine Nachzucht der F_3

Die F_3***:***

$$\frac{Ab^jCDg}{Ab^jCDg} + \frac{Ab^jCDg}{Ab^jCdg} + \frac{Ab^jCDg}{Ab^jCdg} + \frac{Ab^jCdg}{Ab^jCdg}$$

=	=	=	=
25 % reinerbig japanerfarbig	*25 % japanerf. spalterbig blau*	*25 % japanerf. spalterbig blau*	*25 % reinerbig blau-gelb-weiß*

Erkennbar ist nun der intermediäre Erbgang, demnach sind dreimal phänotypische Holländer japanerfarbig-weiß, davon tragen zwei Teile spalterbig die blaue Anlage (D/d), und ein Teil reinerbige japanerfarbig blau-gelb-weiße Nachtzuchttiere zu erwarten. Das Ziel wäre so weit erreicht, nun kommen die Feinheiten, die da heißen: Zeichnung und Farbintensität.

Schon zu Beginn der Verwirklichung sollte darauf geachtet werden, dass japanerfarbige Holländer mit klaren und intensiv gelben Zeichnungsfeldern die Basis bilden. Weshalb wohl? Wir kennen bereits unseren negativen Partner namens Wildfaktor/Wildfarbigkeitsfaktor, der sich nicht selten gern hinter wenig intensiv gefärbten Tieren verbirgt. Eine weitere Begründung wäre, dass es infolge der Verdünnung der schwarzen Farbeinlagerung (dd), so widersinnig es klingen mag, ebenfalls zu einem gewissen Gelbverlust kommt.

Ein intensives Gelb spricht auch dafür, dass dem natürlich vorhandenen Rotverstärker ein gewisses Mitspracherecht gegeben ist, das auch erhalten werden sollte, um insgesamt intensive Farbkombinationen bei dieser Neuzüchtung zu sichern.

Für die Planung anderer Neuzüchtungen oder für geplante Rasseverbesserungen durch Einkreuzen anderer Rassen beziehungsweise Farbenschläge kann dieser Überblick entsprechend der jeweils zu verwendenden Rassen mit den sich nicht paarig gegenüberstehenden Merkmalen gut genutzt werden. Es sollte aber fairerweise darauf geachtet werden, dass Tiere aus Rassekreuzungen mit noch augenscheinlichen Merkmalen einer bestimmten Rasse nicht an andere Züchter weitergegeben werden, damit die reinen Zuchten auch reinerbig bleiben.

Vor jeder Neuzucht sollte auch über die Zweckmäßigkeit der angestrebten neuen Rasse nachgedacht werden. Es ist ein langer Weg, bis aus einem Gedanken eine neue Rasse entsteht. Der experimentierfreudige Züchter benötigt viel Fachwissen, Engagement und Zielstrebigkeit, um einmal die Hürden der Genehmigungen und andererseits die vielfach ungeahnten genetischen Hürden zu überwinden.

Neuzucht und so manche so genannte Rasseverbesserung sind mehrschneidige Schwerter. Einmal geraten viele schöne Rassen, die unsere züchterische Aufmerksamkeit verdienen, fast in Vergessenheit, und andererseits deshalb, weil der genetische Ursprung einmal nicht mehr zu halten sein wird.

Naturnahe und vitaminreiche Fütterung der Kaninchen

Was hat die Fütterung mit der Genetikschule zu tun? Ganz einfach, mit der Haltung, Pflege und Fütterung unterstützt der Kaninchenzüchter die Möglichkeit, dass sich seine Tiere auch entsprechend ihrer genetischen Anlagen positiv entwickeln können. Es sind negative Bedingungen, wenn sich Tiere nicht optimal entwickeln und dadurch zu schlechten Genträgern herabgestuft werden (siehe auch: „Qualitative und quantitative Merkmale").

Es bleibt jedem Kaninchenzüchter überlassen, welche Art der Fütterung er praktizieren kann und will. Es sollten Anregungen sein, die eigene Fütterungsweise zu überdenken oder eine individuelle Fütterung der Kaninchen einzurichten. Diese individuelle Fütterung hängt von vielen Umständen ab. Der häufigste ist derzeit wohl der Zeitfaktor, dann erst werden die eigene Futtergrundlage und der jeweilige Umfang der gezüchteten Rasse bedacht.

Faktor Zeit: Wer im Beruf sehr angespannt ist und dennoch nicht auf sein Hobby verzichten möchte, wird auf die Fütterung aus der Riesentüte (Fertigfuttermittel) zurückgreifen müssen.

Faktor Futtergrundlage: Zur eigenen Futtergrundlage zählen beispielsweise Haushalts- und Gartenabfälle, die Möglichkeiten für den Futteranbau im Garten und auf Ackerflächen sowie die Nutzung von Grünflächen zur Gewinnung wertvollen Grünfutters und zur Heubereitung. Streng genommen sollte die eigene Futtergrundlage bei der Wahl der Rasse und für den Zuchtumfang unbedingt berücksichtigt werden. Hier müsste man nun fortsetzen ... eigene verfügbare/vorhandene Futtermittel ... Stallkapazität ... Zeit ..., aber das wären wieder andere neue Themen. Trotz des modernen Abwendens von den ehemals die wirtschaftliche Zucht bestimmenden Kriterien, wie eben die Berücksichtigung der Eigenversorgung der benötigten Futtermittel, wollen wir uns daran erinnern, welche Vorzüge die naturnahe Fütterung mit sich bringt. Sind wir es nicht auch den Tieren schuldig, die wir zum eigenen Nutzen seit der Domestikation der natürlichen Umgebung entziehen, in der Gefangenschaft ein verhältnismäßig optimales Milieu einzuräumen? Dazu zählen eben nicht allein der Stallraum, dessen Größe oder die Pflegemaßnahmen, sondern ebenso die Fütterung.

Es soll um Himmels willen kein Zeigefinger gegen die Futtermittelhersteller erhoben werden, nur muss korrekterweise gesagt werden, Fertigfutter allein ist m. E. für unsere Tiere „Fastfood", selbst wenn es durch Luzerne- oder Wiesenheupellets aufgewertet würde.

Kaninchen sind Feinschmecker, lieben Abwechslungen in Napf und Raufe. Wer kennt es nicht, wenn zum Ende der Winterperiode unsere Rabbits das sprießende Grün riechen und am Winterfutter (Möhren, Rüben etc.) herummäkeln. Sie sind nicht nur das Einerlei des Futterangebots satt, sondern „wissen" instinktiv, diese abwechslungsreiche Futtergabe garantiert auch die Abdeckung der lebensnotwendigen Nähr- und Inhaltsstoffe sowie die Deckung des Bedarfs an Spurenelementen und Vitaminen auf natürlichem Wege. Vorteile hat die naturnahe Fütterung ebenfalls. Durch die Gabe eines natürlichen Futtergemischs wird der Instinkt unserer Kaninchen nicht untergraben, dargereichte Pflanzen „als fressbar oder ungenießbar zu unterscheiden". Kaninchen wählen Pflanzen und Wildkräuter jedoch nicht allein nach ihrem Geschmackssinn, sondern auch instinktiv nach ihren Bedürfnissen. Wer einmal seinen Tieren einen freien Auslauf gewährt, wird erkennen, dass die Tiere nicht gierig fressen, sondern sehr genau auswählen, wovon sie naschen. Naschen bedeutet bei unseren Nagern, dass sie infolge der besonderen Funktion ihres Verdauungssystems nur immer kleine Mengen Futter aufnehmen und dies zigmal am Tag. Ähnlich wie im Auslauf verhalten sich die Tiere, wenn sie reichliche Portionen in die Raufe bekommen. Die Tiere suchen sich zuerst die schmackhaftesten und wohl auch entsprechend bekömmlichen Pflanzen, Pflanzenteile und Wildkräuter heraus, lassen das bei ihnen weniger beliebte Grün liegen. Da sie aber dem Magen ständig kleine Mengen Nahrung zuführen müssen, um die Verdauung sozusagen im Nachschubverfahren zu regulieren, verbrauchen sie dann die restliche Ration nach und nach oder lassen es bei sehr reichlicher Futtergabe eben liegen. Ärgerlich ist es schon, wenn das vermeintlich so schöne Futter zur Einstreu wird, aber es entspricht dem Wesen der Tiere und ihr Verhalten dient ihrer Gesundheit. Deshalb sollte der Unmut nicht zu groß sein und weiterhin reichlich gefüttert werden. Hungerstrecken und anschließendes gieriges Fressen bei unregelmäßiger Fütterungszeit sind Gift für den empfindlichen Verdauungstrakt (Magenüberladung) unserer Freunde. Eine Magenüberladung, die zu schmerzhaften Verdauungsproblemen, gegebenenfalls sogar zum Tode führen kann, bleibt bei unseren Kaninchen ebenfalls nicht aus, wenn sie gierig junges, zartes, saftiges Grünfutter fressen. In dieser Phase der Fütterung ist eine volle Heuraufe ein Muss. Für einen Züchter sollte aber grundsätzlich gelten: „Heu ist das Brot der Kaninchen." Eine täglich frische Tränke (Wasser) darf nicht vergessen werden.

Wie gut Tiere wissen, was ihnen bekommt, lehrte mich ein Tier am Anfang meines Züchterlebens: Ein bereits zur Ausstellung gemeldetes Tier erkrankte. Neben der Unterbringung im separaten Stall bekam es täglich freien Auslauf, es konnte sowohl auf dem Hof als auch im Garten frei herumlaufen. Dort „kippte der Meerrettich", was heißen soll, das Kaninchen nagte diesen am unteren Ende des Stieles ab und fraß auch davon. Als unerfahrene Züchterin hätte ich einem Kaninchen damals niemals Meerrettich angeboten. Das Tier zeigte mir auch sonst, was es benötigte, denn es genoss sichtlich neben zahlreichen Unkräutern kleinste Mengen Winterastern, Erdbeer- und Johannisbeerblatt, guckte im Kräutergarten nach Fressbarem und naschte gar vom Geflügelfutter. Fazit: Am Tag der Ausstellung war es wieder topfit, erhielt mit seinen sieben Brüdern tolle Bewertungsergebnisse und zeigte auch später keine klinischen Rückschläge.

Naturnah füttern heißt also, den Tieren gleichzeitig zum Zweck der Sättigung und zum Wohlbefinden die Möglichkeit der Futterwahl aus abwechslungsreichem, keinesfalls einseitigem Angebot einzuräumen.

Von Sand befreite Möhren sollten ruhig einmal eine wurmige Stelle haben, ein Apfel eine madige, ja leichte Faulstelle (Falläpfel). Es ist erstaunlich, wie genau Kaninchen in der Lage sind, solche Stellen zu umnagen und als ungenießbar liegen zu lassen. Ein gesundes Kaninchen verträgt mehr, als sich mancher Zuchtfreund eingesteht. Nasses Rübenblatt wagt kaum ein Züchter seinen Kaninchen anzubieten, da schnell einmal Darmstörungen eintreten. Sind Kaninchen an eine abwechslungsreiche Kost gewöhnt, ist die Darmflora durch ein breites Futterangebot in einem normalen Verhältnis und erhalten die Tiere ausreichend Heu (Rohfaser), dann wird auch ein so genanntes „risikoreiches" Futter vertragen. Man glaubt es kaum, selbst Tomaten und Pflaumen werden von den Nagern als Schmankerl probiert. Solche Gaben sind natürlich nicht im Sinne einer Mahlzeit zu verstehen, bekommen den Kaninchen als Vitaminbeigaben durchaus.

Im Garten wachsende Unkräuter sind nicht wertlos. Ich nenne sie „Wildkräuter", weil sie den Tieren gleichermaßen als Heil- und Futterpflanzen gereichen. Viele Zuchtfreunde schwören auf einen Kräutergarten. Hier erntet nicht nur Mutter zum Würzen der Speisen, nein, auch der Zuchtfreund erntet wohl am häufigsten die Petersilie für seine Kaninchen. Über Wirkstoffe von Kräutern, Gräsern, Wildpflanzen (z.B. Huflattich, Wegerich, Hirtentäschelkraut, Löwenzahn) oder über den Wert der gängigen Futterkulturen berichteten Autoren in den Fachzeitschriften ausgiebig. Es muss nicht alles auf dem Kompost landen, was in der Küche nicht benötigt wird (Erbsenhülsen und die Erbsenpflanze [Leguminosen] sind beispielsweise eiweißreiche Futtermittel).

Futtermittel mit starken Verunreinigungen und Schimmel sind strengstens zu meiden. Sand schadet dem Verdauungstrakt, Schimmel verursacht u.a. Erkrankungen der Atemwege. Kartoffeln und Kartoffelschalen werden gern gefüttert. Waren sie jedoch während der Lagerung dem Licht ausgesetzt, werden die Schalen grün. In diesem Grün sind keine Vitamine enthalten, sondern hier und später in den Keimen ist das Gift aller Nachtschattengewächse – das Solanin – enthalten. Gedämpft sind grün gewordene Kartoffeln jedoch ein vorzügliches Futter. Sie eignen sich in der Winterfütterung, bei der häufig so genannte Kalk zehrende Futtermittel (z.B. Runkelrüben) zum Einsatz kommen, zum Untermischen eines Futterkalk- und Mineralstoffgemischs. Für Zuchttiere sollten gedämpfte Kartoffeln und Kartoffelschalen mit Bedacht gefüttert werden, denn sie sind ein gutes Mastfutter.

Ein Kaninchenzüchter, der seine Futtermittel überwiegend selbst erzeugt, kann und wird auf Handelsfutter (zum Beispiel: Kleie und Schrot) und vielleicht im Sinne eines „Zubrotes" auf Fertigfutter nicht ganz verzichten können. Möglicherweise kann Fertigfutter als notwendige Wirkstoffe ausgleichendes Futter eingesetzt werden. Denn zu bemerken ist: Je nach Bodenbeschaffenheit des Ackers auf dem Pflanzen und Knollen-/Wurzelfrüchte heranwachsen, muss der Futterwert mehr oder weniger gehaltvoll bewertet werden. Feldfrüchte, die auf kargem Boden heranwachsen, werden einen geringeren Futterwert aufweisen als vergleichsweise Früchte, die von an Nährstoffen reichen Äckern geerntet werden. Aus diesem Grund kann die Pellettfütterung von Mal zu Mal als Ausnahme nicht ganz abgelehnt werden.

Auch wenn es nostalgisch klingen mag, wollen wir uns darauf besinnen, dass naturnahe Fütterung im eigentlichen Sinne heißt, natürliche Futtermittel (wie auf dem Feld gewachsen) zu verabreichen und gleichzeitig den Mineralstoff-, Nährstoff- und den Vitaminbedarf der Tiere unter Berücksichtigung ihrer jeweiligen Leistungsstadien mit der Fütterung abzudecken. Diese unterschiedlichen Leistungsstadien sind das Wachstum, die Trächtigkeit, die Laktation (Säugezeit), das Haarwachstum (speziell bei Angarokaninchen zu beachten) sowie der Einsatz der Zuchtrammler. Auch die Mast ist zur Leistung eines Tieres zu zählen.

In der Zuchtruhe – das ist die Zeit, in der von den Tieren keinerlei Leistungen erwartet werden – bedarf es der Erhaltung des Lebens, aller Lebensfunktionen sowie der Vitalität in optimaler Weise. Jeder Züchter ist in dieser Zeit bestrebt, einer Verfettung seiner Zuchttiere vorzubeugen. Das wird erreicht, indem in dieser Zeit der Eiweißanteil des Futters, jedoch nicht die Vitamine und Mineralstoffe erheblich gesenkt werden. Wir sprechen deshalb auch vom *Erhaltungsfutter,* was keinesfalls bedeutet, es müsse ein minderwertiges Futter sein.

Der Gehalt des *Leistungsfutters* fordert keine feste Größe, sondern richtet sich nach der die Energie verzehrenden Leistung, die von einem Einzeltier (unter Berücksichtigung der Größe des Tieres) gerade erbracht wird. Beispielsweise verändert sich der Bedarf an Eiweiß, Nähr- und Mineralstoffen und der Rohfasergehalt im Futter allein einer Häsin gravierend in den Zeiten der Trächtigkeit im Vergleich zu den jeweiligen Säugezeiten/-wochen.

Darüber ist das Leistungsfutter für Deckrammler anders zu bemessen, als beispielsweise das Futter für Angorakaninchen nach der Schur. Die „Produktion" des Wollhaares ist eine starke Leistung, hingegen ist die Leistung des Deckrammlers nach der Häufigkeit seines Einsatzes zu bewerten.

Bei der Jungtieraufzucht entscheiden die ausgewogenen Gaben eiweißreichen Futters, die Deckung des verhältnismäßig hohen Rohfaserbedarfs, Mineralstoffe, Kalzium in Verbindung mit dem Vitamin D sowie die Vitaminzufuhr überhaupt für eine optimale Entwicklung des Organismus und des Knochenbaus der Tiere. Hier ist das Wachstum die Leistung. Es darf dabei allerdings die genetische Veranlagung für eine gute Futterverwertung und körperliche Entwicklungsmöglichkeit nicht außer Acht gelassen werden, wenn sich ein Tierchen (hier einmal unabhängig von der Rassezugehörigkeit) zum prachtvollen Exemplar entwickeln soll.

Welche Spurenelemente, Vitamine oder Mineralstoffe sind für eine optimale Entwicklung unserer Kaninchen erforderlich?

Spurenelemente sind Mikronährstoffe. Dazu gehören eine Reihe von chemischen Elementen, die für die menschliche, tierische und pflanzliche Ernährung und den Stoffwechsel unentbehrlich sind, jedoch nur in sehr geringen Mengen benötigt werden. Dazu zählen Eisen, Mangan, Chrom, Zinn, Selen, Kupfer, Kobalt, Zink, Fluor und Jod, die häufig Bestandteile von Enzymen, Vitaminen und Hormonen sind.

Wie gesagt, es sind Spurenelemente, die mit ausgewogenen, abwechslungsreichen Futtergaben verabreicht werden und damit die Regulierung des Stoffwechsels, die Bildung der Knochen, die Arbeit der Schilddrüse, das Blutbild, die Reifeentwicklung der Tiere ansprechen. Zu den Spurenelementen zählen ferner die Vitamine, die Träger der oben genannten Mikronährstoffe sind/sein können. Vitamine sind jene lebenswichtigen Wirkstoffe, die den Organismus mit Blick auf das Wachstum, auf die Fortpflanzung und Vitalität (Widerstandskraft gegen Erkrankungen) beeinflussen. Fehlen Vitamine oder werden sie dem Körper nur mangelhaft zugeführt, kann dies zu Vitamin-Mangelerkrankungen führen.

Die wesentlichsten Vitaminmängel äußern sich bei naturnaher Fütterung in den Wintermonaten bei heranwachsenden Jungtieren in der Skelettbildung. Skelettfehler werden dann von weniger erfahrenen Züchtern oft verwechselt mit „erblich bedingten Schäden“, die sich beispielsweise als O-Beine darstellen und als Vererbungshinweise notiert werden.

Rückgängige Fruchtbarkeit kann ebenfalls eine Vitaminfrage sein. Züchter der großen Rassen, die auf zeitige Würfe im neuen Zuchtjahr angewiesen sind, kennen das Problem bestimmt. Mit dem Bezug auf die ausbleibende Fruchtbarkeit tröstet sich der Zuchtfreund mit der Hoffnung, die Häsin sei nicht „hitzig“ oder „nimmt nicht auf, weil ...“. Hier folgen dann Vermutungen, doch kaum eine, die einen Vitaminmangel betrifft.

Die Ursachen im Fall der Skelettfehler (Rachitis) wären der Mangel an ausreichenden und stimmigen Anteilen des Vitamins im Zusammenhang mit dem Verhältnis Kalzium und Phosphat im Futter der trächtigen, dann säugenden Häsin und der abgesetzten, heranwachsenden Jungtiere während der Winterfütterung. Störungen in der Fruchtbarkeit wären die Folge des fehlenden Vitamins A.

Allgemein kann man sagen, bei einer naturnahen und vor allen Dingen abwechslungsreichen Fütterung werden keine zusätzlichen Vitamingaben erforderlich. Trotzdem ein Wort zu den wichtigsten Vitaminen und deren Bedeutung in der Kaninchenzucht.

Vitamin A: Das Carotin ist in Grünpflanzen und Möhren als ein gelblicher Farbstoff enthalten und gilt als Vorstufe zum Vitamin A. Es unterstützt die Funktionen der Schleimhäute und der Haut und spielt somit auch bei der Fruchtbarkeit eine Rolle, denn Vitamin A begünstigt die Einlagerung der befruchteten Eier in die Gebärmutterschleimhaut.

Vitamin B – der B-Komplex: Unter dem Begriff „Vitamin B" finden wir eine Gruppe von Vitaminen mit ganz bestimmten Wirkstoffen, die unsere Kaninchen größtenteils im Blinddarm selbst produzieren und sich damit durch Aufnahme des Blinddarmkotes selbst versorgen. Ferner enthalten Grünpflanzen und gut geerntetes Heu dieses Vitamin. Ein Mangel an Vitamin B kann zur Beeinträchtigung des Nervensystems bis hin zu Lähmungen führen.

Der erwähnte Blinddarmkot enthält überdies weitere wichtige Wirkstoffe, beispielsweise wird das Vitamin H diesem Komplex zugeordnet und heißt **Biotin.** Ein Biotinmangel begünstigt Wachstumsverzögerung bis Wachstumsstillstand und kann bei Kaninchen jeden Alters zu Hauterkrankungen (etwa Haarausfall) führen.

Ein B-Komplex-Mangel kann zu Störungen der Darmflora führen. Zitat: „Bei gesunden Kaninchen mit ungestörter Darmtätigkeit sind Mangelerscheinungen durch ungenügende Vitamin-B-Zufuhr nicht zu erwarten, da die Tiere in der Lage sind, die Vitamine dieses Komplexes selbst zu bilden. Störungen können eintreten, wenn die im Blinddarm und in den anderen Darmabschnitten lebende Mikroflora (Bakterien und Urtierchen) geschädigt wird. Die Mikroflora kann vollständig absterben oder das Verhältnis zwischen den einzelnen Bakterien- und Protozoenarten (Protozoon = einzelliges Tier, Einzeller) ist gestört. Die Folgen sind dann regelwidrige Verdauungsvorgänge mit Gärungen (Trommelsucht) und oft blasigem Durchfall. Derartige Störungen können bei tierärztlich nicht kontrolliertem Eingeben von Medikamenten aus der Gruppe der Antibiotika auftreten. Diese Arzneimittel zerstören nicht nur Krankheitskeime, sondern sie bringen auch die nützlichen Bakterien zum Absterben. Weiterhin sind sie noch zusätzlich Vitamin-B-Zehrer; sie entziehen dem Körper Vitamine des B-Komplexes."[34] Fazit: Richtige Fütterung auf natürlicher Grundlage erspart den Tierarzt.

Vitamin C: Von diesem Vitamin sagt man, es werde von den meisten Haustieren, also auch von unseren Kaninchen selbst erzeugt. Bei der Fütterung der Kaninchen spiele es eine untergeordnete Rolle. Frische Pflanzen und Möhren sind Vitamin-C-Träger. Vitamin-C-Mangel beim Menschen ist die Ursache für Skorbut.

Vitamin D: Für die Bildung von Vitamin D im Kaninchenkörper hat die Natur bereits vorgesorgt. Mithilfe von Sonnenlicht (ultravioletter Strahlung) wird dieses D unter der Haut der Tiere produziert. Angeraten wird deshalb auch beim Neubau von Kaninchenställen darauf zu achten, sie so auszurichten, dass die Tiere die Morgensonne genießen können. Wer das halt nicht so einrichten kann, gibt in die Raufe frisches Grün (Klee, Luzerne) und Möhren, im Winter sonnengetrocknetes Heu.

Auch das Vitamin D ist kein einheitliches Vitamin, sondern unterteilt sich in Vorstufen. Die wichtigsten sollen hier genannt sein: D_2 und D_3. D_2 steht den Tieren im Winter über die Gabe gut geernteten Raufutters und D_3 über die ultravioletten Lichteinflüsse zur Verfügung.

Zu einem Vitamin-D-Mangel kann es bei den Kaninchen vorwiegend während des Wachstums und der Säugeperiode kommen. Die Folge ist Rachitis wie bereits erwähnt. Kalkmangel = Rachitis entsteht, weil Vitamin D die Ablagerung von Kalk in den Knochen der Tiere nicht mehr unterstützt. Rachitis ist somit eine Mangelkrankheit, die dem wachsenden Knochensystem keine zureichende Verknöcherung gestattet. Das führt dann zu schlimmen Verformungen des Skeletts (z. B. O-Beine, die noch das kleinere Übel wären).

Bei Häsinnen, die ohne Zugabe von Vitamin D sowie anderen Vitaminen und Mineralstoffen auskommen müssen, setzt eine Entkalkung der Knochen ein (vergleichbar mit der Osteoporose beim Menschen). Und wie beim Menschen ist dies eine schmerzhafte Angelegenheit. Die Tiere können Knochenbrüche erleiden, ja sogar daran unter Krampfzuständen sterben. Doch hier gilt: Allzu viel ist ungesund, denn bei zu hohem D-Gehalt finden Kalkablagerungen nicht nur im Knochensystem statt, sondern auch in den Blutgefäßen und Nieren. Deshalb sei darauf verwiesen, eine gesunde Fütterung mit Vitamin-D-Spendern bedarf keiner Zugabe von Vitaminpräparaten. Korrekterweise sei darauf hingewiesen, dass Rüben, Rübenblatt, Sauerampfer, Sauerklee und Weißkohl Kalk zehrende Pflanzen sind.

Doch Vitamin D alleine stabilisiert noch nicht die Knochensubstanz. Kalk/Kalzium und Phosphor gehören dazu und man setzt hier das Verhältnis 2 : 1 (zwei Teile Kalk und ein Teil Phosphor) als günstig an. Wiederholt sei die UV-Strahlung zur Eigenbildung des Vitamin D im Tierkörper aufgezählt. Doch ist bitte die Hitze der Mittagssonne (wie starke Hitze überhaupt) zu meiden, da sie von Kaninchen nicht schadlos vertragen wird.

Vitamin E: Allgemein und umgangssprachlich handelt es sich hierbei um das so genannte Fruchtbarkeitsvitamin Tokopherol. Das allerdings ist zu gering geschätzt, denn dem E wird bescheinigt, es beeinflusst den Stoffwechsel sowie die Muskeltätigkeiten und reguliert Drüsenfunktionen. In einschlägiger Literatur benennen die unterschiedlichen Autoren Wechselbeziehungen der Vitamine A und E. Das heißt, wenn beispielsweise ein Vitamin-A-Mangel eintritt, könne dieser sogar durch Vitamin-E-Zufuhr behoben werden, da Tokopherol Vitamin-A-sparend wirken soll.

Vitamin-E-Mangel bewirkt bei Rammlern Hodenstörungen und Störungen der Samenproduktion, bei Häsinnen finden sich gestörte Eierstockfunktionen bis hin zum Tod der Embryonen. Auch kleine Würfe oder das „Nicht-Aufnehmen" können Folgen eines Vitamin-E-Mangels sein.

Schwerwiegender dürften die Einflüsse sein, die ein andauernder Vitamin-E-Mangel auf die Muskulatur haben kann. Es kann zu Muskeldystrophien (Dystrophie [Med.] = a) Ernährungsstörung; b) mangelhafte Versorgung eines Organs mit Nährstoffen) kommen, die eine Leistungsminderung bis hin zum Abbau der Körper- und Herzmuskulatur und letztendlich zum Tode führen. Viele Zuchtfreunde wissen das, schätzen daher die Verfütterung angekeimten Weizens oder der Weizenkeime. Huflattich und die Königin der Futterpflanzen, die Luzerne, zählen zu den Vitamin-E-Spendern. Ansonsten kann auch hier eine vielseitige, abwechslungsreiche Fütterung einem solchen Defizit vorbeugen.

Wozu dienen diese winzigen und doch wertvollen Bestandteile der Fütterung?

Noch ein Wort zu den Spurenelementen Eisen, Mangan, Chrom, Zinn, Selen, Kupfer, Kobalt, Zink, Fluor und Jod. Nur eine *Spur* von ihnen wird von unseren Tieren benötigt, um die Lebens- und Leistungsfunktionen abzusichern. Mangelzustände sind nur bei sehr einseitiger Fütterung zu befürchten. Hier gilt, wie im vorangegangenen Text angesprochen, die Aussage, dass die Inhaltsstoffe in den Pflanzen und Feldfrüchten wesentlich von der Bodenbeschaffenheit abhängen. Fehlen bestimmte Spurenelemente im Boden, werden sie auch in der auf diesem Boden herangewachsenen Pflanze oder Knollen- bzw. Wurzelfrucht nur ganz gering anzutreffen sein. Wer heute noch regelmäßig von Weg- oder Straßenrändern (Schadstoffbelastung!), von Ödland und ähnlichen Plätzen sein Viehfutter erntet, kann nicht sicher sein, dass auch die notwendigen Spurenelemente ausreichend mitgefüttert werden.

Eisen – wer kennt nicht die Litanei der Mutter im Kindesalter: „Spinat musst du essen, sonst wirst du blutarm." Man weiß heute, dass der

Spinat wohl weniger Fe, dafür aber viel Vitamine A, der B-Gruppe und Vitamin C aufweist.

Doch Mutters Spruch hat was für sich, denn Eisen, *Kupfer* und *Kobalt* haben im Organismus die Aufgabe der Blutbildung; genauer, sie regulieren die Bildung der roten Blutkörperchen. Passiert das nicht oder fehlen diese Spurenelemente, so führt das zur Anämie (zur Blutarmut = Reduzierung der roten und einem Ansteigen der weißen Blutkörperchen). Zu einem Kobaltmangel kann es kommen, wenn lange Zeit (z.B. während der Winterfütterung) minderwertiges Heu gefüttert wird.

Zum Jod, das in erster Linie die Schilddrüsenfunktion regelt, hier ein Zitat der Autoren Dr. Knorr und Dr. Wenzel: „Von anderen Haustieren ist bekannt, dass Jodmangel zu Störungen der Trächtigkeit und Geburt kranker Tiere führen kann. Meistens ist die Tragzeit verlängert, und die Jungen werden mit einem Kropf geboren. ... Weiterhin sind Fellschäden möglich. Häufig gehen so belastete Jungtiere bereits nach kurzer Zeit ein. Mit ähnlichen Symptomen ist auch bei Kaninchen zu rechnen, wenn sie mit dem Futter zu wenig Jod erhalten."

Zusammenfassend gesagt gibt es keinen Anlass zur Sorge, wenn natürliches Futter in die Raufen und Näpfe unserer Kaninchen kommt, denn „Mutter Natur" schafft mit dem Heranwachsen von Früchten, Gräsern, Wild- und Würzkräutern, Wild- und Kulturpflanzen einen reichhaltigen Speiseplan für die hoppelnden Vierbeiner.

Einzelne Merkmale niemals vernachlässigen

Wenn wir uns in der Anfangsphase befinden, die Vererbung von Merkmalen zu verstehen, machen wir alle die gleichen Fehler. Und zwar schreiben wir bei Berechnungen für Kreuzungsergebnisse nur das, wovon wir überzeugt sind, es sei vorhanden.

Gehen wir von zwei unterschiedlichen Phänotypen (Tieren mit bestimmten Unterschieden im äußeren Erscheinungsbild) aus, die durch Kombination zu einer Neuzüchtung führen sollen oder mit denen ein Zuchtaufbau gestartet wird. Unsere Logik muss uns stets sagen, dass hierbei nicht nur Gene hinsichtlich der Fellfarbenentstehung gekreuzt werden, sondern auch solche Anlagen, die beispielsweise das Wesen, die Konstitution, die Dichte eines Felles oder Länge der Ohren betreffen. Folglich muss auch alles Beachtung finden, was wir schnell als „Nebenprodukt“ in der Zucht und somit in der Vererbung abwerten. Jedes einzelne Merkmal eines Lebewesens unterliegt der Erbbiologie, dem Gesetz der Vererbung. Wenn auch die „Kleine Genetikschule“ hauptsächlich der Fellfarbengenetik gewidmet war, so sollten im Zuchtgeschehen auch die vielen einzelnen Merkmale niemals in die Bedeutungslosigkeit verbannt werden.

Anmerkungen

[1] Vgl.: Meyers Lexikonverlag, CD-ROM
[2] Nach Hinweisen von Prof. Dr. W. Rudolph, 2003
[3] Vgl.: Meyers Lexikonverlag, CD-ROM
[4] Vgl.: Heinrich Niehaus: „Unsere Kaninchenrassen", Band I, S. 14 ff., 1986, Verlagshaus Oertel + Spörer, Reutlingen
[5] Vgl.: Nach Hinweisen von Prof. Dr. W. Rudolph, 2003
[6] Quellen: Prof. Dr. W. Rudolph und Dr. T. Kalinowski: „Das Hauskaninchen", A. Ziemsen Verlag, Wittenberg Lutherstadt, 1982, S. 102, und Prof. Dr. W. Rudolph: „Lehrschrift des ZDK", Tabelle 1, 2002, S. 73
[7] Vgl.: Ing. J. Fingerland: „Králíkáøská genetika" (Kaninchengenetik), chovatel r.s.o, Tschechien, 1998, S. 23
[8] Vgl.: Ing. J. Fingerland: „Králíkáøská genetika" (Kaninchengenetik), chovatel r.s.o, Tschechien, 1998, S. 24–25
[9] Siehe auch: „Das Blaue Jahrbuch 2004", Oertel+Spörer Verlags-GmbH+Co., Reutlingen
[10] Vgl.: Ing. J. Fingerland: „Králíkáøská genetika" (Kaninchengenetik), chovatel r.s.o, Tschechien, 1998, S. 24–25
[11] Vgl. Dudenverlag CD-ROM, Definition: durch Addition hinzukommend; auf Addition beruhend; hinzufügend, aneinander reihend; additive Farbmischung: Überlagerung von Farben, durch die eine neue Farbe entsteht
[12] Vgl.: Heinrich Niehaus: „Unsere Kaninchenrassen", Band I, S. 78, 1986, Verlagshaus Oertel + Spörer, Reutlingen
[13] Vgl.: Heidrun Eknigk: „Kleine Genetikschule", DKZ-Ausgabe 5/91, Oertel + Spörer, Reutlingen
[14] Vgl.: Standard 97, Verlag ZDK e.V., Stadtbergen
[15] derselbe
[16] Vgl.: Schönmuth, Flade, Seeland: „Genetische und phylogenetische Grundlagen", VEB Deutscher Landwirtschaftsverlag, Berlin 1984
[17] Vgl.: Schönmuth, Flade, Seeland: „Genetische und phylogenetische Grundlagen", VEB Deutscher Landwirtschaftsverlag, Berlin 1984
[18] Vgl.: Meyers Lexirom: „Population" Biologie: Die Gesamtheit der in einem bestimmten Gebiet vorkommenden Individuen einer Tier- oder Pflanzenart (bzw. auch verschiedener am gleichen Ort vorkommender Arten [Mischpopulation])
[19] Vgl. Prof. Dr. H. Nachtsheim: „Vom Wildtier zum Haustier", Verlag Paul Parey, Berlin–Hamburg, 1949, S. 88. Danach gehört das Auftreten der Mutationsform Punktscheckung neben den Mutationen der Russen und Angora in die Zeit „von 1700 bis 1850".

[20] Vgl. „Das Holländerkaninchen". Nach Berichten von Spezialzüchtern, Verlagshaus Oertel + Spörer, Reutlingen 1979.

[21] Vgl.: Dudenverlag, CD-ROM-Lexika: Polygenie: die Erscheinung, dass an der Ausbildung eines Merkmals eines Phänotypus mehrere Gene beteiligt sind (Biol.); Ggs. Monogenie.

[22] Vgl.: „Kleine Genetikschule", H. Eknigk, DKZ-Ausgabe 7/91, Oertel + Spörer, Reutlingen.

[23] Vgl.: Prof. Dr. W. Rudolph und Dr. T. Kalinowski: „Das Hauskaninchen", Neue Brehm-Bücherei, A. Ziemsen Verlag, Wittenberg Lutherstadt, 1982, S. 60.

[24] Vgl.: Heinrich Niehaus: „Unsere Kaninchenrassen", Band I, Verlagshaus Reutlingen – Oertel+Spörer, 1986, S. 79.

[25] Vgl.: Schönmuth, Flade, Seeland: „Genetische und phylogenetische Grundlagen", VEB Deutscher Landwirtschaftsverlag Berlin, 1. Aufl. 1984.

[26] Vgl.: Prof. Dr. K. Löhle und Dr. U. D. Wenzel, „Kaninchen und Edelpelztiere von A bis Z", VEB Deutscher Landwirtschaftsverlag, Berlin 1984, S. 136.

[27] Vgl.: Prof. Dr. W. Rudolph und Dr. T. Kalinowski: „Das Hauskaninchen", Neue Brehm-Bücherei, A. Ziemsen Verlag, Wittenberg Lutherstadt, 1982, S. 76.

[28] Vgl.: Prof. Dr. W. Rudolph und Dr. T. Kalinowski, S. 76.

[29] Inzucht ist das wiederholte Verpaaren von Tieren, die miteinander im gleichen bis sehr engen Verwandtschaftsverhältnis stehen, und ihr Verhältnis unterscheidet sich durch Inzuchtgrade, die sich aus dem Verwandtschaftsverhältnis der Tiere zueinander ergeben.

[30] Heritabilität = Erblichkeitsgrad, vorrangig die Fruchtbarkeit, Säugeleistung und Vitalität betreffend. Der Erblichkeitsgrad ist symbolisiert und gibt das Verhältnis der genetischen Varianz zur gesamten Varianz eines Merkmals in einer Population an, wenn sie unter bestimmten Umweltbedingungen gehalten wird; Erklärung vgl. „Kaninchen und Edelpelztiere von A bis Z" von Prof. Dr. K. Löhle und Dr. U. D. Wenzel, VEB Deutscher Landwirtschaftsverlag, Berlin 1984.

[31] Hier hätten wir die erste Möglichkeit, bei der Heterosis mitspielen kann, indem die Filial-Generation (F_1) vorherrschend positivere (Wachstums-)Merkmale als ihre Eltern besitzt.

[32] Vgl.: „Fortpflanzung, Vererbung und Zuchtverfahren in der Kaninchenzucht", 3. Auflage, Lehrmeisterbücherei Hachmeister und Thal, Leipzig, Jahrgang nicht bekannt.

[33] Nach Hinweisen von Prof. Dr. W. Rudolph, 2003.

[34] Vgl.: Dr. F. Knorr und Vet.-Rat Dr. U. D. Wenzel, „Kaninchenkrankheiten", VEB Deutscher Landwirtschaftsverlag, Berlin, 6. Auflage, S. 151.

Literaturverzeichnis

Burmeister, Walter: „Fortpflanzung, Vererbung und Zuchtverfahren in der Kaninchenzucht“, Lehrmeisterbücherei Hachmeister & Thal, Leipzig, 3. Auflage

Das Holländerkaninchen: Nach Berichten von Spezialzüchtern, Verlagshaus Oertel + Spörer, Reutlingen, 2. durchgesehene Auflage

Dudenverlag/Meyers Lexikon: (CD-ROM) ugs. Definitionen: additiv, Population, Polygenie

Eknigk, Heidrun: „Kleine Genetikschule“, verschiedene DKZ-Ausgaben, Oertel + Spörer, Reutlingen 1991–1996

Fingerland, Ing. Jaroslav: „Králíkáøská genetika“ (Kaninchengenetik), chovatel r.s.o, Tschechien, 1998

Löhle, Prof. Dr. Klaus/ Wenzel, Dr. Ulf D.: „Kaninchen und Edelpelztiere von A–Z“, VEB Deutscher Landwirtschaftsverlag, Berlin 1984

Niehaus, Heinrich: Unsere Kaninchenrassen, Bd. I, Verlagshaus Oertel + Spörer, Reutlingen, 1986

Rudolph, Prof. Dr. W./ Kalinowski, Dr. T.: „Das Hauskaninchen“, Neue Brehm-Bücherei, A. Ziemsen Verlag, Wittenberg Lutherstadt, 1982

Schönmuth, Prof. G. / Flade, Prof. D. / Seeland, Dr. G.: „Genetische und phylogenetische Grundlagen“, VEB Deutscher Landwirtschaftsverlag Berlin, 1. Auflage 1984

Verlag ZDK e. V.: Standard 97, Stadtbergen